U0710000

本書出版得到國家古籍整理出版專項經費資助

中國佛教典籍選刊

閱藏知律

上

〔明〕智旭 撰

楊之峰 點校

中華書局

圖書在版編目(CIP)數據

閱藏知津/(明)智旭撰;楊之峰點校. —北京:中華書局,2015.3(2024.9 重印)
(中國佛教典籍選刊)
ISBN 978-7-101-10732-6

Ⅰ.閱… Ⅱ.①智…②楊… Ⅲ.大藏經-圖書目録 Ⅳ.Z88:B941

中國版本圖書館 CIP 數據核字(2015)第 025654 號

封面題簽:徐 俊
責任編輯:朱立峰
封面設計:周 玉
責任印製:陳麗娜

中國佛教典籍選刊
閱藏知津
(全二册)
〔明〕智 旭 撰
楊之峰 點校

*

中 華 書 局 出 版 發 行
(北京市豐臺區太平橋西里 38 號 100073)
http://www.zhbc.com.cn
E-mail:zhbc@zhbc.com.cn
三河市鑫金馬印裝有限公司印刷

*

850×1168 毫米 1/32 · 32⅛印張 · 4 插頁 · 570 千字
2015 年 3 月第 1 版 2024 年 9 月第 5 次印刷
印數:5801-6400 册 定價:128.00 元

ISBN 978-7-101-10732-6

中國佛教典籍選刊編輯緣起

佛教是世界三大宗教之一，約自東漢明帝時開始傳入中國，但在當時並沒有産生多大影響。到魏晋南北朝時期，佛教和玄學結合起來，有了廣泛而深入的傳播。隋唐時期，中國佛教走上了獨立發展的道路，形成了衆多的宗派，在社會、政治、文化等許多方面特别是哲學思想領域産生了深刻的影響。這時佛教已經中國化，完全具備了中國自己的特點。而且，隨着印度佛教的衰落，中國成了當時世界佛教的中心。宋以後，隨着理學的興起，佛教被宣布爲異端而逐漸走向衰微。但是，佛教的部分理論同時也被理學所吸收，構成了理學思想體系中的有機組成部分。直到近代，佛教的思想影響還在某些著名思想家的身上時有表現。總之，研究中國歷史和哲學史，特别是魏晋南北朝隋唐時期的哲學史，佛教是一項重要内容。佛學作爲一種宗教哲學，在人類的理論思維的歷史上留下了豐富的知識經驗。因此，應當重視佛學的研究。

佛教典籍有其獨特的術語概念以及細密繁瑣的思辨邏輯，研讀時要克服一些特殊的困難，不少人視爲畏途。解放以後，由於國家出版社基本上没有開展佛教典籍的整理出版工作，因此，對於系統地開展佛學研究來説，急需解決基本資料缺乏的問題。目前對佛學有較深研究的專家、學者，不少人年事已高，如果不抓緊組織他們整理和注釋佛教典籍，將來再開展這項工作就會遇到更多困難，也不利於中青年研究工作者的成長。爲此，我們在廣泛徵求各方面意見的基礎上，初步擬訂了中國佛教典籍選刊的整理出版計劃。其中，有重要的佛教史籍，有中國佛教幾個主要宗派（天台宗、三論宗、唯識宗、華嚴宗、禪宗）的代表性著作，也有少數與中國佛學淵源關係較深的佛教譯籍。所有項目都要選擇較好的版本作爲底本，經過校勘和標點，整理出一個便於研讀的定本。對於其中的佛教哲學著作，還要在此基礎上，充分吸取現有研究成果，寫出深入淺出、簡明扼要的注釋來。

由於整理注釋中國佛教典籍困難較多，我們又缺乏經驗，因此，懇切希望能够得到各方面的大力支持和協助，使這項工作得以順利完成。

中華書局編輯部

一九八二年六月

目録

前言

閲藏知津四十四卷，總目四卷，是明末清初高僧智旭所撰的一部大藏經解題目録，共收録佛典一千七百二十五部，其中有南藏目録所録的一千六百一十部，北藏目録所録的一千六百一十五部，標注「南（缺）」的九部，標注「北（缺）」的七部，兩藏「俱（缺）」的六部，未標函號的四部，「萬曆續入藏」的三十六部，還有「應收入此土撰述」四十五部。

一、智旭生平簡介

智旭（一五九九—一六五五）與雲棲袾宏、紫柏真可、憨山德清合稱明末四大高僧。俗姓鍾，名際可，又名聲，字振之。出家前曾用大朗優婆塞、釋大朗、際明禪師等名，出家後法號智旭，字蕅益，又字素華，晚年自號八不道人。先世汴梁人，南渡後居江蘇古吴木瀆鎮。其父鍾之鳳持白衣大悲咒十年，其母金大蓮夢大士送子，於萬曆二十七年（一五九九）五月三日生下智旭。

智旭生活的年代，正是明朝走向没落的時期。萬曆帝在位日久，朝事廢弛，政治腐敗，朝中黨争漸起，而宦官榷税、開礦，大爲民害，激起反抗。陝西、山西、河南等地頻年水旱，飢民流離失所，流寇漸起。東南沿海,頻遭倭寇侵擾,明朝屬國朝鮮遭到日本悍然入侵,不得不出兵援救。而在東北地區,女真部落漸漸崛起,對明朝虎視耽耽。在内憂外患種種壓力之下,之後的天啓、崇禎兩帝都無力支撑危局,最後滿清入關,明朝滅亡,而明朝遺民在東南地區仍然做着反清復明的努力。

明朝的學術思想以程朱理學和陽明心學爲主。理學在排斥釋老的同時,吸收了佛教的理論,心學更是融合禪宗,「以禪之實而托於儒」(陸隴其三魚堂文集卷二)。道教思想也逐漸向儒家、佛教靠攏。明末出現「三教同源」之説,袾宏自知録、竹窗隨筆中就闡述這種思想。而在佛教内部,禪宗、天台宗、賢首宗、慈恩宗等,各執門庭,互不相融,尤其是禪宗從「不立文字」到「全棄佛語」,戒律鬆弛,對佛教損害尤甚。

在家庭影響下,智旭七歲茹素。十二歲出外讀書,聞聖學,即千古自任,誓滅釋老,開葷酒,作論數十篇,駁斥異端。十七歲時,讀到自知録和竹窗隨筆,深受啓發,乃不謗佛,並焚毁辟佛論稿。二十歲那年冬天,遭父喪,聞地藏菩薩本願經,發出世心。從二十二歲專心念佛,二十三歲聽講楞嚴經,懷疑何故有「大覺」,何以生起虚空和世界。當時昏散最重,功夫不能成片,因此決意出家,體究此事。二十四歲,一月中三次夢見憨山大師,那時憨山大師被流放嶺南,不能遠從,乃從大師之徒雪嶺師剃度,法名智旭。二十六歲受菩薩戒,二十七歲遍閲律藏。二十八歲,其母病篤,四次割肱救母,不治,葬事已畢,遂往深山潛心修佛。閉關中得大病,乃以參禪工夫求生浄土。

三十歲時出關朝海,道友雪航留住龍居,請傳律學,始著毗尼事義集要及梵室偶譚,從此開始大量撰述佛教著作。三十二歲擬注梵網經。三十三歲住靈峰，三十五歲往金庭西湖寺，三十七歲住武水，三十八歲住九華，四十一歲住温陵，四十二歲住漳州，四十四歲住湖州，四十六歲住靈峰，四十歲年住石城，五十四歲住晟谿，還長水，期間著述達數十部。順治十二年（一六五五）「元旦，有偈二首，二十日病復發，二十一日晨起病止，午刻，趺坐繩床角，向西舉手而逝，時年五十七歲」（成時八不道人傳續傳）。

智旭逝後，弟子成時將他的七種文集，重新編纂，分爲十大卷，三十八子卷，稱爲靈峰蕅益大師宗論，分願文、法語、詩偈、序、題跋、書柬等二十八類。其餘專釋一經者，稱爲釋論。靈峰蕅益大師宗論序説有小引云：「先師著述，除宗論外，其釋論則有阿彌陀要解一卷、占察玄疏三卷、楞伽義疏十卷、盂蘭新疏一卷、大佛頂玄文十二卷、準提持法一卷、金剛破空論附觀心釋二卷、心經略解一卷、法華會義十六卷、妙玄節要二卷、法華綸貫一卷、齋經科註一卷、遺教解一卷、梵網合註八卷（後附授戒法、學戒法、梵網懺法問辯共一卷）、優婆塞戒經受戒品箋要一卷、羯磨文釋一卷、戒本經箋要一卷、毗尼集要十七卷、大小持戒犍度略釋一卷、戒消災經略釋一卷、五戒相經略解一卷、沙彌戒要一卷、唯識心要十卷、八要直解八卷、起信裂網疏六卷、大乘止觀釋要四卷、大悲行法辯譌一卷（附觀想偈略釋、法性觀、懺壇軌式三種）、四十二章經解一卷、八大人覺經解一卷、占察行法一卷、禮地藏儀一卷、教觀綱宗並釋義二卷、閲藏知津四十四卷、法海觀瀾五卷、旃珊録一卷、選佛譜六卷、重訂諸經日誦二卷、周易禪解十卷、闢邪集二卷，共四十七種（板俱在嘉興府楞嚴寺）。是爲靈峰二論目録。（大記明呪行法、四書蕅益解未行。）」這些著作包括禪宗、律宗、天台宗、浄土宗、賢首宗等各個宗派，他都進行過深入研究。他理論上融合性相，實踐上調和禪浄，主張禪教律三學統一，指歸浄土。對於天台宗，他推崇宋知禮的妙宗鈔，以爲不可更動一字；對於慈恩宗，他主要依據宋延壽的宗鏡録，而此録是會通天台、賢首、慈恩諸家的。因不滿台家末流的門户之爭，他自稱「究心台部，不肯爲台家子孫」（靈峰宗論八不道人傳），「私淑台宗，不敢冒認法脈」（靈峰宗論覆松溪法主）。清代以後，台宗講教大多依據他的經論注疏，形成合教、觀、律歸入浄土的靈峰派。他又收集浄宗要典，編爲浄土十要，推崇明代傳燈的生無生論和袁宏道的西方合論，浄土宗奉他爲第九祖。受袾宏三教同源思想的影響，智旭自稱「身爲釋子，喜研孔顔心法示人」，注周易、四書，「以禪入儒，誘儒知禪耳」（靈峰宗論周易禪解自序），並非真將儒釋等量齊觀。

二、閲藏知津的撰述過程

閲藏知津是智旭用心最多、耗時最久的一部著作。這部書不屬於宗論和釋論，而是一部全面而系統地介紹佛教經籍的目録學著作，是智旭二十餘年閲讀大藏經的結晶。

智旭閲藏是從戒律開始的。他二十六歲時在蓮池塔前受菩薩戒，從二十七歲起，徧閲律藏，見當時禪宗流弊嚴重，戒律鬆弛，決意弘傳律教。三十歲時住龍居寺，第二次閲律藏，「遂復發心徧閲大藏，于一夏中，僅閲千卷，旋以事阻」。三十三歲時，惺谷、壁如二友去世，始入靈峰（在浙江孝豐）過冬，为作請藏因緣，「結冬時山中無藏」。「癸酉春藏至未裝，丙子季春遁跡九華，於彼抱病，閲千餘卷。壬午山中藏裝成，癸未結制，簡閲僅千餘卷，又被他緣所牽。幻寓祖堂及石城北，閲二千餘卷。己丑歸山，因注法華、占察二經，改治律要，未遑展閲。壬辰秋，擬進山畢兹夙願，又值幻緣牽至長水，借閲千卷。直至今甲午春，方獲歸卧林泉。又以一夏病緣居半，乃于仲秋月畢，僅獲完滿。竊計發心看藏，已經二十七年，出入兹山，亦匝二十三載。凡歷龍居、九華、漳州、泉州、祖堂、石城、長水、靈峰八處，方獲竣事。於中前後閲律三遍，大乘經兩遍，小乘經及大小論、兩土撰述，各止一遍而已。」（靈峰宗論閲藏畢願文）

在他發心閲藏的第二年，好友廣鎬禪師「諄諄以義類詮次爲囑」（閲藏知津敘）。他也正是隨閲隨録，最後編成本書。他讀的是永樂南藏和永樂北藏，這是當時最易見到的兩部大藏經。明朝曾有三部官刻大藏經：一是洪武南藏，修於洪武末年至建文帝時，經版放在南京天禧寺，永樂五年（一四〇七）天禧寺遭焚，這副經版亦毁於一旦，刷印存世者極爲罕見。二是永樂南藏，在前部大藏經焚毁後，明成祖即命名僧校勘大藏，約刻於永樂十一年至永樂十八年，刊版地點在南京大報恩寺，在僧録司領導下進行，印刷流通由南京禮部祠祭清吏司管理，收經共六百三十六函六千三百三十一卷。萬曆初年，奉慈聖皇太后懿旨，曾將未入藏的佛教典籍新刊四十一函續入大藏經，其版式與永樂北藏相同，不適於永樂南藏，因此在南京大報恩寺又開始刻四十一函經。南藏在漫長的流通過程中，經版經過多次修補，甚至整部經重刻，萬曆以後多靠施主捐資助刻，留下許多刊版題記。三是永樂北藏，從永樂十七年(一四一九)開始校勘藏經，至明英宗正統五年(一四四〇)經板刊畢，共六百三十六函六千三百六十一卷，經版藏於北京内府。明神宗萬曆年間，又續刻四十一函入藏。北藏是以御賜方式頒行的，迎請的寺院需建藏經閣珍藏，不過，迎請到的藏經大多作爲鎮寺之寶，束之高閣，只作供養之用。歷代發心閱藏的本來不多，想讀而能讀到的更少，讀到又堅持讀完的更是少之又少，讀完又有提要傳世的，可謂鳳毛麟角。如今知道的，只有宋代遵式教藏隨函目録(已佚)、惟白大藏經綱目指要録、王古大藏聖教法寶標目、明代寂曉大明釋教彙目義門，最後便是智旭的閱藏知津。

智旭用二十年時間閱藏，觀感如何呢？「一者竊見南北兩藏，並皆模糊失次，或半滿不辨，或經論互名，或真僞不分，或巧拙無别。」(靈峰宗論閱藏畢願文)「顧歷朝所刻藏乘，或隨年次編入，或約重單分類，大小混雜，失後失準，致使欲展閱者，茫然不知緩急可否，故諸刹所供大藏，不過緘置高閣而已。縱有閱者，亦罕能達其旨歸，辨其權實。佛祖慧命，真不啻九鼎一絲之懼。」(閱藏知津敘)對於指導讀經的著作，王古法寶標目「僅順宋藏次第，略指端倪，固未盡美」，寂曉(字蘊空)彙目義門「創依五時教味，矗陳梗概，亦未盡善」。於是智旭乃著閱藏知津。其實廣鎬「諄諄以義類詮次爲囑」，有重編大藏之意，智旭本人也有「願修治大藏」(靈峰宗論持準提咒願文)的雄心。但明清鼎革之際，民不聊生，無論官方、民間，已無力刻印大藏，徑山藏的流通已有困難，各處可見的還是南藏、北藏。所以智旭「終不敢剖破虛空，但藉此稍辨方位，使未閱者知先後所宜，已閱者達權實所攝，義持者可即約以識廣，文持者可會廣以歸約」（閱藏知津敘）。這就是著閱藏知津的目的。

三、閱藏知津的特點

既然發現南藏、北藏等「歷朝所刻藏乘」的缺點，智旭便努力改進，從而形成閱藏知津不同於以往歷代大藏經和佛經目録的鮮明特點。

（一）打破開元釋教録以來的分類體系，使之更加詳備。

開元釋教録的分類體系，延用到北藏時，變成這樣：

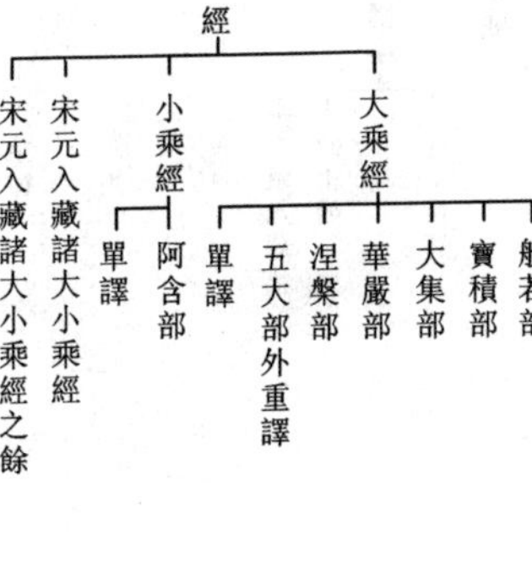

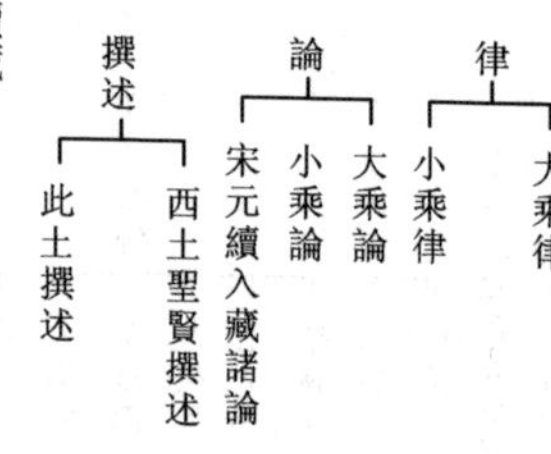

其中「五大部外重譯、單譯」，「阿含部、單譯」即是「約重單分類」，這是開元録本身存在的問題；「宋元入藏諸大小乘經、宋元入藏諸大小乘經之餘」，「宋元續入藏諸論」即是「隨年次編入」，「大小（大乘、小乘）混雜」，「先後失準」，造成二級類、三級類混亂，這是開元録之後，續入譯經没有進行分類造成的。智旭在分類方面進行的改進有四個方面：一是一級類設經、律、論、雜四藏。開元録無雜藏之名却有雜藏之實，其「聖賢傳記録」即屬於這一類，北藏稱之爲「撰述」。智旭據出曜經，於經、律、論外，復立第四「雜藏」，「其或理兼大小，事涉世間，二論（大乘論、小乘論）既不可收，故應別立雜藏」（閱藏知津凡例）。並大大擴充了雜藏的收録範圍，在「此方撰述」之下，設置了十五個小類，將三藏之外的所有佛典幾乎包羅殆盡。二是變更部次。「大乘經」按華嚴宗五時判教的順序分爲「華嚴」、「方等」、「般若」、「法華」、「涅槃」五部，改變了開元録以來歷代藏經以般若部爲首的做法，還將寶積、大集和密咒等合併爲「方等」。按五時判教，華嚴之後應爲「阿含部」，智旭以爲，以小乘「阿含」加于大乘「方等」、「般若」之前，甚爲不可，所以改大小各自一類，分別出權實輕重的不同。智旭還將五大部外的重譯、單譯、宋元續入藏大小乘經分入相應的各類之下，徹底貫徹按内容分類的原則。三是在「方等部」分出「方等密咒部」，給密宗經典相應地位，其下又分「經」、「儀軌」。「據密部之中，亦有以華嚴爲名者，亦有以般若爲名者，亦有以法華爲名者。但即涉壇儀印咒，並屬秘密一宗。只此密宗，並是方等大教，並通四十九年所説故也。」（閲藏知津凡例）這些本來混在五大部外重譯、單譯中，今合併在一起。四是五級分類，分類更加細緻。改進後的分類爲：

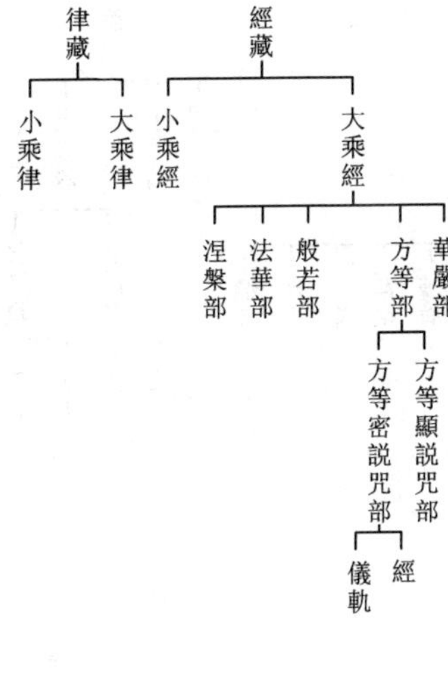

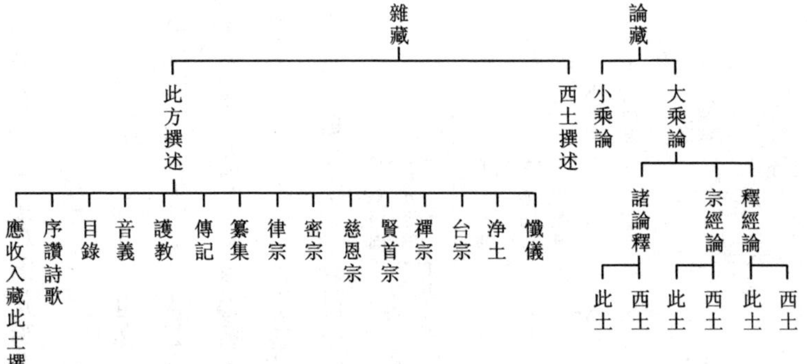

論藏
小乘論
大乘論
釋經論
宗經論
諸論釋
西土
此土
西土
此土
西土
此土
雜藏
西土撰述
此方撰述
懺儀
浄土
台宗
禪宗
賢首宗
慈恩宗
密宗
律宗
纂集
傳記
護教
音義
目錄
序讚詩歌
應收入藏此土撰述

（二）改革開元録單譯本、重譯本各自排列的編排方式，合單本、重本於一處，使一經不再分散各處。

佛經在兩漢之際傳入中國，最初尚未有組織、有系統地進行翻譯，「值殘出殘，遇全出全」（僧祐出三藏記集卷五，道安語）。東晉、南北朝時期，南北分裂，各自翻譯，也有重複。唐代根據梵本譯經，發現前人翻譯有誤，又重譯過一些佛經；或者翻譯大部頭佛經，將前人譯的部分篇章包括進來。因此開元釋教録中保存了很多重譯經，有第二譯、第三譯、第四譯等。大乘五大部都是先排重譯，後排單譯，五大部外也是重譯、單譯各自排列。小乘經、律、論也是如此。這樣造成一部經的不同譯本分散各處，特别是大經和它的析出部分「相去懸隔，考查稍難」（閲藏知津凡例）。閲藏知津把單本、重譯本混編在一起，在重譯本中選一個較佳的譯本作爲主本，其餘版本緊排其後，再於解題中指出它們之間的異同。這樣一部佛經的翻譯情況就可全盤掌握。如大方廣佛華嚴經八十卷，唐實叉難陀譯，有三十九品，後面有十八部重譯本，除六十卷華嚴經有三十四品，其他都僅有一品或兩品。如菩薩十住行道品經、佛説菩薩十住經都是十住品重譯，漸備一切智德經、十住經都是十地品重譯。再如唐玄奘譯大般若波羅蜜多經六百卷，後面有十九部重譯本，其中僅第九會就有後秦、北魏、陳、隋、唐等六個譯本，分别稱金剛般若波羅蜜經或能斷金剛般若波羅蜜經。衆多重譯本按大經先後順序排列，起到提綱挈領之效，整個大藏經的結構變得更加清晰。

（三）以各種符號和解題判别經文之優劣緩急，起到推薦目録的作用。

智旭編纂閲藏知津的主要目的就是「俾未閲者知先後所宜，已閲者達權實所攝」（閲藏知津敘），因此特別重視目録的推薦作用。一是在多個譯本中選擇一部善巧者爲主，其重譯各本在總目中低一字排列，翻譯巧拙一目了然。二是用各種符號標識該經的重要程度。如妙法蓮華經、大方廣圓覺修多羅了義經都用◎表示最應閲讀的經典，大方廣佛華嚴經、大般若波羅蜜多經用◎表示其次，佛説護國尊者所問大乘經用⊙表示第三，大方廣入如來德智不思議經用○表示第四。此外還有◬、◬、◬、△、◎、◝、◝等，共十一種符號。智旭没有在凡例中指出每種符號的意義，不過結合解題，我們大致能推斷出其含義。没有任何符號的經典，當然是最不重要的。智旭用各種符號，多角度、多層次地推薦經書，在古今各種目録中獨樹一幟。三是用解題推薦目録。如説唐提雲般若譯大方廣佛華嚴經修慈分，「宜急流通」。北魏菩提流支譯大薩遮尼乾子授記經，「此經文義俱暢，宜説世出世法，曲盡其妙，宜急流通」。後秦鳩摩羅什譯佛遺教經，「蓋是最後丁寧，不啻一字一血，宜深翫而力行之」。唐不空譯仁王護國般若波羅蜜經，「文更順暢，最宜流通」。金剛經的幾個譯本，鳩摩羅什譯本「舉世流通，智者大師有疏」；隋達摩笈多譯本「文拙甚」。

（四）每經標注南藏、北藏千字文編號，具有聯合目録的性質。

中國古代目録學「編號插架之方，皆素不講究，殊不便尋檢，非熟于目録學者莫能求得其所見之書」（姚名達中國目録學史）。佛書管理中使用過經名編號法、偈頌編號法、定格貯存法，晚唐以後，紛紛採用千字文編號。開元釋教録略出帙數下面就採用千字文編號，它既是大藏經的叢書内部編號，又起到索書號的作用。閲藏知津在每部經名的下面都標注南藏、北藏的千字文編號，便於檢索、查閲，具有聯合目録的雛形。如佛説菩薩本業經「南邇北台」，十住經「南台北體」，等目菩薩所問三昧經「南體北率」。如果南藏、北藏千字文相同，不再標「南」、「北」，如大般若波羅蜜多經「天字至柰字」。如果南藏或北藏未收，用「〔缺〕」字代替，如觀世音菩薩普門品經「南〔缺〕北草」，大明重刊三藏聖教目録「南塞北〔缺〕」，諸佛世尊如來菩薩尊者神僧名經「北雲亭雁門、南〔缺〕」。其實寂曉大明釋教彙門目録已開始用此法，智旭更好地繼承下來。閲藏知津打破了南藏、北藏原有的編排順序，標注千字文編號尤爲重要。這種標注，在永樂北藏影印再版的今天，仍然有效。蔡運辰二十五種藏經目録索引、童瑋二十二種大藏經通檢便是這種聯合目録的發展。

（五）改變以往解題目録單部解題的做法，對重譯本分組做題釋。

由於大藏經數量過大，不易全部閲讀，因此出現解題目録。梁僧祐出三藏記集用前序、後記、傳記補充目録的不足，已起到解題作用。宋惟白大藏經綱目指要録、王古大藏聖教法寶標目都是依開元釋教録、貞元新定釋教目録逐部解題，「略指端倪，固未盡美」。明寂曉大明釋教彙目義門「依五時教味，粗陳梗概，亦未盡善」。閲藏知津作爲解題目録，則是將相關的佛經互相比較，綜合解題。如大寶積經一百二十卷，有四十九會，每會又有若干品，唐菩提流志會譯。智旭對每一會每一品的内容一一撮録，做爲解題。其解第五無量如來會二卷云：「佛住耆闍崛山，與萬二千大比丘俱，及普賢、文殊、彌勒、賢護等無量無邊菩薩皆來集會。阿難問佛光瑞稀有之故。佛爲説往昔法處比丘四十八願，現成無量壽佛。廣讚極樂世界依正之妙，極勸發願往生。」隨後的後漢支婁迦讖譯佛説無量清浄平等覺經二卷、曹魏康僧鎧譯佛説無量壽經二卷、吴支謙譯佛説阿彌陀經二卷、宋法賢譯佛説大乘無量壽莊嚴經三卷（北藏上、中、下三卷）統一解題，云：「已上四經，並第五無量壽如來會同本異譯。而法賢本中有慈氏問答，尤妙，但止三十六願。」佛説大阿彌陀經二卷，「宋國學進士王日休，取前四經删補訂正，析爲五十六分，惜其未見寶積一譯。然心甚勤苦，故舉世多流通之」。寥寥數語，一部單譯、四部重譯和一部會譯本的主要内容、版本優劣、相互關係，都解釋清楚，可謂言簡意賅。智旭解題的特點是流通本或卷帙不多者，所録皆略，卷帙多而人罕閲者，所録較詳。大般若經六百卷，智旭解題占七卷半篇幅，是解題最多的一部。單純的佛經，只列其品題，並各品事理大概，使人自知綱要；佛經的注疏，則「略出其釋經之法，使知各家制立軌則不同」（閲藏知津凡例）。總之，智旭是把每部經放在「大藏經」這樣一個有機的整體中去考察，前後關聯，有詳有略，在佛經目録，甚至在所有的解題目録中都獨具特色。

四、後世對閲藏知津的評價

首先是作者本人對這部書極爲重視，多次發願、建壇，希望依佛菩薩之力，得成就流通。生前對夏之鼎言：「吾有閲藏知津一書，共四十八卷，計一千餘紙。居士能爲我梓行，則勝如以四事給我矣。」刻書者夏之鼎和修版者朱岸登、緑天庵幬上人、釋德成，以及乾隆年間重刻者釋徹悟、幻園、張珩、文秀、文光等，都對此書深懷景仰之情，認爲是「傳佛慧命」的鉅著。清末楊文會編大藏輯要，指導金陵刻經處刻經，也參考閱藏知津的分類，以華嚴部爲首。他在自編的佛學書目志中這樣介紹閱藏知津：「分别部類先後次序，與藏本不同，每部之下，但載品中事理大概，使人自知綱要。」

明治十三年（一八八〇）至明治十八年（一八八五），日本東京弘教書院編弘教藏，又名大日本校訂縮刻大藏經，以再刻高麗藏爲底本，資福藏、普寧藏、徑山藏爲校本，參照閱藏知津的門類重新分類，首次將閱藏知津的分類付諸實踐。一九〇九年至一九一三年，上海頻伽精舍編頻伽精舍校刊大藏經，以弘教藏爲底本，沿用了閱藏知津的分類。

一九二五年梁啓超撰佛家經録在中國目録學之位置一文，認爲「明僧智旭閱藏知津一書，半筆記體」，不列入經録範圍；於解題目録，他推崇王古大藏聖教法寶標目，「中間惟晚明智旭作閱藏知津，頗師其言，然智旭書惟抄寫各經論之篇目耳，不能挈全書綱領，俾學者得知其概，其去王古書遠矣」。一九三二年，著名目録學家姚名達在上海撰中國目録學史，書稿在「一·二八事變」中遭焚，一九三五年應商務印書館王雲五之囑重撰，一九三七年完稿。此書認爲閱藏知津「其凡例於分類法頗有精微之論」，首次從目録學的角度進行總結。一九四二年陳垣撰中國佛教史籍概論，「略依閱藏知津，將此土撰述中之目録、傳記、護教、纂集、音義等各類，順撰著時代，每書條舉其名目、略名、異名、卷數異同、板本源流、撰人略歷及本書内容體制，並與史學有關諸點」，認爲「初學習此，不嗇得一新園地也」。閲藏知津的影響從佛教界逐漸嚮學術界滲透。一九六三年，著名佛學家吕澂在新編漢文大藏經目録中再次肯定了智旭在分類和編排方面的「創見」。延至今日，研究大藏經和目録學者無不徵引此書，閲藏知津在當代正如日中天，大放異彩。

五、校勘説明

（一）底本與參校本　閲藏知津先後有三個版本：一是清康熙三年（一六六四）溧水夏之鼎奉大師遺命刊刻。康熙四十八年（一七〇九）朱岸登因版壞重修。二〇〇一年上海古籍出版社續修四庫全書收入此本，底本爲華東師範大學圖書館所藏，有少量抄配和缺頁。我們以此爲參校本之一，稱「康熙本」。此本每半葉九行，行二十字，細黑口，四周單邊，單黑魚尾，在徑山寂照庵附藏流通。二是清乾隆五十七年京都覺生寺刻本。當時康熙刻本書板已毁，覺生寺徹悟禪師囑幻園重刻，佛弟子張珩（法名自信）與自行廣尋書板，湖北文秀、文興二兄弟慷慨資助，利用京師僅存的兩部康熙本進行翻刻。版式也是半葉九行，行二十字，白口，四周單邊，單黑魚尾。除極少量錯字改正外，與康熙本完全相同，但也有正確的字反而改錯者，或校對疏漏所致。我們以此爲參校本之二，稱爲「乾隆本」。三是清光緒十八年（一八九二）金陵刻經處刻本，是當今最易見到的本子，與前兩版相比，改動較大：首先是千字文編號，後一部經與前一部相同時，康熙本、乾隆本在相應位置用「仝上」二字表示，甚至多種經千字文編號相同，第一部標編號，中間省略，最後寫一句「以上若干種並皆仝上」。這種情況，金陵本不避重複，一一標出。其次是作者，如果後一部經與前一部譯者相同，康熙本、乾隆本皆在相應位置注「譯人同上」。如果著作方式是「撰」、「説」、「述」等，則注「撰人同上」、「説者同上」、「述人同上」、「述人、記者皆同上」等。這種情況，金陵本也一一標出，不避重複。再次，本書最後四十八種著作只列書名，金陵本補訂了撰述人名，最後説明補訂情況。這三種情況，皆有規律可循，且不影響閲讀，我們在此説明，不再出校記。金陵本在各卷還有少量增補作者的情況，則出校記。第四是總目部分根據正文標注了卷次，如華嚴部下標「卷一」，大寶積經下標「卷二」、「卷三」，更方便查閲。第五是版式改爲半葉十行，行二十字，細黑口，左右雙邊，無魚尾，這是金陵刻經處統一的版式。第六是金陵本糾正了前兩個版本的很多錯字，更加精确。金陵本未説明其底本爲何，我們推測應爲乾隆本，因爲乾隆本改對的地方，金陵本也跟着對；乾隆本改錯的地方，金陵本也跟着錯。一九九三年巴蜀書社佛藏輯要收録此本，影印出版。一九九四年上海古籍出版社佛藏要籍选刊也影印此本。我們這次整理，即以金陵本作底本。這個本子錯字少，原版完整，其不避重複的著録方式更符合現代目録學的著録規則，適合現代人的使用習慣。

一九三一年，商務印書館以金陵本爲底本，鉛字排印閲藏知津，收入萬有文庫。二〇〇九年中國書店出版的佛學工具書集成又影印萬有文庫本。與商務印書館同時，日本大正大藏經刊行會也根據金陵本鉛字排印閲藏知津，收入昭和法寶總目録第三册。這兩個版本對底本無所修正，反倒有排錯現象，我們不再參考，免增煩擾。日本還有天明二年（一七八二）刻本，未能參考。

（二）參校資料　參校資料中使用最多的是永樂北藏，二〇〇〇年綫裝書局據故宫博物院藏本影印，其破損部分補以乾隆版大藏經。我們根據北藏將閲藏知津所有經名、卷數、作者、品名一一校對。標點時遇到疑有誤的字，也用北藏一一覈對，決定是否校改。這套藏經有一個目録，新印時根據大明三藏聖教北藏目録和藏經本身新編。中華大藏經收有大明重刊三藏聖教目録，即南藏目録。我們用這兩個目録核對了閲藏知津的千字文編號、經名、卷數。遇到相異處，北藏則核對北藏正文，以正文爲准進行校改；南藏則參考中國國家圖書館書目數據庫和中華大藏經。中國國家圖書館有南藏三套，一套殘缺，其書目做得很細，不僅有書名、卷數、作者，還有千字文編號，以及千字文每個字後面的册號。但其書名有根據正文著録的，有根據南藏目録著録的。我們用手中的南藏目録比較，取其正文書名。中華大藏經主要以趙城金藏爲底本，少量以高麗藏、南藏、北藏、徑山藏、清藏等補配，每卷後附有校勘記，其中記録了南藏的校勘結果，未用北藏校勘。利用它，我們可以瞭解南藏的原文如何。

（三）校勘記説明　（一）閲藏知津分爲正文四十四卷，總目四卷，兩者不一致時，我們會區分底本的正文、總目和康熙本、乾隆本正文、總目。如果正文和總目相同，則不再區分，總稱爲底本、康熙本、乾隆本。（二）如果底本與兩個參校本相同，須用南藏、北藏等參校時，我們通常指明「康熙本同」、「乾隆本同」或「康熙本、乾隆本同」，有時爲行文方便，會省略「康熙本同」等。如果没有特别指明某版本不同，即表示相同。（三）南藏正文和目録、北藏正文和目録不盡相同，如有相異處，我們分別説明，如果相同，衹稱南藏、北藏。（四）因爲南藏没有影印本，各圖書館的原本不易使用，我們從南藏目録、國家圖書館書目數據庫、中華大藏經推導出南藏的内容。其書名、卷數、作者等可以確定；因爲中華大藏經有漏校的情況，涉及到正文，不敢自信，我們通常只説據北藏修改和增補。如果没有特别説明南藏與北藏的不同，表示兩者相同。（五）南藏、北藏「卷」的概念與我們現在使用的意義不同，它表示「册」的意思。書籍以帛書和竹木簡形式存在的時候，「卷」既是書籍内容的分段，也表示其物理存在形態。當書籍變爲紙質，從卷軸裝變爲經折裝、線裝後，「卷」只用於内容的分段，與册數不盡吻合，通常一册包括多卷。可是南藏、北藏堅持稱一册爲一卷，出現了正文標注的卷數與目録著録的卷數（册數）不統一。如佛説如來不思議秘密大乘經，正文有二十卷，南藏目録却説「二十卷，今作十卷」，即裝訂爲十册。這個説法被閲藏知津照搬過去。這種情況，我們根據各經的千字文編號，一一加以説明。南藏、北藏分卷、分册不同，我們也一一校注。（六）當某經不足一卷時，南藏、北藏稱「三經同卷」、「四經同卷」，甚至「十三經同卷」，閲藏知津具體標出此經有多少紙，即多少頁。一紙即一版，南藏一版分五個半頁，每個半頁六行，共三十行，每行十七字。北藏也是一版分五個半頁，每個半頁五行，共二十五行，每行十七字。這樣，南藏、北藏紙數常有不同。閲藏知津根據所閲藏經標注紙數，没有區分南藏、北藏。康熙本、乾隆本正文、總目之間常常紙數不一，金陵本試圖做折衷的工作，仍未盡善盡美。我們只校注各本的不同，不做是非判斷。畢竟紙數不影響解題内容。（七）底本中「波羅密」三字，南藏、北藏皆作「波羅蜜」，兩藏目録改爲「波羅密」。閱藏知津康熙本、乾隆本還保留少量「波羅蜜」，金陵本幾乎全改成「波羅密」。我們不予改動。「波羅密多」、「波羅蜜多」情況相同。

（四）吸收成果　校勘工作將要結束之時，才見到黄怡婷所著釋智旭及其閱藏知津之研究，二〇〇七年臺灣花木蘭出版社出版，其第四章爲「閱藏知津糾謬」，從譯者、題名、巧譯重譯、南北藏函號等方面糾正閱藏知津的許多錯誤。大部分我們用南藏、北藏已經校出，有少部分，我們以其糾謬爲線索，重新校對後，寫入校勘記。因其所用南藏、北藏目録是昭和法寶總目録本，底本較差，閱藏知津只用金陵本，未爲盡美，導致結論不一定正確。因此見出我們重新整理閱藏知津的重要性。陳士强佛典精解是一部現代人所作的佛經解題，有一篇專門研究閱藏知津，其中糾謬的成果，我們也加以吸收。在校勘記中没有一一指明，在此一並感謝。

同時感謝中國社科院宗教研究所何梅老師的積極推薦，中華書局朱立峰編輯的細心指導和熱情鼓勵，好友楊延剛居士慷慨提供永樂北藏圖片版，使整理工作得以順利進行。由於本人水平所限，疏漏之處在所難免，敬請大家給予批評指正。

楊之峰

二〇一二年八月

閲藏知津敘

心外無法，祖師所以示即法之心；法外無心，大士所以闡即心之法。並傳佛命，覺彼迷情。斷未有欲弘佛語，而可不深究佛心，亦未有既悟佛心，而仍不能妙達佛語者也。今之文字阿師，拍盲禪侣，竟何如哉！嗚呼！吾不忍言之矣。

昔世尊示入涅槃，初祖大迦葉即白衆云：如來舍利，非我等事，今者宜先結集三藏，勿令佛法速滅。嗟嗟！儻三藏果不足傳佛心，則初祖何以結集爲急務耶？竊謂禪宗之有三藏，猶弈秋之有棊子也；三藏之須禪宗，猶棊子之須活眼也。均一棊子也，善弈者則著著皆活，不善弈者則著著皆死。均此三藏也，知佛心者則言言皆了義，不知佛意者則字字皆瘡疣。若爲懲隨語生見，遂欲全棄佛語，又何異因咽廢飯哉！夫三藏之不可棄，猶飲食之不可廢也，明矣。不調飲食，則病患必生；不閲三藏，則智眼必昧。顧歷朝所刻藏乘，或隨年次編入，或約重單分類，大小混雜，先後失準，致使欲展閲者，茫然不知緩急可否。故諸刹所供大藏，不過緘置高閣而已。縱有閲者，亦罕能達其旨歸，辨其權實。佛祖慧命，真不啻九鼎一絲之懼。而諸方師匠，方且或競人我，如兄弟之鬩牆；或趨名利，如蒼蠅之逐臭；或妄争是非，如癡犬之吠井；或恣享福供，如燕雀之處堂，將何以報佛恩哉！

唯宋有王古居士，創作法寶標目，明有藴空沙門，嗣作彙目義門，並可稱良工苦心。然標目僅順宋藏次第，略指端倪，固未盡美。義門創依五時教味，𣌭陳梗槩，亦未盡善。旭以年三十時，發心閲藏。次年晤壁如鎬兄於博山，諄諄以義類詮次爲囑。於是每展藏时，隨閲隨録。凡歷龍居、九華、霞漳、温陵、幽棲、石城、長水、靈峰八地，歷年二十禩，始獲成稿。終不敢剖破虚空，但藉此稍辨方位，俾未閲者知先後所宜，已閲者達權實所攝，義持者可即約以識廣，文持者可會廣以歸約。若權若實，不出一心；若廣若約，咸通一相，故名之爲閲藏知津云。

甲午重陽後一日北天目沙門釋智旭撰

緣起

古德云：般若如大火聚，四面不可入。又云：般若如清涼池，四面皆可入。般若其有二乎哉？何一不可入，一可入也？余鈍根，學佛有年，不獨大火聚不能捱身，即清涼池亦無能插足。惟是嘗聞華嚴普賢行願品有剥皮爲紙，刺血爲墨，書寫經卷，積如須彌，故每於方册經卷，少刻流通。非敢云作檀度法施，蓋欲藉此稍種般若種子耳。

昔者靈峰大師開講報恩三藏，余因得親法席，後欲輒申供養。師囑云：「吾有閲藏知津一書，共四十八卷，計一千餘紙。居士能爲我梓行，則勝如以四事給我矣。」師化去忽十年，塵務紛紛，未得酬此願。去夏癸卯，勉力抽資，並勸一二同志，共襄其事，遂鳩工藏舍倡刻，至今夏甲辰，得以告成。所願刻施微因，用薦先父思山府君、先母魏氏孺人，脱苦惱於三途，證蓮華於九品，更冀閲是書者，一展卷時，如扁舟漁父，忽然誤入桃源，則如來法海雖寬廣無涯，一彈指間可以即登彼岸矣。其他律教之異同，禪浄之差别，具述大師序中，兹不更贅。余因述發心刻施之緣，聊識數言，以記歲月如此。

溧水佛弟子夏之鼎和南述

閲藏知律凡例

一、義門但分五時，不分三藏，謂三藏小教，但屬阿含一時也。然天台備明五時，各論通别，别則但約一類機緣，通則華嚴乃至涅槃，無不徧該一代。又從古判法，多分菩薩、聲聞兩藏，就兩藏中各具經律論三。若據智度論説，則凡後代撰述合佛法者，總可論藏所收。若據出曜經説，則於經律論外，復有第四雜藏。今謂兩土著作，不論釋經、宗經，果是專闡大乘，則應攝入大論，專闡小道，則應攝入小論。其或理兼大小，事涉世間，二論既不可收，故應别立雜藏。

一、若據五時次第，則華嚴之後，應敘阿含。然以小教加於方等、般若之前，甚爲不可，故必大小各自爲類，庶顯權實輕重不同。

一、據密部之中，亦有以「華嚴」爲名者，亦有以「般若」爲名者，亦有以「法華」爲名者。但既涉壇儀印呪，並屬秘密一宗。只此密宗，並是方等大教，並通四十九年所説故也。

一、法華、涅槃，雖同醍醐一味，而一重顯實，一重談常，故仍分二也。

一、大乘律本在諸經論中，不同小乘條然各别。今爲令學菩薩戒者易於尋究，故順歷代藏經舊例，仍列數種，而出没取捨，略與舊目不同。

一、大乘論藏，自有釋經、宗經及轉釋諸論之不同，今故分爲三别，三中又各先敘西土，後敘此土，所以尊天竺也。

一、此土釋大乘經，雖有巧拙淺深不同，然既附經文，不可攝入雜藏，故並入論藏中。若義門各附經論之後，又似經論太無分别矣。

一、此土述作，唯肇公及南嶽、天台二師，醇乎其醇，真不愧馬鳴、龍樹、無著、天親，故特收入大乘宗論。其餘諸師，或未免大醇小疵，僅可入雜藏中。

一、西土撰述，但以義兼大小，或復事涉抄撮，故名爲雜。此方撰述，則以諸家不同，體式亦異，故名爲雜。

一、此土淨土宗，如妙宗鈔、十疑論等；台宗，如玄義、文句、三止觀等；賢首，如華嚴疏鈔等，並已收入大乘論藏，故所列咸皆無幾。俟法海觀瀾中，乃當備列各宗要書。

一、義目於華嚴、法華等經，便取賢首、温陵等意旨釋之，未免依他作解，障自悟門。今但列其品題，并品中事理大概，使人自知綱要。唯至疏鈔、玄、文，方略出其釋經之法，使知各家製立軌則不同。

一、義目每於重單譯中，先取單本總列於前，後以重本别列於後，相去懸隔，查考稍難。

又每以先譯爲主，不分譯之巧拙，致令閲者不知去取。今選取譯之巧者一本爲主，其餘重譯即列於後，俾不能徧閲者，但閲其一，即可得旨。若能徧閲者，連閲多譯，便知巧拙之得失也。

一、凡重譯本，於總目中，即低一字書之，使人易曉。至後録中，則與主本或全同，或稍異，仍備明之，使人知其或應並閲、或可不閲也。

一、諸經或已流通，則人多素曉，或雖未流通，而卷帙不多，則人易翻閲，故所録皆略。唯大般若，實爲佛祖迅航，而久不流通，卷盈六百，故所録稍詳。又寶積、大集，及諸密部，并阿含等，凡卷帙多而人罕閲者，亦詳録之，庶令人染一指而知全鼎之味云爾。

閲藏知律總目卷第一

北天目沙門釋智旭　編次

第一經藏二分：一、大乘經；二、小乘經。
第二律藏二分：一、大乘律；二、小乘律。
第三論藏二分：一、大乘論；二、小乘論。
第四雜藏二分：一、西土撰述；二、此方撰述。

○一、大乘經五部：一、華嚴部；二、方等部；三、般若部；四、法華部；五、涅槃部。

○一、華嚴部

◎大方廣佛華嚴經八十卷　拱平章愛育黎首臣

◎大方廣佛華嚴經入不思議解脱境界普賢行願品四十卷　南伏戎羌北伏戎羌遐

大方廣佛華嚴經六十卷　湯坐朝問道垂

佛説兜沙經四紙半　南邇北壹

佛説菩薩本業經十一紙半　南邇北壹

諸菩薩求佛本業經九紙半　南邇北率

菩薩十住行道品經七紙欠　南邇北率

佛説菩薩十住經四紙欠　南邇北率

漸備一切智德經五卷　南邇北率

十住經六卷　南壹北體

等目菩薩所問三昧經三卷　南體北率

顯無邊佛土功德經一紙半　壹

佛説較量一切佛刹功德經一紙餘　南夙北臨

佛説如來興顯經四卷　南體北邇

度世品經六卷　壹

佛説羅摩伽經四卷　體

大方廣佛華嚴經續入法界品八紙欠　南邇北壹

普賢菩薩行願讚四紙半　南無北唱

文殊師利發願經二紙餘　南籍北既

◎大方廣如來不思議境界經九紙餘　南邇北壹

大方廣佛華嚴經不思議佛境界分十紙半　南邇北壹

◎大方廣佛華嚴經修慈分六紙餘〔一〕　南邇北壹

○大方廣入如來智德不思議經十二紙餘　南邇北壹

度諸佛境界智光嚴經一卷　南遐北殷

佛華嚴入如來德智不思議境界經一卷　南遐北邇

○大方廣普賢所説經四紙欠　南邇北壹

信力入印法門經五卷　南遐北邇

○大方廣總持寶光明經五卷　南竭北力

◎大方廣圓覺修多羅了義經一卷　難

○二、方等部，又爲二：一、顯説，二、密呪。

○方等顯説部

○大寶積經一百二十卷　龍師火帝至始制文字

卷二、卷三

丶大方廣三戒經三卷　乃

〔一〕「六紙餘」，康熙本、乾隆本總目作「五紙半」，正文作「六紙餘」。

⊙佛說如來不思議祕密大乘經二十卷，今作十卷〔一〕　暎

佛說無量清淨平等覺經二卷　乃

△佛說無量壽經二卷　乃

佛說阿彌陀經二卷　乃

△佛說大乘無量壽莊嚴經南作二卷，北上中下同卷〔二〕　南深北命

○佛說大阿彌陀經二卷　貞

佛說阿閦佛國經二卷，北作三卷　服

⊙佛說大乘十法經一卷　服

佛說普門品經一卷　服

△佛說大乘菩薩藏正法經四十卷，今作二十卷〔三〕　南辭安北如松

〔一〕「二十卷，今作十卷」，語出南藏目録，但南、北藏仍標二十卷，分別合爲十册，故稱十卷，千字文編號爲「暎一」至「暎十」。

〔二〕「南作二卷，北上中下同卷」，康熙本、乾隆本正文相同，總目作「二卷」。實際南藏上、中卷合爲一册，下卷爲一册，北藏上、中、下卷合爲一册。

〔三〕「四十卷，今作二十卷」，語出南藏目録，但南、北藏仍標四十卷，合爲二十册，故稱二十卷。

佛說胞胎經一卷　服

文殊師利佛土嚴淨經二卷　服

⊙佛説護國尊者所問大乘經四卷，南作三，北作二〔一〕　南夙北臨

郁迦羅越問菩薩行經一卷　衣

佛説法鏡經二卷　服

幻士仁賢經一卷　衣

⊙佛説決定毗尼經一卷　衣

○佛説三十五佛名禮懺文一紙半　南淵北斯〔二〕

◬發覺淨心經二卷〔三〕　衣

◬佛説須賴經一卷　南忘北衣

〔一〕「四卷，南作三，北作二」，南、北藏仍標四卷，分別合爲三册、二册，故稱三卷、二卷。

〔二〕「南淵北斯」，底本與康熙本、乾隆本皆作「淵」，表示南、北藏千字文編號皆爲「淵」，實則北藏千字文編號爲「斯」，故改。

〔三〕「二卷」，原作「二卷，北作一卷」，實際北藏分上、下二卷，千字文編號爲「衣四、衣五」，故删「北作一卷」四字。康熙本、乾隆本總目無此四字，正文有。

佛説須賴經一卷　南忘北衣

○菩薩修行經半卷　南忘北短

⊙佛説無畏授所問大乘經上中下僅半卷　南馨北夙

佛説優填王經四紙餘　衣

丶佛説大乘日子王所問經九紙餘　力

○佛説須摩提經

⊙佛説須摩提菩薩經二經仝卷　衣

佛説阿闍世王女阿術〔一〕達菩薩經　一卷　衣

◬佛説離垢施女經一卷　衣

◬得無垢女經一卷　裳

◎文殊師利所説不思議佛境界經二卷　裳

⊙善住意天子所問經三卷　裳

△佛説如幻三昧經三卷　裳

〔一〕「術」，原作「述」，康熙本、乾隆本同，據南、北藏改。

△太子刷護經

○太子和休經二經同卷　裳

△慧上菩薩問大善權經二卷　推

⊙佛説大方廣善巧方便經四卷，今作二卷〔一〕　南清北深

○大乘顯識經二卷　推

佛説大乘方等要慧經

彌勒菩薩所問本願經二經南共一卷，北共半卷　推

佛遺日摩尼寶經〔二〕一卷　推

△佛説摩訶衍寶嚴經一卷　推

◎佛説大迦葉問大寶積正法經五卷，今作二卷〔三〕　忠

△勝鬘師子吼一乘大方便方廣經一卷　推

〔一〕「四卷，今作二卷」，南、北藏皆標四卷，合爲二册，故稱二卷。

〔二〕此經北藏目録作「佛説遺日摩尼寶經」，北藏正文及南藏目録、正文皆無「説」字。

〔三〕「五卷，今作二卷」，南、北藏皆標五卷，合爲二册，故稱二卷。

△毗耶娑問經二卷　推

○入法界體性經八紙半　南男北裳〔一〕

寶積三昧文殊師利菩薩問法身經五紙半　南男北才

⊙佛説阿彌陀經四紙餘〔二〕　貞

○稱讚浄土佛攝受經九紙欠　貞

○後出阿彌陀佛〔三〕偈經十四偈　貞

◎阿彌陀鼓音聲王陀羅尼經三紙　行

◎佛説觀無量壽佛經一卷　貞

◎觀世音菩薩得大勢菩薩受記經一卷　南罔北短

◎佛説如幻三摩地無量印法門經上中下仝卷　南淵北似

卷四

○大方等大集經三十卷　位讓國

〔一〕「裳」，原作「傷」，康熙本、乾隆本同，據北藏改。

〔二〕「餘」，康熙本、乾隆本總目皆無，正文有。

〔三〕「佛」，原無，南藏目録亦無，據南藏、北藏正文補。

大哀經八卷　周

寶女所問經四卷　發

○海意菩薩所問浄印法門經十八卷，今作九卷〔一〕　南澄北似

無言童子經二卷　發

寶星陀羅尼經八卷　殷

◬大乘大方等日藏經十卷　有

○大方等大集月藏經十卷　虞

◎大乘大集地藏十輪經十卷　陶

佛說大方廣十輪經八卷　唐

○大集須彌藏經二卷　唐

○虛空藏菩薩經一卷　弔

△虛空孕菩薩經二卷　弔

卷五

〔一〕「十八卷，今作九卷」，此依南藏而言，南藏正文標十八卷，合爲九册，目録標九卷。北藏則目録、正文皆標九卷，作九册。

丶虛空藏菩薩神呪經十五紙〔一〕　弔

◎觀虛空藏菩薩經二紙　弔

◎無盡意菩薩經四卷　罪

阿差末菩薩經七卷　南罪北伐〔二〕

△佛說菩薩念佛三昧經六卷　弔

⊙佛說大方等大集菩薩念佛三昧經〔三〕十卷　民

⊙大方等大集賢護經五卷　南伐北罪

般舟三昧經三卷　伐

拔陂菩薩經一卷　南伐北罪

◎自在王菩薩經二卷　發

〔一〕「十五紙」，康熙本、乾隆本總目作「一卷」，正文作「十五紙」。

〔二〕「南罪北伐」，底本和康熙本、乾隆本作「罪」，實際南藏千字文編號爲「罪」，北藏千字文編號爲「伐」，故改爲「南罪北伐」。

〔三〕此經原在佛說菩薩念佛三昧經之前，頂格，彼經低一格。據正文，此經係彼經的重譯本，故調換前後位置，改爲低一格，彼經昇爲頂格。

⊚奮迅王問經二卷　發

△大集譬喻王經二卷　周

丶佛説大集會正法經五卷，北作四卷〔一〕　南淵北清

僧伽吒經四卷，北作三卷〔二〕　南可北羊

○月燈三昧經十一卷，北作十卷〔三〕　女

月燈三昧經半卷　慕

⊙占察善惡業報經二卷　南詩北景

○佛説佛名經十二卷　己長

○佛説五千五百佛名神呪除障滅罪經八卷，北作五卷〔四〕　南信北長

〔一〕「五卷，北作四卷」，北藏仍標五卷，合爲四册，故稱四卷。

〔二〕「四卷，北作三卷」，北藏仍標四卷，合爲三册，故稱三卷。

〔三〕「十一卷，北作十卷」，北藏仍標十一卷，合爲十册，故稱十卷。

〔四〕「八卷，北作五卷」，南、北藏皆標八卷，北藏合爲五册，故稱五卷。

○三劫三千諸佛名經三卷〔一〕　長

○千佛因緣經一卷　維

△賢劫經十卷　恃

◎稱揚諸佛功德經三卷　南罔北靡

◎百佛名經六紙欠　南忘北信

◎佛説大乘大方廣佛冠經上下合卷　南松北清

◎佛説十吉祥經一紙餘　南賢北信

◎佛説八佛名號經三紙半　南才北知

佛説八吉祥神呪經二紙半　南效北知

佛説八陽神呪經二紙半　南才北知

佛説八吉祥經二紙　南才北知

◎佛説八部佛名經二紙半　南賢北信

〔一〕南、北藏中無此經名，有過去莊嚴劫千佛名經一卷、現在賢劫千佛名經一卷、未來星宿劫千佛名經一卷，智旭合稱三劫三千諸佛名經三卷。

◎佛説滅十方冥經六紙　維

◎受持七佛名號所生功德經四紙半〔一〕　維

◎大乘寶月童子問法經四紙　南盡北則

◎佛説寶網經一卷　南忘北彼

○佛説不思議功德諸佛所護念經二卷　南長北信

◎藥師琉璃光七佛本願功德經二卷　惟

○佛説藥師如來本願經一卷　惟

◎藥師琉璃光如來本願功德經一卷　惟

◎觀佛三昧海經十卷　量

◎佛説彌勒成佛經一卷　貞

佛説觀彌勒菩薩下生經六紙半　貞

佛説彌勒來時經二紙餘　貞

佛説彌勒下生經六紙餘　貞

〔一〕「四紙半」，康熙本、乾隆本總目作「三紙半」，正文作「四紙半」。

佛説彌勒下生成佛經五紙　貞

◎佛説觀彌勒菩薩上生兜率陀天經一卷　貞

◎佛説一切智光明仙人慈心因緣不食肉經四紙〔一〕　南賢北信

○佛説師子月佛本生經六紙半　南賢北信

○文殊師利般涅槃經四紙欠　維

◎佛説觀藥王藥上二菩薩經一卷　南得北知

◎地藏菩薩本願經二卷　南思北斯

◎佛説師子莊嚴王菩薩請問經三紙餘　南賢北景

◎佛説八大菩薩經一紙半　南思北斯

⊙六菩薩名亦當誦持經一紙　南籍北既

◎離垢慧菩薩所問禮佛法經四紙半　維

◎佛説老女人經一紙半　南男北潔

佛説老母經一紙半　南男北潔

〔一〕「四紙」，康熙本與此同，乾隆本作「一紙」。今覈北藏，有五紙餘，合南藏四紙餘。

佛說老母女六英經一紙欠　南男北潔

◎楞伽阿跋多羅寶經四卷　惟

△入楞伽經十卷　鞠

○大乘入楞伽經七卷　養

◎佛説首楞嚴三昧經三卷　靡

◎維摩詰所説經三卷　方

維摩詰經三卷　方

△説無垢稱經六卷　南方北蓋

○善思童子經二卷　南賴北敢

大方等頂王經一卷　萬

△大乘頂王經一卷　萬

◎月上女經二卷　染

○大乘密嚴經三卷　染〔一〕

〔一〕「染」，原作「南染北清」，覈北藏千字文編號，據改。

△大乘密嚴經三卷　南不北清

○解深密經五卷　南常北效

　深密解脱經五卷　南常北效

　佛説解節經一卷　南敢北髮

　相續解脱地波羅蜜了義經半卷　南敢北髮

　相續解脱如來所作隨順處了義經〔一〕半卷　南敢北髮

○佛説佛地經八紙　行

◎金光明最勝王經十卷　場

○金光明經四卷　南食北化

、合部金光明經八卷　南食北被

　莊嚴菩提心經六紙欠　南邇北壹

　大方廣菩薩十地經六紙半　南邇北壹

○毗沙門天王經四紙半　南不北清

〔一〕此經南藏目録未單獨立目，與前一部經合爲一卷。

◎菩薩投身飼餓〔一〕虎起塔因緣經十紙餘　南賢北悲

◎無所有菩薩經四卷　絲

◎諸佛要集經二卷　南彼北靡

○不思議光菩薩所説經一卷　南罔北短

○央掘魔羅經四卷　悲

○思益梵天所問經四卷　南五北傷

持心梵天所問經四卷　南五北慕

△勝思惟梵天所問經六卷　南大北傷

○佛説大乘同性經二卷　南大北慕

△佛説證契大乘經二卷　南常北慕

○諸法無行經二卷　南傷北常

諸法本無經三卷　南傷北五

〔一〕「餓」，原無，據正文和南、北藏補。

佛説大乘隨轉宣諸法經三卷，今作一卷〔一〕　南言北之

◎大乘理趣六波羅蜜多經十卷　南若北馨

○大乘本生心地觀經八卷　南之北興

◎大乘徧照光明藏無字法門經五紙餘　南男北潔

無字寶篋經五紙　潔

○大乘離文字普光明藏經四紙　潔

○佛説大乘入諸佛境界智光明莊嚴經五卷，南作三卷，北作二卷〔二〕　南言北之

△如來莊嚴智慧光明入一切佛境界經二卷　南慕北男

度一切諸佛境界智嚴經半卷　南慕北推

○大方等如來藏經九紙半　南忘北彼

△十住斷結經十四卷，今作十二卷〔三〕　談彼

〔一〕「三卷，今作一卷」，南、北藏皆分上、中、下三卷，各合爲一册，故稱一卷。

〔二〕「五卷，南作三卷，北作二卷」，南、北藏皆標五卷，分别合爲三册、二册，故稱三卷、二卷。

〔三〕「十四卷，今作十二卷」，南、北藏皆標十四卷，分别合爲十二册，故稱十二卷。

△菩薩瓔珞經十三卷，今作二十卷〔一〕　南短靡北詩讚

○佛説華手經十卷　南欲難北欲

○佛説寶雨經十卷　南身北此

△佛説寶雲經七卷　南此北身

◬佛説除蓋障菩薩所問經二十卷，南作十卷，北作八卷〔二〕　南盛北温

○法集經六卷　難

〽觀察諸法行經四卷　器

◎佛説未曾有正法經六卷，今作三卷〔三〕　南清北深

佛説阿闍世王經二卷　惟

普超三昧經四卷　毁

佛説放鉢經一卷　毁

〔一〕「十三卷，今作二十卷」，南藏標十三卷，作十三册；北藏目録標十三卷，正文標二十卷，分二十册。

〔二〕「二十卷，南作十卷，北作八卷」，南、北藏皆標二十卷，分别合爲十册、八册。

〔三〕「六卷，今作三卷」，語出南藏目録，南、北藏皆標六卷，分别合爲三册，故稱三卷。

○大樹緊那羅王所問經四卷　南恭北五

伅真陀羅所問寶如來三昧經三卷　南塲北五

△三昧弘道廣顯定意經四卷　絲

△佛説海龍王經四卷　南彼北景

○佛説轉女身經一卷　男

佛説無垢賢女經三紙欠　潔

佛説腹中女聽經二紙半　潔

○大方廣如來秘密藏經二卷，北作一卷〔一〕　染

○持世經四卷　南四北常

持人菩薩所問經四卷　南四北常

○大方廣寶篋經二卷　南敢北恭

佛説文殊師利現寶藏經二卷　南敢北恭

○佛説樂瓔珞莊嚴方便經一卷　潔

〔一〕「二卷，北作一卷」，北藏上、下二卷合裝一册，故稱一卷。

順權方便經二卷　潔

○大莊嚴法門經二卷　南慕北毀

佛說大浄法門品經一卷　南慕北毀

○佛說大威燈光仙人問疑經一卷　貞

佛說第一義法勝經一卷　貞

○有德女所問大乘經三紙半　南賢北莫

梵女首意經四紙餘　莫

○佛說大乘流轉諸有經二紙　維

丶大方等修多羅王經二紙半〔一〕　南才北良

佛說轉有經一紙半〔二〕　南效北良

◎佛說長者女庵提遮師子吼了義經六紙欠　南賢北信

○外道問聖大乘法無我義經二紙半　南盡北則

〔一〕「二紙半」，康熙本、乾隆本總目作「二紙欠」，正文作「二紙半餘」。

〔二〕「一紙半」，康熙本、乾隆本總目無「一」字，正文有。

○佛說大乘智印經五卷，今作二卷〔一〕　南言北之

　佛說慧印三昧經一卷　南傷北才

　△佛說如來智印經一卷　南傷北才

◎佛說不增不減經五紙半　維

△佛說入無分別法門經四紙　南斯北夙

○力莊嚴三昧經三卷，今作卷半〔二〕　南長北信

△佛說無極寶三昧經二卷　南傷北才

　寶如來三昧經二卷　南慕北才〔三〕

◎佛說金剛三昧本性清淨不壞不滅經七紙欠　南賢北信

○寂照神變三摩地經一卷　維

○大方廣師子吼經四紙餘　南男北良

〔一〕「五卷，今作二卷」，語出南藏目録，但南、北藏仍標五卷，合爲二册，故稱二卷。

〔二〕「三卷，今作卷半」，南藏標三卷，作三册；北藏標三卷，作一册半，第二册中合入佛說八部佛名經、百佛名經。

〔三〕「才」，原作「方」，康熙本、乾隆本同，據北藏改。

佛說如來師子吼經五紙　南男北良

◎出生菩提心經十一紙半〔一〕　南行北羊

○佛說發菩提心破諸魔經上下合卷　南清北薄

○文殊師利問菩提經六紙餘　男

伽耶山頂經九紙　男

佛說象頭精舍經八紙餘　男

○大乘伽耶山頂經七紙餘　男

○佛說文殊尸利行經七紙半　南效北良

△佛說文殊師利巡行經七紙欠　南效北良

(△)佛說大乘善見變化文殊師利問法經五紙餘　南力北忠

◎佛說大乘不思議神通境界經三卷，今作一卷〔二〕　南清北薄

◎商主天子所問經一卷　維

〔一〕「半」，乾隆本總目無，正文有。

〔二〕「三卷，今作一卷」，此依南藏而言，南藏上、中、下三卷合爲一册，北藏則上、中、下三卷合爲一册。

◬佛說魔逆經一卷　維

◎超日明三昧經二卷　南罔北短

◬須真天子經二卷　南罔北短

◎成具光明定意經一卷　南忘北彼

○悲華經十卷　及

丶大乘大悲芬〔一〕陀利經八卷　南賴北敢

○方廣大莊嚴經十二卷　南化北四大

　普曜經八卷　南被北大

◎大方便佛報恩經七卷　墨

○菩薩本行經三卷　墨

　○佛說金色王經七紙　南忘北短

△六度集經八卷　萬

　太子須大拏經一卷　南潔北才

〔一〕「芬」，康熙本、乾隆本同，南、北藏作「分」。

菩薩睒子經六紙欠　潔

佛說睒子經五紙　潔

太子慕魄經五紙欠　潔

佛說太子沐魄經二紙半　潔

佛說九色鹿經二紙欠　潔

◎佛說長壽王經四紙餘　南賢北羊

○佛說鹿母經七紙　維

○佛說大意經四紙半　維

○佛說前世三轉經六紙　南效北良

佛說銀色女經六紙餘　南效北良

△過去佛分衛經一紙餘　南賢北景

◎佛說妙色王因緣經三紙欠　南賢北景

◬佛說月明菩薩經三紙欠　維

○佛說頂生王因緣經六卷，今作二卷〔一〕　南言北之

〔一〕「六卷，今作二卷」，語出南藏目録，而南、北藏仍標六卷，分别合爲二册。

◎佛説賴吒和羅所問德光太子經一卷　維

△如來獨證自誓三昧經六紙餘　南才北良

ノ佛説自誓三昧經七紙欠　南效北良

△佛昇忉利天爲母説法經三卷　身

道神足無極變化經四卷　南蓋北方

◎佛説盂蘭盆經一紙半　南才北知

佛説報恩奉盆經一紙欠　南才北知

◎佛説巨力長者所問大乘經上中下同卷　南取北斯

◎佛説德護長者經二卷　南男北潔

△佛説月光童子經七紙半　潔

ノ佛説申日兒本經二紙欠　潔

○佛説勝軍王所問經五紙半　南淵北斯

○如來示教勝軍王經六紙餘　才

佛説諫王經三紙餘　才

○佛爲勝光天子説王法經五紙半　才

○佛爲優填王説王法政〔一〕論經七紙餘　南思北之

○佛説薩羅國經三紙　南賢北信

◎佛説阿闍世王受決經三紙半欠　南效北良

採華違王上佛受決經二紙欠　南效北良

○佛説差摩婆帝受記經三紙　南賢北景

⊙佛説賢首經二紙半　維

○佛説堅固女經五紙餘　維

○佛説心明經二紙半　維

⊙佛説金耀童子經七紙欠　力

○佛説逝童子經二紙半　潔

△佛説長者子制經三紙餘　潔

佛説菩薩逝經三紙餘　南男北潔

⊙佛説龍施女經二紙欠　南效北知

〔一〕「政」，原作「正」，據康熙本、乾隆本、南藏、北藏改。

△佛説龍施菩薩本起經三紙半　南效北知

○佛説長者法志妻經三紙欠　南賢北信

○佛説乳光佛經五紙半　潔

佛説犢子經一紙半　潔

○佛説樹提伽經二紙半　南賢北羊

◎寶授菩薩菩提行經十紙欠　南興北深

⊚演道俗業經九紙　南忘北信

○優婆夷淨行法門經二卷　南賢北行

○菩薩道樹經十二紙　南忘北彼

○菩薩生地經二紙半　南忘北彼

○佛説緣起聖道經四紙欠　南效北良

佛説貝多樹下思惟十二因緣經三紙半　南效北良

○佛説舊城喻經四紙餘　南興北臨

○分別緣起初勝法門經上下合卷　南敢北賴

佛説緣生初勝分法本經上下合卷　南敢北賴

◎大乘舍黎娑擔摩經六紙　南履北臨

佛說了本生死經四紙　南效北良

○佛說稻稈經六紙欠　南效北良

○慈氏菩薩所說大乘緣生稻稈喻經六紙半　南流北興

○佛說法身經三紙半　南興北深

○佛說十號經二紙　南命北盡

○稱讚大乘功德經四紙餘　南效北良

△妙法決定業障經三紙　南效北良

○佛說大乘四法經一紙欠　南效北良

佛說菩薩修行四法經一紙欠　南效北良

◎大乘四法經七紙半　維

○佛說大乘百福相經六紙餘　南男北良

佛說大乘百福莊嚴相經七紙半　南效北良

○佛說妙吉祥菩薩所問大乘法螺經五紙餘　南思北斯

◎大乘造像功德經上下合卷　南羔北知

△佛說造立形像福報經三紙餘　南才北知

佛說作佛形像經二紙　南效北知

○佛說造塔功德經二紙〔一〕　維

○佛說右遶佛塔功德經二紙餘　南賢北景

◎佛說樓閣正法甘露鼓經三紙半　南力北忠

◎無上依經二卷　南效北良

佛說未曾有經三紙欠　南男北良

佛說甚希有經四紙半　南男北良

○佛說諸法勇王經一卷　潔

一切法高王經一卷　貞

諸法最上王經一卷　南維北行

○佛說施燈功德經一卷　難

◎浴像功德經三紙餘　南才北知

〔一〕「二紙」，康熙本、乾隆本總目作「一紙餘」，正文作「二紙」。

佛説灌佛經一紙半　南才北知

丶佛説灌洗佛經三紙餘　南才北知

○佛説浴像功德經二紙半　南才北知

△佛説菩薩行五十緣身經四紙半　南忘北短

◬佛説内藏百寶經六紙餘　南莫北短

◬佛説最無比經八紙欠　南效北良

△佛説希有校〔一〕量功德經五紙　南效北良

丶文殊師利問菩薩署經一卷　南詩北率

△佛説明度五十校計經二卷　絲

○入定不定印經一卷　南髮北被

△不必定入定入印經一卷　南髮北被

○佛説謗佛經六紙欠　男

〔一〕「校」，原作「較」，康熙本、乾隆本同，據南、北藏改。「較」字乃明人避明熹宗朱由校名諱而改。下文有版本依據者徑改，不再出校。

△佛説決定總持經七紙半　男

○佛説象腋經一卷　慕

佛説無所希望經一卷　慕

◎佛説甚深大迴向經四紙欠　南賢北景

◎佛説大方廣未曾有經善巧方便品四紙欠　南淵北斯

◎佛説十二頭陀經四紙半　南賢北羊

△佛説四輩經二紙半　南賢北景

◬佛説四不可得經四紙餘　南莫北短

丶佛説三品弟子經三紙餘　南賢北景

△佛説佛印三昧經二紙半　南行北羊

○佛語法門經三紙　南忘北短

◬佛説法常住經一紙　南賢北羊

○佛説罪業報應教化地獄經五紙餘　南尺北敬

○佛説辯意長者子所問經八紙餘　當

◬佛説大自在天子因地經六紙半　南命北盡

○佛説尊那經五紙半　南夙北臨

△佛説弟子死復生經五紙　當

◬佛説七女經五紙半　南尺北敬

○佛説懈怠耕者經一紙　當

○大法炬陀羅尼經二十卷　使可

△大威德陀羅尼經二十卷，北作十六卷〔一〕　覆器

○尊勝菩薩所問一切諸法入無量法門陀羅尼經一卷　南莫北罔

佛説無崖際總持法門經一卷　南莫北罔

○金剛場陀羅尼經一卷　南莫北罔

金剛上味陀羅尼經一卷　南莫北罔

已上六經，雖有陀羅尼呪，而無壇法，故屬顯説。

〔一〕「二十卷，北作十六卷」，北藏標二十卷，合爲十六册，故稱十六卷。

閲藏知律總目卷第二

北天目沙門釋智旭 編次

〇方等密呪部，又二：一、經；二、儀軌。

〇一、密呪經

◉大佛頂如來密因修證了義諸菩薩萬行首楞嚴經十卷 羔 卷十一

〇佛説一切如來真實攝大乘現證三昧大教王經三十卷，南作十九卷，北作十七卷〔一〕 南如松北盛川

金剛頂一切如來真實攝大乘現證大教王經三卷 南之北流

〇大乘金剛髻珠菩薩修行分經一卷 南遐北殷

△大乘瑜伽金剛性海曼殊室利千臂千鉢大教王經十卷 容

〇佛説一切如來金剛三業最上秘密大教王經七卷 息

⊙佛説最上根本大樂金剛不空三昧大教王經七卷 南温北澄

〔一〕「三十卷，南作十九卷，北作十七卷」，南、北藏仍標三十卷，分别合爲十九册、十七册，故稱十九卷、十七卷。

○大樂金剛不空真實三麽耶般若波羅蜜多理趣經七紙欠　南川北澄

◎金剛頂瑜伽理趣般若經九紙餘　南思北澄

○實相般若波羅蜜經六紙餘　翔

○佛説秘密相經上中下合卷　南馨北不

⊙佛説金剛場莊嚴般若波羅蜜多教中一分八紙　南斯北夙

○佛説幻化網大瑜伽教十忿怒明王大明觀想儀軌經一卷　南履北思

○佛説大悲空智金剛大教王儀軌經五卷，今作三卷〔一〕　思

○一切如來大秘密王未曾有最上微妙大曼拏〔二〕羅經五卷，今作三卷〔三〕　南命北川

⊙大毗盧遮那成佛神變加持經七卷　南贊北賢

○佛説無二平等最上瑜伽大教王經六卷　南斯北淵

⊙佛説瑜伽大教王經五卷　南興北流

〔一〕「五卷，今作三卷」，南、北藏仍標五卷，分别合爲三册，故稱三卷。

〔二〕「拏」，底本、康熙本、乾隆本與南藏目録皆無，據南藏正文和北藏目録、正文補。

〔三〕「五卷，今作三卷」，語出南藏目録，但南、北藏皆標五卷，合爲三册，故稱三卷。

○金剛峰樓閣一切瑜伽瑜祇經二卷　南澄北取

⊙一字佛頂輪王經六卷　南詩北克

○菩提場所説一字頂輪王經五卷　南流北不

丶一字奇特佛頂經三卷　南川北不

○妙吉祥平等秘密最上觀門大教王經五卷，北作四卷〔一〕　取

⊙佛頂放無垢光明入普門觀察一切如來心陀羅尼經上下合卷　南力北忠

◎佛説守護大千國土經三卷　力

◎佛説出生一切如來法眼徧照大力明王經上下同卷　南竭北流

◎廣大寶樓閣善住祕密陀羅尼經三卷，今作二卷〔二〕　南讚北念

牟梨曼陀羅呪經二卷　南羊北念

⊙大寶廣博樓閣善住秘密陀羅尼經三卷　南不北息

〔一〕「五卷，北作四卷」，北藏標五卷，合爲四册，故稱四卷。

〔二〕「三卷，今作二卷」，此依北藏而言，北藏標三卷，合爲二册，南藏標三卷，仍作三册。

○普徧光明燄鬘清淨熾盛如意寶印心無能勝大〔一〕明王大隨求陀羅尼經二卷　南思北取

⊙佛説隨求即得大自在陀羅尼神呪經十四紙　行

◎佛説佛頂尊勝陀羅尼經一卷　南改北莫

佛頂尊勝陀羅尼經六紙　南改北莫

佛頂最勝陀羅尼經六紙半　南得北莫

佛頂尊勝陀羅尼經八〔二〕紙半　南得北莫

◎最勝佛頂陀羅尼淨除業障經一卷　南改北莫

◎大方等陀羅尼經四卷　信

○佛説大方等大雲請雨經一卷　南傷北毀

大雲請雨經一卷　毀

大雲輪請雨經二卷，北作一卷〔三〕　南傷北毀

〔一〕「大」，康熙本、乾隆本總目作「力」，正文作「大」。

〔二〕「八」，康熙本、乾隆本總目作「七」，正文作「八」。

〔三〕「二卷，北作一卷」，北藏上、下二卷合裝一册，故稱一卷。

○大雲輪請雨經二卷，北作一卷〔一〕　南不北清

◎佛説一切如來烏瑟膩沙最勝總持經七紙餘　南履北臨

、佛説大白傘蓋總持陀羅尼經一卷　南若北之

○佛説最勝妙吉祥根本智最上秘密一切名義三摩〔二〕地分上下合卷　南竟北藁

○佛説偏照般若波羅蜜經七紙欠　南深北命

○佛説佛母般若波羅蜜多大明觀想儀軌經三紙半　南斯北澄

◎仁王般若念誦法五紙餘　南竟北藁

○佛説普賢曼拏羅經一卷　南臨北盡

○佛説一切如來安像三昧儀軌經六紙餘　南取北止

◎無量壽如來修觀行供養儀軌一卷　南竟北藁

佛説帝釋巖祕密成就儀軌四紙欠　南竟北杜

○底哩三昧耶不動尊威怒王使者念誦法一卷　南流北言

〔一〕「二卷，北作一卷」，北藏分上、下二卷，合裝一册，故稱一卷。

〔二〕「摩」，原作「麼」，康熙本、乾隆本同，據南、北藏改。

○佛説大灌頂神呪經十二卷，北作六卷〔一〕　恭

⊙守護國界主陀羅尼經十卷　南止北蘭

○七佛所説神呪經四卷　南景北羊

⊙一切如來正法祕密篋印心陀羅尼經八紙　南力北忠

◎一切如來心祕密全身舍利寶篋印陀羅尼經五紙半　南流北興

○佛説聖曜母陀羅尼經三紙半　南臨北則

○聖無能勝金剛火陀羅尼經三紙半　南命北則

佛説大金剛香陀羅尼經三紙　南薄北臨

⊙佛説智光滅一切業障陀羅尼經三紙　南命北則

○佛説智炬陀羅尼經三紙欠　行

○諸佛集會陀羅尼經三紙餘　行

⊙佛説一切如來金剛壽命陀羅尼經二紙　南流北興

○息除中夭陀羅尼經二紙餘　南力北忠

〔一〕「十二卷，北作六卷」，北藏標十二卷，合爲六册，故稱六卷。

○十二佛名神呪校量功德除障滅罪經五紙餘　南必北能

佛説稱讚如來功德神呪經二紙餘　南必北能

⊙東方最勝燈王如來助護持世間神呪經十一紙半　南莫北罔

佛説持句神呪經二紙餘　南莫北罔

佛説陀鄰尼鉢經二紙　南莫北罔

○聖最上燈明如來陀羅尼經六紙　忠

○佛説華積樓閣陀羅尼經三紙欠　南臨北命

華積陀羅尼神呪經二紙餘　南莫北能

師子奮迅菩薩所問經二紙　南莫北能

佛説華聚陀羅尼呪經二紙餘　南莫北能

⊙拔濟苦難陀羅尼經一〔一〕紙半　行

⊙佛母大孔雀明王經三卷　南改北知

佛説孔雀王呪經二卷　南必北過

〔一〕「一」，康熙本、乾隆本無。

○佛說大孔雀呪王經三卷　南改北知

佛說大孔雀王神呪經四紙欠　南必北過

佛說大孔雀王雜神呪經十二紙半　南必北過

大金色孔雀王呪經一卷　南必北過

⊙大孔雀明王畫像壇場儀軌〔一〕四紙餘　南學北杜

○菩提場莊嚴陀羅尼經一卷　不

◎佛說大乘聖無量壽決定光明王如來陀羅尼經五紙　南竭北力

◎佛說無能勝旛王如來莊嚴陀羅尼經三紙　南竭北忠

○佛說聖莊嚴陀羅尼經上下合卷　南臨北命

○佛說寶帶陀羅尼經八紙欠　南斯北夙

⊙大吉義神呪經二卷　行

⊙金剛光燄止風雨陀羅尼經一卷　南羊北維

◎佛說聖多羅菩薩經五紙欠　南興北深

〔一〕正文經名作「佛說大孔雀明王畫像壇場儀軌」，係依南藏正文，南藏目録和北藏目録、正文皆無「佛説」二字。

◔聖觀自在菩薩一百八名經四紙餘　南盡北則

○毗俱胝菩薩一百八名經三紙餘　南盡北則

◎佛説大吉祥陀羅尼經一紙　南興北深

◎佛説大吉祥天女十二契一百八名無垢大乘經六紙餘　南流北興

⊙佛説大吉祥天女十二名號經一紙餘　南流北興

◔大乘八大曼拏羅經一〔一〕紙半　南夙北臨

○佛説八大菩薩曼荼羅經二紙半　南淵北斯

◎無垢淨光大陀羅尼經一卷　南莫北彼

◎聖佛母小字般若波羅蜜多經三紙欠　南竭北忠

◔諸佛心印陀羅尼經一〔二〕紙半　南盡北則

○諸佛心陀羅尼經二紙餘〔三〕　行

〔一〕「二」，康熙本、乾隆本無。

〔二〕「一」，康熙本、乾隆本無。

〔三〕「餘」，康熙本、乾隆本無。

○消除一切閃電障難隨求如意陀羅尼經三紙半　忠

○佛説如意摩尼陀羅尼經三紙　南盡北則

○虛空藏菩薩問七佛陀羅尼呪經一卷　南莫北罔

如來方便善巧呪經八紙半　南莫北罔

⊙聖虛空藏菩薩陀羅尼經六紙餘　南力北忠

⊙佛説救拔燄口餓鬼陀羅尼經三紙餘　南淵北斯

○佛説救面然餓鬼陀羅尼神咒〔一〕經三〔二〕紙半　南行北念

⊙佛説甘露經陀羅尼七行　南行北念

⊙瑜伽集要救阿難陀羅尼燄口儀軌經一卷　南止北斯

⊙佛説延壽妙門陀羅尼經六紙餘　南興北深

○護命法門神呪經九紙半　南莫北罔

善法方便陀羅尼經五紙餘　南莫北罔

〔一〕「神咒」，原無，康熙本、乾隆本同，據正文和南、北藏補。

〔二〕「三」，康熙本、乾隆本總目作「二」，正文作「三」。

金剛祕密善門陀羅尼經四紙半　南莫北罔

◎佛説七俱胝佛母準提大明陀羅尼經并念誦、觀行等法，共十四紙　南改北莫

○佛説七俱胝佛母心大準提陀羅尼經三紙　南改北莫

⊙七俱胝佛母所説準提陀羅尼經一卷　南淵北莫

佛説慈氏菩薩誓願陀羅尼經一紙欠　南夙北臨

○百千印陀羅尼經一紙餘〔一〕　行

六字大陀羅尼呪經一紙欠　行

六字呪王經四紙餘　南莫北能

六字神呪王經六紙　南莫北能

○佛説聖六字大明王陀羅尼經一紙半　南臨北命

丶佛説大護明大陀羅尼經五紙　南力北忠

⊙聖六字增壽大明陀羅尼經一紙半　南履北臨

⊙佛説療痔病經一紙　當

〔一〕「餘」，康熙本、乾隆本總目無，正文有。

◎佛說善樂長者經二紙半　南興北深

佛說能浄一切眼疾病陀羅尼經一紙餘　南淵北斯

㊀佛說蓮華眼陀羅尼經一紙欠　南盡北則

○佛說寶生陀羅尼經一紙欠　南命北盡

○佛說尊勝大明王經三紙欠　南命北則

○佛說金身陀羅尼經二紙　南斯北夙

⊙佛說持世陀羅尼經三紙餘　行

㊀佛說雨寶陀羅尼經四紙欠　南流北興

△佛說大乘聖吉祥持世陀羅尼經七紙　南竭北力

聖持世陀羅尼經六紙半　南忠北則

㊀佛說聖大總持王經三紙半　南命北則

佛說宿命智陀羅尼經半紙　南夙北臨

佛說鉢蘭那賒嚩哩大陀羅尼經二紙　南夙北臨

佛說俱枳羅陀羅尼經一紙餘　南夙北臨

佛說妙色陀羅尼經一紙欠　南夙北臨

佛說大七寶陀羅尼經半紙　行

佛說栴檀香身陀羅尼經一紙餘　南夙北臨

○佛說無畏陀羅尼經二紙欠　南思北之

⊙佛說施一切無畏陀羅尼經二紙欠　南思北斯

◎佛說熾盛光大威德消災吉祥陀羅尼經一〔一〕紙半　南思北之

　佛說大威德金輪佛頂熾盛光如來消除一切災難陀羅尼經二紙餘　南思北之

佛說持明藏八大總持王經五紙餘　南命北則

◎佛說六門陀羅尼經一紙　行

○佛說善夜經三紙　行

⊙勝幢臂印陀羅尼經一〔二〕紙半　南得北莫

　妙臂印幢陀羅尼經一紙餘　南得北莫

⊙佛說普賢菩薩陀羅尼經二紙餘　南命北盡

〔一〕「一」，康熙本、乾隆本總目無，正文有。

〔二〕「一」，康熙本、乾隆本無。

佛說十八臂陀羅尼經一紙　南夙北臨

○佛說勝旛瓔珞陀羅尼經二紙　南臨北命

佛說滅除五逆罪大陀羅尼經一紙欠　南夙北臨

佛說洛叉陀羅尼經一紙餘　南夙北臨

佛說無量功德陀羅尼經一紙欠　南夙北臨

◔佛說拔除罪障呪王經二紙欠　行

◔佛說一切法功德莊嚴王經十三紙餘　行

⊙莊嚴王陀羅尼〔一〕經三紙　行

◎八名普密陀羅尼經一〔二〕紙半　行

佛說祕密八名陀羅尼經一〔三〕紙半　南興北深

◎佛說如意寶總持王經二紙餘　南命北則

〔一〕「陀羅尼」，康熙本、乾隆本同，南藏、北藏於此下有「咒」字。

〔二〕「一」，康熙本、乾隆本無。

〔三〕「一」，康熙本、乾隆本無。

⊙佛説一向出生菩薩經一卷　南改北莫

、佛説無量門微密持經半卷　南罔北莫

△佛説出生無量門持經半卷　南罔北莫

阿難陀目佉尼訶離陀鄰尼經九紙餘　南得北莫

阿難陀目佉尼訶離陀經九紙　南得北莫

佛説無量門破魔陀羅尼經十紙欠　南得北莫

舍利弗陀羅尼經七紙半　南得北莫

○出生無邊門陀羅尼經十三紙餘　南得北莫

○佛説出生無邊門陀羅尼經十紙　南流北興

⊙大方廣菩薩藏文殊師利根本儀軌經二十卷，南作十二卷，北作十卷〔一〕　南則盡北若　**卷十四**

○大方廣菩薩藏經中文殊師利根本一字陀羅尼法三紙欠　南必北能

曼殊室利菩薩呪藏中一字呪王經四紙半　南必北能

〔一〕「二十卷，南作十二卷，北作十卷」，南、北藏仍標二十卷，分別合爲十二册、十册，故稱十二卷，十卷。

◎佛説大陀羅尼末法中一字心呪經十七紙〔一〕　南羔北念

○金剛頂經曼殊室利菩薩五字心陀羅尼品十紙欠　南行北念

◎文殊師利寶藏陀羅尼經一卷　南景北羊

聖閻曼德迦威怒王立成大神驗念誦法六紙餘　南竟北藁

大方廣曼殊室利童真菩薩華嚴本教讚閻曼德迦忿怒王真言阿毗遮嚕迦儀軌品一卷　南學北藁

文殊師利菩薩根本大教王經金翅鳥王品十紙　南取北止

文殊問經字母品二紙　南不北清

◐佛説最上意陀羅尼經五紙欠　南命北則

○佛説聖最勝陀羅尼經三紙半　南履北臨

◐不空羂索神變真言經三十卷　南良知過北必改得

○佛説不空羂索呪經一卷　南才北過

不空羂索神呪心經一卷　南才北過

〔一〕「十七紙」，康熙本、乾隆本總目作「一卷」，正文作「十七紙」。

〇不空羂索呪心經一卷　南才北過

〇聖觀自在菩薩不空王祕密心陀羅尼經〔一〕九紙半　南淵北斯

◎佛説大乘莊嚴寶王經四卷　竭

〇佛説大方廣曼殊室利經觀自在菩薩受記品第一〔二〕一卷　南取北〔缺〕〔三〕

佛説大方廣曼殊室利經觀自在多羅菩薩儀軌經〔四〕十一紙　南川北止

〇葉衣觀自在菩薩經七紙餘　南不北清

◎阿唎多羅陀羅尼阿嚕力經一卷　南川北流

〇金剛恐怖集會方廣軌儀觀自在菩薩三世最勝心明王經一卷　南川北止

〇十一面觀自在菩薩心密言念誦儀軌經上中下合〔五〕卷　南馨北止

◎千手千眼觀世音菩薩廣大圓滿無礙大悲心陀羅尼經一卷　南必北能

〔一〕南藏、北藏正文在經名開頭有「佛説」二字，目録無。康熙本、乾隆本總目無，正文有。

〔二〕「受記品第一」，原作「儀軌經」，藏經中無此經名，據康熙本、乾隆本和南藏改。

〔三〕「〔缺〕」，原作「止」，北藏無此經，故改。

〔四〕經名據北藏著録，南藏作「佛説大方廣曼殊室利經」，有夾注云「又名觀自在多羅菩薩儀軌經」。

〔五〕「合」，康熙本、乾隆本作「仝」。

千手千眼觀世音菩薩姥陀羅尼身經一卷　南必北能

千眼千臂觀世音菩薩陀羅尼神呪經上下合〔一〕卷　南必北能

○觀自在菩薩怛嚩多唎隨心陀羅尼經一卷　南必北能

○如意輪陀羅尼經一卷　南必北能

○觀世音菩薩祕密藏神呪經八紙欠　南必北能

觀世音菩薩如意摩尼陀羅尼經六紙欠　南必北能

⊙觀自在菩薩如意心陀羅尼〔二〕經三紙　南必北能

◎佛説觀自在菩薩母陀羅尼經〔三〕二紙餘　南興北深

◎佛説一切如來名號陀羅尼經二紙　南興北深

⊙觀自在菩薩説普賢陀羅尼經三紙半　南淵北斯

○清浄觀世音菩薩普賢陀羅尼經五紙餘　行

〔一〕「合」，康熙本、乾隆本作「仝」。

〔二〕「陀羅尼」，康熙本、乾隆本同，南藏、北藏正文於此下有「咒」字，兩藏目録無。

〔三〕經名據南藏著録，北藏無「佛説」二字。康熙本、乾隆本總目有，正文無。

◎請觀世音菩薩消伏毒害陀羅尼〔一〕經一卷　南莫北能
⊙廣大蓮華莊嚴曼拏羅滅一切罪陀羅尼經八紙半　南命北盡
⊙佛説一髻尊陀羅尼經十二紙欠　南思北斯
○佛説祕密三昧大教王經四卷　南息北淵
⊙最上大乘金剛大教寶王經上下合卷　南履北臨
◎妙臂菩薩所問經四卷，今作二卷〔二〕　南盡北則
　⊙蘇婆呼童子經三卷　南羊北賢
⊙蘇悉地羯羅經三卷，北作四卷　南羊北克
⊙金剛頂瑜伽念珠經一紙餘　南川北澄
佛説金剛手菩薩降伏一切部多大教王經三卷　南履北淵
金剛恐怖集會方廣軌儀觀自在菩薩三世最勝心明王大威力烏樞瑟摩明王經三卷　南川北止

〔一〕「陀羅尼」，康熙本、乾隆本同，南藏、北藏於此下有「咒」字。
〔二〕「四卷，今作二卷」，語出南藏目録，但南、北藏仍標四卷，合爲二册，故稱二卷。

金剛手光明灌頂經最勝立印聖無動尊大威怒王念誦儀軌法品〔一〕十二紙　南優北鍾

聖迦抳忿怒金剛童子菩薩成就儀軌經三卷，北作二卷〔二〕　南取北言

大乘方廣曼殊室利菩薩華嚴本教讚閻曼德迦忿怒王真言大威德儀軌品三紙　南竟北藁

佛説妙吉祥瑜伽大教金剛陪囉嚩輪觀想成就儀軌經一卷　南夙北言

金剛薩埵説頻那夜迦天成就儀軌經四卷　南薄北思

○穢迹金剛説神通大滿陀羅尼法術靈要門經三紙餘　南馨北清

○穢迹金剛法禁百變法門經四紙　南馨北清

○佛説金剛香菩薩大明成就儀軌經三卷　南薄北思

⊙佛説虚空藏菩薩能滿諸願最勝心陀羅尼求聞持法四紙　行

聖多羅菩薩一百八名陀羅尼經六紙餘　南忠北則

○香王菩薩陀羅尼呪經二紙　行

⊙增慧陀羅尼經一紙欠　南履北臨

〔一〕經名依南藏著録，北藏無「法品」二字。

〔二〕「三卷，北作二卷」，北藏分上、中、下三卷，上卷爲一册，中、下卷合裝一册，故稱二卷。

⊙佛説大摩里支菩薩經七卷，南作五卷，北作四卷〔一〕　南臨北盡

⊙佛説摩利支天陀羅尼呪經二紙欠　南改北盡

佛説末利支提婆華鬘經一卷　南言北盡

佛説摩利支天經三紙餘　南思北盡

⊙佛説最上祕密那拏天經上中下合〔二〕卷　南温北澄

佛説寶藏神大明曼拏羅儀軌經上下合卷　南命北止〔三〕

速疾立〔四〕驗摩醯首羅天説阿尾奢法四紙　南學北杜

大藥叉女歡喜母并愛子成就法九紙半　南學北杜

訶利帝母真言法三紙欠　南無北隸

○佛説護諸童子陀羅尼呪經三紙半　行

囉嚩拏説救療小兒疾病經八紙餘　南夙北臨

〔一〕「七卷，南作五卷，北作四卷」，南、北藏皆標七卷，分别合爲五册、四册，故稱五卷、四卷。

〔二〕「合」，康熙本、乾隆本作「仝」。

〔三〕「止」，原作「比」，康熙本、乾隆本同，據北藏改。

〔四〕「立」，原作「力」，康熙本、乾隆本同，據南藏、北藏改。

○千轉大明陀羅尼經三紙　南臨北命

○佛説毗沙門天王經七紙　南臨北盡

阿吒婆拘鬼神大將上佛陀羅尼經四紙餘　行

◎寶賢陀羅尼經一〔一〕紙半　南興北深

幻師颰陀神呪經一紙餘　行

佛説大愛陀羅尼經一紙欠　南夙北臨

○佛説陀羅尼集經十二卷，今作十三卷〔二〕　南得能北忘罔

○佛説十一面觀世音神呪經九紙欠　南改北能

十一面神呪心經八紙　南改北能

千轉陀羅尼觀世音菩薩呪經二紙　南改北能

六字神呪經二紙半　南改北能

大聖大歡喜雙身毗那耶迦法二紙半　南學北杜

〔一〕「一」，康熙本、乾隆本總目無，正文有。

〔二〕「十二卷，今作十三卷」，此依南藏而言，南藏標十二卷，作十三册，北藏則標十三卷，作十三册。

佛説大普賢陀羅尼經一紙半　行

佛説消除一切災障寶髻陀羅尼經三紙半　南夙北臨

大寒林聖難拏陀羅尼經四紙餘　南力北忠

佛説檀持羅麻油述經一紙餘　行

佛説摩尼羅亶經二紙半　行

○佛説穰麌梨童女經三紙餘　南流北興

佛説安宅神呪經三紙半　行

⊙佛説息除賊難陀羅尼經一紙欠　南興北深

佛説辟除賊害呪經半紙餘　行

佛説呪時氣病經半紙　行

佛説呪齒經七行　行

佛説呪目經四行　行

佛説呪小兒經五行　行

○佛説除一切疾病陀羅尼經一紙欠　南淵北斯

佛説辟除諸惡陀羅尼經一紙餘　南夙北臨

呪三首經一紙欠　南改北能

梵本大悲神呪二紙餘　南竟北〔缺〕〔一〕

呪五首經一紙餘　南改北能

種種雜呪經七紙　南改北莫

〇最勝佛頂陀羅尼二紙餘　南竭北忠

大金剛妙高山樓閣陀羅尼七紙半　南命北盡

金剛摧碎陀羅尼二紙　南思北斯

佛説無量壽大智陀羅尼八行　南興北深

佛説宿命智陀羅尼四行半　南興北深

佛説妙吉祥菩薩陀羅尼二紙餘　南興北深

佛説慈氏菩薩陀羅尼五行　南興北深

佛説虚空藏菩薩陀羅尼七行　南興北深

〔一〕「南竟北〔缺〕」，原無，康熙本、乾隆本同，此經收入南藏，千字文編號爲「竟」，據補。

卷十五

拔一切業障根本得生淨土陀羅尼〔一〕九行　貞

○陀羅尼門諸部要目四紙欠　南竟北隸

○二、密呪儀軌

○金剛頂〔二〕一切如來真實攝大乘現證大教王經三卷　南優北亦

○金剛頂瑜伽中略出念誦經四卷　南景北念

◎金剛頂瑜伽金剛薩埵五秘密修行念誦儀軌一卷　南竟北稾

金剛頂瑜伽金剛薩埵儀軌十紙餘〔三〕　南學北杜

金剛頂瑜伽經十八會指歸八紙餘　南無北隸

◎金剛頂瑜伽三十七尊禮三紙半　南竟北隸

◎一切秘密最上名義大教王儀軌上下合〔四〕卷　南竟北杜

○妙吉祥平等瑜伽秘密觀身成佛儀軌一卷　南優北鍾

〔一〕「陀羅尼」，康熙本、乾隆本同，正文和南藏、北藏皆作「神咒」。

〔二〕「頂」下，原有「經」字，據南藏正文和北藏目録、正文删。

〔三〕「十紙餘」，乾隆本同，康熙本作「即上重出」。

〔四〕「合」，康熙本、乾隆本作「仝」。

妙吉祥平等觀門大教王經略出護摩儀七紙　南優北隸

金剛王菩薩秘密念誦儀軌十一紙欠　南無北藁

◎金剛頂經瑜伽修習毗盧遮那三摩地法一卷　南無北鍾

○不空羂索毗盧遮那佛大灌頂光真言一〔一〕紙半　南思北斯

大毗盧遮那成佛神變加持經略示七支念誦隨行法三紙欠　南學北杜

大日經略攝念誦隨行法三〔二〕紙餘　南學北杜

一字佛頂輪王念誦儀軌七紙半　南優北鍾

瑜伽翳迦訖沙囉烏瑟尼沙斫訖囉真言安怛陀那儀則一字頂輪王瑜伽經五紙半　南竟北既

○金剛頂瑜伽護摩儀軌一卷　南無北隸

一字金輪王佛頂要略念誦法三紙半　南學北杜

○佛頂尊勝陀羅尼念誦儀軌八紙　南無北藁

○阿閦如來念誦供養法十一紙餘　南無北藁

〔一〕「一」，康熙本、乾隆本總目無，正文有。

〔二〕「三」，康熙本、乾隆本總目作「二」，正文作「三」。

金剛壽命陀羅尼念誦法二紙餘　南學北杜

○佛説持明藏瑜伽大教尊那菩薩大明成就儀軌經四卷，今作二卷〔一〕　南夙北思

⊙佛説觀想佛母般若波羅蜜多菩薩經二紙欠　南盡北則

⊙聖八千頌般若波羅蜜多一百八名真實圓義陀羅尼經二紙餘　南思北斯

仁王護國般若波羅蜜多經道場念誦儀軌〔二〕一卷　南優北鍾

○成就妙法蓮華經王瑜伽觀智儀軌一卷　南學北杜

○金剛頂蓮華部心念誦儀軌一卷　南無北鍾

大樂金剛薩埵修行成就儀軌十二紙　南竟北杜

金剛頂瑜伽降三世成就極深密門三紙　南學北杜

⊙佛説大乘觀想曼拏羅淨諸惡趣經二卷，北作一卷〔三〕　南薄北止

○蘇悉地羯羅供養法三卷，今作二卷〔四〕　南學北鍾

〔一〕「四卷，今作二卷」，南、北藏仍標四卷，分别合爲二册，故稱二卷。

〔二〕「儀軌」，南、北藏作「軌儀」。

〔三〕「二卷，北作一卷」，北藏上、下二卷合裝一册，故稱一卷。

〔四〕「三卷，今作二卷」，語出南藏目録，但南、北藏仍標三卷，合爲二册，故稱二卷。

○不空羂索心呪王經三卷，北作二卷〔一〕　南才北過

不空羂索陀羅尼經二卷　南才北過

瑜伽蓮華部念誦法六紙欠　南優北鍾

佛説一切佛攝相應大教王經聖觀自在菩薩念誦儀軌經八紙餘　南夙北止

⊙金剛頂瑜伽千手千眼觀自在菩薩修行儀軌經一卷　南無北英

大悲心陀羅尼修行念誦略儀七紙欠　南優北隸

○觀自在菩薩如意輪瑜伽念誦法九紙半　南學北杜

觀自在如意輪菩薩〔二〕瑜伽法要十紙　南行北念

⊙觀自在菩薩如意輪念誦儀軌七紙半　南竟北杜

佛説如意輪蓮華心如來修行觀門儀九紙欠　南學北鍾

○金剛頂經瑜伽觀自在王如來修行法一卷　南優北鍾

金剛頂經觀自在王如來修行法五紙　南優北鍾

〔一〕「三卷，北作二卷」，北藏上卷、中卷合裝一册，下卷爲一册，共二册，故稱二卷。

〔二〕「如意輪菩薩」，原作「菩薩如意輪」，據正文和南、北藏改。

◎聖觀自在菩薩心真言瑜伽觀行儀軌五紙　南竟北藁

觀自在多羅瑜伽念誦法九紙餘　南竟北藁

○普賢金剛薩埵瑜伽念誦儀一卷　南無北隸

金剛頂瑜伽他化自在天理趣會普賢修行念誦儀軌十一紙　南學北杜

金剛頂勝初瑜伽普賢菩薩念誦法經七紙餘　南無北藁

⊙金剛頂經瑜伽文殊師利菩薩法一品二紙　南無北隸

◎金剛頂超勝三界經說文殊五字真言勝相二紙　南優北隸

○大聖曼殊室利童子五字瑜伽法三紙餘　南學北杜

⊙五字陀羅尼頌七紙餘　南學北杜

○金剛頂瑜伽經文殊師利菩薩儀軌供養法九紙　南優北鍾

佛說妙吉祥最勝根本大教經三卷　南薄北取

無能勝大明陀羅尼經七紙半　南學北英

無能勝大明心陀羅尼經一紙半　南學北英

大虛空藏菩薩念誦法四紙　南竟北藁

大威怒烏芻澀摩儀軌十一紙　南學北杜

⊙甘露軍荼利菩薩供養念誦成就儀軌一卷　南竟北藁

○不動使者陀羅尼秘密法一卷　南無北鍾

佛説聖寶藏神儀軌經上下仝卷　南命北止

⊙曼殊室利呪藏中校量數珠功德經二紙欠　南才北知

佛説校量數珠功德經一紙半　南才北知

文殊所説最勝名義經上下合卷　南優北羣

聖妙吉祥真實名經一卷　南思北澄

聖救度佛母二十一種禮讚經三紙　南履北言

○佛説一切如來頂輪王一百八名讚經一紙　南履北言

○讚揚聖德多羅菩薩一百八名經四紙欠　南盡北則

◎七佛讚唄伽陀二紙餘　南竭北言

曼殊室利菩薩吉祥伽陀一〔一〕紙半　南興北言

曼殊室利菩薩吉祥伽陀一紙餘　南竟北杜

○佛説文殊師利一百八名梵讚三紙半　南深北言

聖金剛手菩薩一百八名梵讚三紙半　南夙北言

〔一〕「一」，康熙本、乾隆本總目無，正文有。

○佛説聖觀自在菩薩梵讚二紙欠　南臨北言

聖多羅菩薩梵讚六紙欠　南履北言

犍椎梵讚七紙半　南深北言

八大靈塔梵讚一〔一〕紙半　南夙北言

三身梵贊一紙餘　南夙北言

⊙受菩提心戒儀三紙　南竟北隸

瑜伽集要燄口施食〔二〕起教阿難陀緣由四紙欠　南淵北漆

瑜伽集要燄口施食儀二十四紙　南淵北漆〔三〕

〔一〕「一」，康熙本、乾隆本總目無，正文有。

〔二〕「食」字下原有作「儀」字，康熙本、乾隆本同，南藏、北藏皆無，據删。

〔三〕康熙本、乾隆本此卷最後一行爲「陀羅尼雜集十卷　南封北卿」，與卷四「此土撰述」中密宗所收重複，故底本删除。

閲藏知津總目卷第三

北天目沙門釋智旭　編次

卷十六至卷二十三

○三、般若部

◎大般若波羅蜜多經六百卷　天地玄黄至珍李柰

△放光般若波羅蜜經三十卷　菜重芥

○摩訶般若波羅蜜經三十卷　薑海鹹

光讚般若波羅蜜經十卷　河

道行般若波羅蜜經十卷　淡

小品般若波羅蜜經十卷　鱗

○佛母出生三法藏般若波羅蜜多經二十五卷，北作十四卷〔一〕　南似蘭北履薄

〔一〕「二十五卷，北作十四卷」，北藏標二十五卷，合爲十四册，故稱十四卷。

○佛母寶德藏般若波羅蜜經三卷，今作二卷〔一〕　南履北臨

大明度無極經六卷　潛

摩訶般若波羅蜜鈔經五卷　潛

◎勝天王般若波羅蜜經七卷　羽

⊙文殊師利所説摩訶般若波羅蜜經一卷　翔

⊙文殊師利所説般若波羅蜜經一卷　翔

佛説濡首菩薩無上清浄分衛經二卷　翔

⊙金剛般若波羅蜜經一卷　羽

⊙金剛般若波羅蜜經一卷　羽

○金剛般若波羅蜜經一卷　羽

金剛能斷般若波羅蜜經一卷　翔

○能斷金剛般若波羅蜜經一卷　翔

〔一〕「三卷，今作二卷」，南藏目録稱「三卷内中、下合卷」，即合册，上卷爲一册，共二册；北藏則上、中、下三卷合裝一册。

◯能斷金剛般若波羅蜜多經一卷　翔

◎仁王護國般若波羅蜜多經二卷　南流北温

△仁王護國般若波羅蜜經二卷　翔

⊙佛説了義般若波羅蜜多經二紙餘　南淵北斯

◎佛説五十頌聖般若波羅蜜經二紙欠　南履北臨

佛説帝釋般若波羅蜜多心經三紙餘　南履北臨

⊙般若波羅蜜多心經十六行半　翔

摩訶般若波羅蜜大明呪經一紙欠　翔

⊙佛説聖佛母般若波羅蜜多經一紙半　南清北薄

◯四、法華部

卷二十四

◎無量義經一卷　草

⊙妙法蓮華經七卷　草

正法華經十卷　木

妙法蓮華經八卷　南蓋北賴

薩曇芬陀利經半卷　草

⊙觀世音菩薩普門品經〔一〕一卷　南〔缺〕北草

法華三昧經半卷　草

◎廣博嚴淨不退轉法輪經四卷　髮

△不退轉法輪經四卷　髮

阿惟越致遮經四卷　南此北蓋

◎大薩遮尼乾子受記經十卷　豈

△菩薩行方便境界神通變化經三卷　養

◎金剛三昧經二卷　南賢北難

△大法鼓經二卷　染

⊙佛説觀普賢菩薩行法經一卷　南罔北短

○五、涅槃部

◎大般涅槃經四十卷　南率賓歸王北賓歸王鳴

⊙南本大般涅槃經三十六卷　南鳴鳳在竹北鳳在竹白

〔一〕「經」，原無，康熙本、乾隆本同，據北藏補。

大般泥洹經六卷　南白北食

◎大般涅槃經後分二卷　白

○佛説方等般泥洹經二卷　南駒北白

四童子三昧經三卷　南駒北食〔一〕

○大悲經五卷　駒

⊙大乘方廣總持經一卷　南五北才

佛説濟諸方等學經一卷　南五北才

⊙集一切福德三昧經三卷　南大北化

等集衆德三昧經三卷　南四北化

○丶摩訶摩耶經二卷　南忘北彼

○丶大方等大雲經四卷　南毀北男

▲菩薩處胎經五卷　悲

◯△中陰經二卷　南絲北景

佛説蓮華面經上下仝卷　南詩北景

〔一〕「食」，原作「白」，康熙本、乾隆本同，據北藏改。

〇二、小乘經

〇增壹阿含經五十卷　形端表正空

佛説阿羅漢具德經八紙半　南夙北臨

△佛説四人出現世間經三紙欠〔一〕　南福北緣

佛説波斯匿王太后崩塵土坌身經二紙半　南緣北善

◐須摩提女經一卷〔二〕　南緣北善〔三〕

佛説三摩竭經九紙　南尺北善〔四〕

〇佛説給孤長者女得度因緣經〔五〕三卷，南作二卷，北作一卷〔六〕　南蘭北薄

〔一〕「三紙欠」，原作「三紙半」，據正文和康熙本、乾隆本改。

〔二〕「一卷」，康熙本、乾隆本總目作「十四紙半」，正文作「一卷」。

〔三〕「善」，原作「敬」，康熙本、乾隆本同，據北藏改。

〔四〕「善」，原作「敬」，康熙本、乾隆本同，據北藏改。

〔五〕康熙本、乾隆本皆將此經放在須摩提女經之前，底本據正文順序後移。

〔六〕「三卷，南作二卷，北作一卷」，南藏上、中卷合訂一册，下卷一册，故稱二卷；北藏上、中、下三卷合訂一册，故稱一卷。

佛說婆羅門避死經一紙欠　南緣北善

○食施獲五福報經一紙餘　南緣北善

頻婆娑羅王詣佛供養經四紙半　南緣北善

佛說長者子六過出家經二紙欠　南緣北善

佛說鴦崛摩〔一〕經五紙　南緣北善

佛說鴦崛髻經五紙　南緣北善

佛說力士移山經四紙半　南緣北善

佛說四未曾有法經一紙餘　南緣北善

佛說舍利弗目犍連遊四衢經二紙餘　南緣北善

七佛父母姓字經三紙　南緣北善

△佛說放牛經三紙餘　南緣北善

緣起經二紙欠　南緣北善

佛說十一想思念如來經一紙　南緣北善

〔一〕「摩」，原作「魔」，康熙本、乾隆本同，據北藏改。

佛説四泥犁經一紙半　南緣北善〔一〕

阿那邠邸化七子經三紙餘　南緣北慶

玉耶女經三〔二〕紙欠　慶

○玉耶經四紙欠　慶

△阿遬達經一紙半　慶

佛説〔三〕大愛道般涅槃經六紙餘　南緣北慶

佛母般泥洹經三紙餘　南緣北慶

舍衛國王夢見十事經三紙半　南緣北善

佛説國王不黎先尼十夢經四紙欠　南緣北善

△中阿含經六十卷　作聖德建名立

卷二十七至卷二十八

佛説七知經二紙　南積北緣

〔一〕「南緣北善」，康熙本、乾隆本作「右十三經並同上」，且從食施獲五福報經至此經下，皆未標千字文編號。

〔二〕康熙本、乾隆本將此經放在阿遬達經後，底本據正文順序前移。「二」，乾隆本作「一」。

〔三〕「佛説」，原無，據正文和南藏、北藏補。

佛説園生樹經一紙半　南淵北斯
佛説鹹水喻經一紙半　南積北緣
△佛説薩鉢多酥哩踰捺野經三紙餘　南履北臨
佛説一切流攝守因經四紙欠　南積北緣
佛説四諦經七紙半　南積北善
佛説恒水經三紙欠　南積北善
佛説本相倚致經二紙欠　南積北善
佛説緣本致經一紙餘　南福北善
佛説輪王七寶經三紙半　南淵北斯
佛説頂生王故事經五紙欠　南福北善
佛説文陀竭王經三紙欠　南福北善
佛説頻婆娑羅王經五紙　南興北臨
佛説鐵城泥犂經四紙餘　南福北緣
△佛説閻羅王五天使者經二紙餘　南福北緣
佛説古來世時經四紙餘　南福北緣

△大正句王經上下同卷　南興北深

佛説阿那律八念經三紙餘　南福北緣

佛説離睡經二紙餘　南福北緑

佛説是法非法經二紙半　南福北緑

佛説求欲經九紙餘　南福北緑

佛説受歲經三紙餘　南福北緑

佛説梵志計水浄經一〔一〕紙半　南福北緣〔二〕

⊙佛説大生義經六紙半　南清北薄

佛説苦陰經四紙餘　南福北緣

佛説苦陰因事經四紙半　南福北緣

佛説釋摩男本經三紙餘　南福北緣

佛説樂想經一紙欠　南福北緣

〔一〕「一」，康熙本、乾隆本總目無，正文有。

〔二〕「南福北緣」，康熙本、乾隆本作「五並仝上」，且從佛説離睡經至此經下，皆未標千字文編號。

佛說漏分布經五紙餘　南福北緣
佛說阿耨颰經五紙　南福北緣
佛說諸法本經一紙欠　南福北緣
佛說瞿曇彌記果經六紙欠　南福北緣〔一〕
佛說瞻婆比丘經二紙半餘　南福北善
佛說伏婬經二紙餘　南福北緣
佛說魔嬈亂經七紙欠　南福北緣〔二〕
佛說弊魔試目連經五紙欠　南福北緣
佛說賴吒和羅經九紙餘　南福北善
△佛說護國經半卷　南温北薄
○佛說帝釋所問經十一紙餘　南温北深
佛說善生子經六紙半　南福北善

〔一〕「南福北緣」，康熙本、乾隆本作「七並仝上」，且從佛說苦陰因事經至此經下，皆未標千字文編號。
〔二〕「南福北緣」，康熙本、乾隆本遺漏，底本增補。

佛説數經四紙餘　南福北善

佛説梵志頞波羅延問種尊經六紙　南福北善

佛説須達經三紙欠　南緣北善

△佛説長者施報經六紙餘　南臨北盡

○三歸五戒慈心厭離功德經一紙欠　南緣北善

佛爲黄竹園老婆羅門説學經三紙餘　南緣北善

佛説梵摩喻經八紙欠　南緣北善

佛説尊上經三紙欠　南緣北善

佛説兜調經三紙餘　南緣北善

佛説鸚䳇經八紙欠　南緣北善

⊙分别善惡報應經〔一〕上下合卷　南力北竭

佛説意經二紙餘　南緣北善

佛説應法經三紙餘　南緣北善

〔一〕康熙本、乾隆本皆將此經放在佛説兜調經之前，底本根據正文順序後移。

、佛説分别布施經三紙欠　南清北薄

佛説息諍因緣經半卷　南斯北夙

佛説泥犂經十一紙欠　南福北緣

◎佛説齋經〔一〕四紙　南福北緣

佛説優婆夷墮舍迦經三紙欠　南福北緣

八關齋經一紙餘　敬

佛説八種長養功德經一紙　南馨北清

佛説鞞摩肅經四紙半　緣

佛説婆羅門子命終愛念不離經三紙餘　緣

佛説十支居士八城人經二紙餘　緣

佛説邪見經一紙　緣

佛説箭喻經三紙餘　緣

〔一〕此經與本卷卷末小乘律部分所收佛説齋經重出。

○佛説長阿含經二十二卷　南克念北習聽禍〔一〕

△佛説七佛經一卷　南深北命

△毗婆尸佛經上下合卷　南臨北盡

佛般泥洹經二卷　南禍北福

大般涅槃〔二〕經三卷　南禍北駒

佛説方等泥洹經二卷　南禍北駒

佛説大堅固婆羅門緣起經上下同卷　南淵北斯

佛説人仙經六紙半餘　南興北臨

佛説白衣金幢二婆羅門緣起經上中下合卷〔三〕　南馨北夙

佛説尼拘陀梵志經上下合卷　南馨北夙

△佛説大集法門經二卷　南斯北薄

〔一〕「禍」，原無，康熙本、乾隆本同，據北藏補。

〔二〕「涅槃」，原作「泥洹」，康熙本、乾隆本同，據正文和南藏、北藏改。

〔三〕「上中下合卷」，康熙本、乾隆本作「上中下仝卷」。

長阿含十報法經二卷，今作一卷〔一〕　南聽北因

佛説人本欲生經一卷　南禍北福

佛説尸迦羅越六方禮經五紙　南禍北福

△佛説信佛功德經八紙　南興北深

△佛説大三摩惹經四紙半　南臨北盡

〇佛説梵志阿颰經一卷　南禍北善

佛説梵網六十二見經一卷　南禍北福

佛説寂志果經一卷　南禍北善

佛説樓炭經六卷　南積北福

〇起世經十卷　南因北積

△起世因本經十卷　惡

〇雜阿含經五十卷　谷傳聲虚堂

〔一〕「二卷，今作一卷」，此依北藏而言，北藏上、下二卷合訂一册，故稱一卷；南藏則爲二册。

△別譯雜阿含經二十卷，今作十六卷〔一〕 南習聽北禍因

丶雜阿含經一卷 南聽北因

佛說七處三觀經上下合卷 南緣北慶

五蘊皆空經半紙餘 南緣北善

○佛說聖法印經一紙餘 南緣北慶

△佛說法印經一紙餘 南清北薄

△五陰譬喻經二紙欠 南善北慶

佛說水沫所漂經二紙欠 南善北慶

佛說不自守意經一紙欠 南善北慶

△佛說滿願子經二紙欠 南善北慶

轉法輪經一〔二〕紙半 南善北慶

佛說三轉法輪經二紙欠 南善北慶

〔一〕「二十卷，今作十六卷」，此指北藏而言，北藏標二十卷，合爲十六册，故稱十六卷；南藏則爲二十册。

〔二〕「一」，康熙本、乾隆本無。

佛説八正道經一〔一〕紙半　南善北慶

難提釋經三紙半　南善北慶

佛説馬有三相經一紙欠　南善北慶

佛説馬有八態譬人經一紙　南善北慶〔二〕

○佛説戒德香經一紙餘　南福北緣

○佛説戒香經一紙　南興北深

佛説相應相可經一紙欠　南善北慶

△本事經七卷　南與北孝

△佛本行集經六十卷　南父事君曰嚴北父事君曰嚴與〔三〕

○佛説諸佛經三紙　南履北臨

○過去現在因果經四卷　南慶北尺

〔一〕「一」，康熙本、乾隆本無。

〔二〕「南善北慶」，康熙本、乾隆本作「右九經並仝上」，且從佛説水沫所漂經至此經下，皆未標千字文編號。

〔三〕此处兩個「曰」字，原皆作「日」，據康熙本、乾隆本和南藏、北藏改。

修行本起經二卷　南善北尺

太子瑞應本起經二卷　南慶北尺

異出菩薩本起經十一紙　維

○中本起經二卷　南積北緣

佛説初分説經上下合卷　南馨北夙

△佛説興起行經三卷，北作二卷　南與北當

△佛説衆許摩訶帝經十三卷，南作九卷，北作七卷〔一〕　南深北命

◎佛垂般涅槃略説教誡經五紙餘　南行北食

佛臨涅槃記法住經四紙欠　南賢北食

△佛説當來變經二紙　南賢北景

⊙佛説法滅盡經二紙欠　南賢北景

般泥洹後灌臘經一紙餘　南賢北食

佛滅度後棺斂葬送經二紙半　南當北食

〔一〕「十三卷，南作九卷，北作七卷」，南、北藏仍標十三卷，分別合爲九册、七册，故稱九卷、七卷。

〇迦葉赴佛般涅槃經二紙欠　南宜北既

〇佛入涅槃密迹金剛力士哀戀經五紙餘　南宜北既

△正法念處經七十卷　非寶寸陰是競資

◜妙法聖念處經八卷，今作四卷〔一〕　忠

丶佛説生經五卷　璧

佛説義足經二卷　璧

佛説大安般守意經二卷　敬

△禪秘要法經三卷　南尺北竭

〇治禪病秘要經二卷　南善北慶

陰持入經二卷　南孝北竭

五百弟子自説本起經一卷　孝

△佛説光明童子因緣經四卷，今作二卷〔二〕　南斯北夙

〔一〕「八卷，今作四卷」，語出南藏目録，南、北藏仍標八卷，合爲四册，故稱四卷。

〔二〕「四卷，今作二卷」，語出南藏目録，南、北藏仍標四卷，合爲二册，故稱二卷。

○摩登伽經二卷　南善北慶

舍頭諫經一卷　南善北慶

摩鄧女經二〔一〕紙餘　慶

摩登〔二〕女解形中六事經二紙餘　慶

△佛説柰〔三〕女耆域因緣經一卷　南慶北尺

佛説柰〔四〕女耆婆經一卷　南慶北尺

○佛説福力太子因緣經上中下合卷〔五〕　南馨北夙

⊙佛説業報差別經一卷　南與北當

○佛説輪轉〔六〕五道罪福報應經四紙欠　南孝北當

〔一〕「二」，康熙本、乾隆本總目作「一」，正文作「二」。

〔二〕「登」字，原作「鄧」，康熙本、乾隆本同，據南藏、北藏改。

〔三〕「柰」字，原作「奈」，據正文和南藏、北藏改。

〔四〕「柰」字，原作「奈」，據正文和南藏、北藏改。

〔五〕「上中下合卷」，康熙本、乾隆本作「上中下仝卷」。

〔六〕「轉」字，原作「迴」，康熙本、乾隆本同，據正文和南藏、北藏改。

佛説十八泥犁經五紙欠　敬

△雜藏經八紙餘　南善北璧

鬼問目連經〔一〕三紙欠　南善北璧

△餓鬼報應經六紙欠　南善北璧

○佛説十二品生死經半紙餘　南孝北當

○佛説浄意優婆塞所問經四紙半　南斯北夙

○無垢優婆夷問經二紙餘　當

⊙阿難問事佛吉凶經五紙餘　南善北慶

慢法經一紙　南善北慶

阿難分別經四紙半　南善北慶

△佛説分別善惡所起經一卷　敬

佛説較量壽命經八紙餘　南力北則

十二緣生祥瑞經上下合卷　南盡北則

〔一〕康熙本、乾隆本將此經與餓鬼報應經順序顛倒，底本據正文改正。

⌒佛説處處經一卷　敬

○天請問經二紙餘　當

○佛説分别緣生經一紙餘　南清北薄

○嗟韈曩法天子受三歸依獲免惡道經三紙餘　南力北則

○佛説出家功德經四紙餘　當

⌒佛説大迦葉本經四紙餘　南孝北當

　佛説龍王兄弟經二紙欠　南尺北敬

⌒佛説羅云忍辱經二紙半　南孝北當

○佛説梵摩難國王經一紙餘　當

○佛説普達王經三紙欠　當

○佛説末羅王經一〔一〕紙餘　南孝北當

△佛説摩達國王經一紙　南孝北當

△佛説旃陀越國王經二紙半餘　南孝北當

〔一〕「一」，康熙本、乾隆本總目無，康熙本正文有「一」字，乾隆本正文作「二」。

卷三十一

◜萍〔一〕沙王五願經六紙　璧

○佛說五王經四紙餘　當

△犍陀國王經一紙餘　敬

未生怨經三紙欠　敬

瑠璃王經六紙　璧

阿闍世王問五逆經四紙餘　南尺北敬

△佛說解憂經三紙欠　南深北命

△佛說無上處經半紙餘　當

⊙佛說無常經三〔二〕紙欠　南當北孝

佛說信解智力經五紙　南興北臨

◬佛說四無所畏經二紙欠　南履北臨

⊙佛說四品法門經四紙　南思北斯

〔一〕「萍」，南藏、北藏作「蓱」。

〔二〕「三」，康熙本、乾隆本作「一」。

◎佛説法乘義決定經上中下合卷　南言北之

⊙佛説決定義經九紙半　南温北薄

△佛説廣義法門經八紙欠　南福北緣

佛説普法義經七紙餘　緣

佛説海八德經二紙餘　南尺北璧

佛説法海經二紙半　南尺北璧

△佛説身毛喜豎經三卷，南作卷半，北作一卷〔一〕　南馨北夙

△黑氏梵志經二紙半　敬

⊙長爪梵志請問經二紙餘　當

佛説婦人遇辜經一紙餘　孝

△須摩提長者經七紙餘　敬

○盧至長者因緣經一卷　當

〔一〕「三卷，南作卷半，北作一卷」，南藏上、中卷合訂一册，下卷與佛説八種長養功德經合訂一册，故稱一卷半；北藏上、中、下卷合訂一册，故稱一卷。

△佛説耶祇經一紙半〔一〕　南孝北當
△佛説貧窮老公經二紙　南尺北敬
△佛爲阿支羅迦葉自化〔二〕作苦經一紙半　敬
○佛説長者音悦經三紙餘　南尺北敬
◜佛説鬼子母經三紙欠　當
○佛説孫多耶致經二紙欠　當
⊙佛説八師經三紙餘　南尺北敬
◜佛説九横經一紙　當
△佛説沙曷比丘功德經二紙　南孝北當
佛説得道梯隥錫杖經五紙欠　南尺北敬
△佛説呵鵰阿那含經一紙半　孝
⊙佛説燈指因緣經八紙欠　孝

〔一〕「一紙半」，康熙本、乾隆本作「紙半餘」。
〔二〕「自化」，底本作「説自他」，康熙本、乾隆本同，據南藏、北藏改。

△佛説五無返復經二紙　南孝北當

佛説五無返復經二紙　南孝北當

△長者子懊惱三處經二紙餘　敬

△五母子經一紙半　南善北慶

沙彌羅經一紙餘　慶

△佛説栴檀樹經二紙　當

○佛説佛大僧大經五紙半　南孝北當

○阿鳩留經三紙　敬

佛説頞多和多耆經一紙餘　當

○佛説越難經一紙半　南尺北敬

⊙佛説摩訶迦葉度貧母經四紙欠　孝

○佛説布施經二紙　南臨北則

○佛説五大施經十行　南思北之

△佛説四天王經二紙欠　孝

△佛説出家緣經一紙餘　敬

△孝子經二紙欠　敬

佛説進學經十七行　南尺北敬

⊙佛説賢者五福經[一]一紙欠　當

△佛説解夏經二紙餘　南温北深

⊙佛説蟻喻經二紙欠　南淵北斯

◬佛説自愛經四紙欠　南孝北當

丶佛説罵意經十三紙餘　敬

丶佛説堅意經一紙餘　南尺北當

佛説佛治身經一紙欠　南宜北既

佛説佛醫經三紙餘　南終北明

佛説治意經一紙欠　南宜北既

△佛説大魚事經一紙餘　孝

丶佛説法受塵經半紙餘　敬

[一] 經名據南藏著録，北藏作「佛説賢者五福德經」。

△佛説阿含正行經三紙欠　敬

佛説所欲致患經四紙半　南尺北敬

○佛説八無暇有暇經三紙餘　南當北孝

⊙佛説譬喻經一紙　當

四願經四紙欠　敬

◜佛説四自侵經四紙欠　南孝北當

△佛説諸行有爲經一紙餘　南力北忠

△佛説木槵經〔一〕一紙餘　當

佛説醫喻經〔二〕一紙餘　南馨北夙

△佛説中心經四紙餘　孝

◬佛説身觀經二紙欠　南當北孝

△佛説禪行三十七品經二紙　南當北孝

〔一〕「一」，康熙本、乾隆本總目無，正文有。

〔二〕「一」，康熙本、乾隆本總目無，正文有。

△禪行法想經半紙餘　敬

△佛說新歲經四紙　當

佛說時非時經二紙　南孝北當

佛說護淨經二紙　當

○佛說因緣僧護經一卷　南當北竭

△比丘避女惡名欲自殺經一紙欠　南當北孝

阿難同學經二紙餘　南緣北善

佛說月喻經二紙欠　南馨北夙

佛說灌頂王喻經一紙欠　南馨北夙

△佛說比丘聽施經二紙餘　當

○佛說見正經五紙半　孝

○佛說略教誡經一紙　當

△佛說父母恩難報經一紙欠　當

◖佛說淨飯王般涅槃經五紙半　南尺北當

ᄼ獮狗經一〔一〕紙半　敬

△佛説群牛譬經一紙餘　當

ᄼ佛爲年少比丘説正事經一紙半　南孝北當

○分別經四紙餘　敬

ᄼ佛説阿難七夢經一紙欠　孝

△阿難四事經三紙　敬

△佛説五苦章句經十二紙欠　南尺北當

△佛説月光菩薩經五紙欠　南臨北盡

○未曾有因緣經二〔二〕卷　南彼北靡

○除恐災患經一卷　南罔北短

△佛説孛經〔三〕一卷　南忘北彼

〔一〕「一」，康熙本、乾隆本總目無，正文有。

〔二〕「二」，原作「三」，康熙本、乾隆本同，據南藏、北藏改。

〔三〕「佛説孛經」，康熙本、乾隆本總目作「佛説孛經抄」，正文作「佛説孛經」。

○天王太子辟羅經一紙半　南賢北景

△佛説八大靈塔名號經一紙餘　南夙北臨

○佛説温室洗浴衆僧經三紙欠　南莫北短

○諸德福田經五紙餘　南忘北彼

△佛爲海龍王説法印經半紙　南賢北景

賓頭盧突羅闍爲優陀延王説法經〔一〕七紙欠　南甚北墳

⊙賢愚因緣經十三卷　南誠美北左達

○雜寶藏經八卷　南業北既

⊙撰集百緣經十卷　南慎北承

第二律藏二分：一、大乘律，二、小乘律。

○一、大乘律

◎佛説梵網經二卷　南攝北安

◬菩薩瓔珞本業經二卷　南職北篤

〔一〕經名據南藏著録，其中「説法」二字，北藏作「説法緣」。

◬菩薩善戒經九卷　南仕攝北辭

△菩薩善戒經一卷，連前經

◎佛説受十善戒經一卷　南職北篤

⊙佛説十善業道經五紙欠　南從北初

◬佛爲娑伽羅龍王所説大乘法經八紙半　南命北盡

◎文殊師利問經二卷　染

◗佛説菩薩内戒經一卷　南從北言

◶佛藏經四卷　南職北篤

○優婆塞戒經七卷　南攝北定

◗佛説法律三昧經七紙欠　南從北初

◎清淨毗尼方廣經一卷　南從北初

◬佛説文殊師利淨律經一卷　南從北言

◬寂調音所問經一卷　南從北定

◥佛説文殊悔過經一卷　南從北定

◝三曼陀颰陀羅菩薩經六紙　南從北初

◬菩薩藏經九紙欠　南從北初

舍利弗悔過經四紙　南從北初

△大乘三聚懺悔經一卷　南從北定

⊙佛說淨業障經一卷　南職北篤

○佛說善恭敬經六紙欠　南效北良

佛說正恭敬經四紙餘　南效北良

⊙佛說大乘戒經一紙欠　南履北臨

◎菩薩戒羯磨文五紙餘　南職北篤

◎菩薩戒本經一卷　南職北篤

丶菩薩優婆塞五戒威儀經一卷　南從北言

◬菩薩戒本一卷　南職北篤

丿菩薩受齋經二紙餘　南從北初

◬菩薩五法懺悔經一紙半　南從北初

○二、小乘律

⊙四分律藏六十卷　南訓入奉母儀諸姑北業所基籍甚無

卷三十三

四分戒本一卷　南姑北外

四分戒本一卷　南姑北外

比〔一〕丘尼戒本一卷　南叔北外

曇無德律部雜羯磨一卷，北作二卷　南猶北受

羯磨二卷　南猶北婦

四分比丘尼羯磨法一卷　南猶北卑

四分僧羯磨三卷，北作五卷　南子北卑

尼羯磨三卷，北作五卷　南子北榮

○摩訶僧祇律四十卷，北作四十六卷〔二〕　南政存以甘棠北攝職從政存

波羅提木叉僧祇戒本一卷　南貴北外

比丘尼僧祇律波羅提木叉戒經一卷　南婦北隨

〔一〕「比」字前，南藏、北藏有「四分」二字。

〔二〕「四十卷，北作四十六卷」，北藏標四十卷，卷九、十、十三、十八、二十、二十一皆分上下卷，共有四十六册，稱四十六卷。

○彌沙塞部五分律三十卷　南隨外受傳北而益詠

五分戒本一卷　南棠北外

五分比丘尼戒本一卷　南叔北外

彌沙塞羯磨本〔一〕一卷，北作二卷　南叔北隨

○十誦律五十八卷，北作六十五卷〔二〕　南去而益詠樂殊貴北誠美慎終宜令榮

○十誦律〔三〕毗尼序三卷　南貴北婦

十誦律〔四〕比丘戒本一卷　南傅北外

十誦律〔五〕比丘尼戒本一卷　南傅北外

大沙門百一羯磨法一卷　南叔北外

十誦羯磨比丘要用一卷　南叔北受

〔一〕律名，康熙本、乾隆本作「彌沙塞五分律羯磨本」。

〔二〕「北作六十五卷」，康熙本、乾隆本無。

〔三〕「律」，原無，康熙本、乾隆本同，據南藏、北藏補。

〔四〕「律」，原無，康熙本、乾隆本同，據南藏、北藏補。

〔五〕「律」，原無，康熙本、乾隆本同，據南藏、北藏補。

○薩婆多毗尼毗婆沙八卷　續一卷　南氣北夫

、薩婆多部〔一〕毗尼摩得勒伽十卷　南懷北下

根本説一切有部毗柰〔二〕耶五十卷　南賤禮别尊卑北竟學優登仕

○根本説一切有部苾蒭尼毗柰耶二十卷　南上和北貴賤

○根本説一切有部毗柰耶雜事四十卷　南下至唱北以至去

○根本説一切有部毗柰耶破僧事二十卷　南連枝北樂殊

○根本説一切有部尼陀那五卷　目得迦五卷　南婦北睦

根本説一切有部百一羯磨十卷　南伯北和

根本説一切有部戒經一卷　南傅北初

根本説一切有部苾蒭尼戒經一卷，北作二卷〔三〕　南傅北隨

根本説一切有部毗柰耶尼陀那目得迦攝頌　雜事攝頌〔四〕一卷　南比北唱

〔一〕「部」，原無，康熙本、乾隆本同，據南藏、北藏補。

〔二〕「柰」，原作「奈」，康熙本、乾隆本同，據南藏、北藏改。

〔三〕「北作二卷」，原無，據北藏補。

〔四〕「雜事攝頌」，原與上文相連，今分開，書名全稱根本説一切有部毗柰耶雜事攝頌。

○根本薩婆多部律攝十四卷　南兒孔北尊卑

根本説一切有部毗柰耶頌三卷，北作四卷〔一〕　南比北婦

根本説一切有部出家授近圓羯磨儀軌〔二〕一卷　南交北夫

苾蒭習學〔三〕略法一卷　南交北〔缺〕〔四〕

、戒因緣經十卷　南兄北上

解脱戒本經一卷　南傅北初

○善見毗婆沙律十八卷　南弟同北禮別

○毗尼母經八卷　南交北唱

△佛阿毗曇經二卷　南同北初〔五〕

○舍利弗問經十三紙半　南子北隨

〔一〕「北作四卷」，原無，據北藏補。

〔二〕「軌」，南藏、北藏作「範」。

〔三〕「學」，原無，據南藏正文補。全稱根本説一切有部苾蒭習學略法。

〔四〕〔缺〕，原作「夫」，北藏無此書，據改。

〔五〕「南同北初」，原作「南交北唱」，康熙本、乾隆本作「同」，據南藏、北藏改。

丶優波離問經一卷　南叔北初〔一〕

○佛説目連所問經二紙欠　南盡北則

　犯戒罪輕重經一紙半　南比北初

迦葉禁戒經二紙餘　南比北初

△律二十二明了論一卷　南孔北唱

大比丘三千威儀二卷　南孔北别

○沙彌十戒法并威儀一卷　南叔北婦

沙彌威儀八紙餘　南叔北受

　○佛説沙彌十戒儀則經三紙半　南忠北則

○沙彌尼戒經四紙欠　南子北隨

　沙彌尼離戒文三紙餘　南叔北受

○佛説優婆塞五戒相經一卷　南比北初

◎佛説戒消災經三紙　南比北初

〔一〕「初」，原作「隨」，據北藏改。

佛說大愛道比丘尼經二卷　南比北隨

佛說苾蒭五法經四紙餘　南盡北則

佛說苾蒭迦尸迦十法經二紙半　南盡北則

佛說五恐怖世經一紙　當

◎佛說齋經〔一〕三紙　南福北緣

附疑似雜僞律

佛說目連問戒律中五百輕重事經一卷　南猶北隨

〔一〕此經與本卷中阿含經重譯本所收佛說齋經重出。

閱藏知津總目卷第四

北天目沙門釋智旭　編次

卷三十四

第三論藏二分：一、大乘論，二、小乘論。

○一、大乘論又三：一、釋經論，二、宗經論，三、諸論釋。

○一、釋經論又二：一、西土，二、此土。

○一、西土大乘釋經論

○十住毗婆沙論十五卷　南志滿北規仁

△十地經論十二卷　南惻造北離節

◎大方廣佛華嚴經入法界品四十二字觀六紙欠　南竟北隸

△彌勒菩薩所問經論七卷　南造北顛

、大寶積經論四卷　南弗北虧

⊙無量壽經優波提舍七紙欠　南次北顛

○寶髻經四法優波提舍一卷　南弗北静

△轉法輪經優波提舍九紙　南次北顛〔一〕

○三具足經優波提舍一卷　南造北節

○佛地經論七卷　南次北節

△勝思惟梵天所問經論三卷　南離北弗

○文殊師利菩薩問菩提經論二卷　南離北弗

◎略述金剛頂瑜伽分別聖位修證法門十二紙　南優北鍾

⊙大樂金剛不空真實三昧耶經般若波羅蜜多理趣釋二卷　南竟北藁

○般若波羅蜜多理趣經大安樂不空三昧真實金剛菩薩等一十七聖大曼荼羅義述二紙半　南竟北隸

○瑜伽金剛頂經釋字母品二紙欠　南取北止

○仁王般若陀羅尼釋六紙餘　南學北杜

○諸教決定名義論三紙半　南壁北右〔二〕

〔一〕「南次北顛」，原作「南弗北静」，康熙本、乾隆本同，據南藏、北藏改。

〔二〕「右」，原作「古」，康熙本、乾隆本同，據北藏改。

○聖佛母般若波羅蜜多九頌精義論七紙半　南壁北右〔一〕

、佛母般若波羅蜜多圓集要義論二紙半　南書北星

◎金剛頂瑜伽中發阿耨多羅三藐三菩提心論六紙餘　南壁北通

⊙事師法五十頌二紙餘　南優北言

⊙大智度論一百卷　南友投分切磨箴規仁慈隱北傅訓入奉母儀諸姑伯叔

○金剛般若波羅蜜經論三卷　南次北受

能斷金剛般若波羅蜜多經論頌七十七偈　南次北顛

○金剛般若波羅蜜經論三卷　南弗北受

　能斷金剛般若波羅蜜多經論釋三卷　南弗北虧

⊙金剛般若波羅蜜經破取著不壞假名論二卷　南離北弗

○妙法蓮華經優波提舍二卷　南離北虧

　○妙法蓮華經論優波提舍二卷　南離北虧

、大般涅槃經論九紙餘　南弗北顛

〔一〕「右」，原作「古」，康熙本、乾隆本同，據北藏改。

、涅槃經本有今無偈論與上仝卷　南弗北顛

○遺教經論一卷　南離北顛

○二、此土大乘釋經論

⊙大方廣佛華嚴經疏四十卷，北作六十卷　南頗至最北用至威

⊙華嚴經隨疏演義鈔〔一〕六十卷，北作九十卷　南精至丹北沙至禹

○大方廣佛華嚴經疏鈔三十卷　稷税熟

○華嚴一乘教義分齊章三卷，北作四卷　南丹北跡

⊙華嚴經指〔二〕歸一卷　南青北跡

○華嚴經明法品内立三寶章二卷　南青北跡

△大方廣圓覺脩多羅了義經略疏之鈔三十卷　治本於

大方廣圓覺脩多羅了義經略〔三〕疏四卷　南石北〔缺〕〔四〕

〔一〕書名據南藏著録，北藏作「大方廣佛華嚴經隨疏演義鈔」。

〔二〕「指」，康熙本、乾隆本同，南藏、北藏正文作「旨」，兩藏目録作「指」。

〔三〕「略」，原無，據南藏補。

〔四〕這一條，康熙本作「圓覺經略疏四卷，南石北〔缺〕，重出」，乾隆本作「圓覺經疏四卷，南石北〔缺〕」。

△佛説阿彌陀經疏七紙　南青北百

◎佛説觀無量壽佛經疏一卷　南法北約

丶楞伽阿跋多羅寶經註解四卷，今作八卷〔一〕　北主南〔缺〕

丶維摩詰所説經註六卷，北作十卷　務

◎維摩詰所説經疏十卷　元朝藏中謙字號〔二〕，南、北二藏並〔缺〕

維摩詰所説經記六卷　元朝藏中謹字號〔三〕，南、北二藏並〔缺〕

◎四教義六卷　弊

⊙金光明經玄義二卷　南遵北會

⊙金光明經文句六卷　南約北盟

盂蘭盆經疏一卷　南青北百〔四〕

〔一〕「四卷，今作八卷」，北藏卷一至卷四各分上下卷，共有八册，故稱八卷。

〔二〕「元朝藏中謙字號」，康熙本作「元藏謙字」，乾隆本和底本修改。

〔三〕「元朝藏中謹字號」，康熙本作「元藏謹字」，乾隆本和底本修改。

〔四〕「南青北百」下，乾隆本有「可删」二字。

卷三十六

首楞嚴經義海三十卷　南九州禹北翦〔一〕頗牧

大佛頂首楞嚴經會解〔二〕二十卷　緜邈

⊙請觀音經疏一卷　南煩北法

○金剛般若經疏一卷　南法北會

金剛〔三〕經疏論纂要三卷　農

金剛經纂要刊定記〔四〕七卷　農

金剛般若波羅蜜經註解〔五〕一卷　南〔缺〕北主

○仁王護國般若經疏〔六〕五卷　韓

般若波羅蜜多心經略疏九紙　南青北百

〔一〕「翦」，康熙本、乾隆本誤作「剪」。

〔二〕此經是萬曆增修入藏的，經名用簡稱，全名爲大佛頂如來密因修證了義諸菩薩萬行首楞嚴經會解。

〔三〕「金剛」下，北藏有「般若」二字。

〔四〕經名據北藏正文著録，原作「釋金剛經刊定記」，係據北藏目録著録。

〔五〕經名康熙本作金剛經注解，乾隆本無此經。

〔六〕經名據北藏著録，南藏作「仁王護國般若波羅蜜經疏」。

、般若波羅蜜多心經集註一卷　南石北（缺）

般若波羅蜜多心經註解三紙〔一〕　南（缺）北主

◎妙法蓮華經玄義二十卷　南寔〔二〕寧北密勿

◎妙法蓮華經文句二十卷　南更霸北寔〔三〕寧

◎觀音玄義二卷　南何北遵

◎觀音義疏二卷　南何北遵

、妙法蓮華經要解二十卷　曠遠

◎大般涅槃經玄義二卷　南踐北滅

⊙大般涅槃經疏古十八卷，南作二十六卷，北作三十三卷〔四〕　南土會盟北滅虢踐土〔五〕

〔一〕經名康熙本作「般若心經註解」，放在金剛經註解下；乾隆本同名，放在四教義下。「三紙」，康熙本、乾隆本作「一卷」。

〔二〕「寔」，原作「實」，據南藏改。

〔三〕「寔」，原作「實」，據北藏改。

〔四〕「古十八卷，南作二十六卷，北作三十三卷」，南藏標十八卷，分爲二十六册；北藏也標十八卷，除卷六、七、十八外，各分上下卷，共三十三册，稱三十三卷。

〔五〕「土」，原無，據北藏補。

丶佛遺教經論疏節要一卷　南丹北跡

○菩薩戒義疏二卷　南遵北何

○二、宗經論又二：一、西土；二、此土。

○一、西土大乘宗經論

○瑜伽師地論百卷　南節至静北猶至氣

△菩薩地持經八卷　南登北安

決定藏論三卷　南好北性

⊙王法正理論一卷　南心北退

○顯揚聖教論二十卷　南情逸北分切

顯揚聖教論頌一卷　南心北退

○大乘阿毗達磨集論七卷　南心北退

○大乘阿毗達磨雜集論十六卷　南動神北磨箴

○辯中邊論頌五紙半　南爵北静

○辯中邊論三卷　南爵北静

丶中邊分別論二卷　南移北情

○攝大乘論本三卷　南移北情

、攝大乘論二卷　南物北隱

攝大乘論三卷　南物北隱

○楞伽經唯識論十九紙　南都北静

大乘唯識論十紙　南都北静

唯識二十論八紙　南都北静

⊙唯識三十論三紙餘　南自北沛

○大乘成業論一卷　南爵北匪

業成就論一卷　南爵北匪

○大乘五藴論七紙　南都北投

△因明正理門論本一卷　南爵北匪

△因明正理門論一卷　南爵北匪

⊙因明入正理論五紙　南自北沛

⊙大乘百法明門論一紙餘　南華北沛

⊙觀所緣緣論二紙餘　南華北投

無相思塵論二紙半　南華北投

〇三無性論二卷　南邑北沛

〇顯識論顯識品十一紙餘　南自北沛

丶轉識論六紙　南都北沛

⊙大乘起信論二卷，唐譯　南邑北情

△大乘起信論一卷　南邑北情

△大宗地玄文本論八卷，今作四卷〔一〕　南羅北疑

〇十二門論一卷　南守北造

〇菩提心離相論七紙　南書北星

〇菩提資糧論六卷　南滿北仁

◎發菩提心論二卷　南邑北沛

〇廣釋菩提心論一二仝卷　南壁北疑

〇菩提心觀釋二紙餘　南履北臨

〔一〕「八卷，今作四卷」，語出南藏目録，但南、北藏仍標八卷，合爲四册，故稱四卷。

⊙大乘法界無差别論六紙　南華北逸

　△大乘法界無差别論六紙欠　南壁北通

○壹輸盧迦論三紙欠　南華北沛

○六十頌如理論三紙餘　南書北星

○大乘二十頌論一紙餘　南書北星

△大乘破有論一紙餘　南書北星

△方便心論一卷　南邑北逸

△迴諍論一卷　南華北逸

⊙中論四卷　南神北箴

⩓般若燈論十五卷　南疲守北惻造

◜大乘中觀釋論九卷，今作四卷〔一〕　南壁北通

△順中論二卷　南移北情

△百字論七紙欠　南華北逸

〔一〕「九卷，今作四卷」，語出南藏目録，但南、北藏仍標九卷，合爲四册，故稱四卷。

○百論二卷　南守北造

廣百論本一卷，僅十紙　南守北造

○十八空論一卷　南守北造

△取因假設論七紙半　南華北匪

觀總相論頌十一偈　南華北匪

○掌中論二紙　南華北逸

解拳論二紙欠　南華北逸

○入大乘論二卷　南都北静

○佛性論四卷　南爵北匪

○究竟一乘寶性論五卷　南自北性

○大乘寶要義論十卷，今作五卷〔一〕　南書北星

○大乘集菩薩學論二十五卷，今作十一卷〔二〕　南府北轉疑

〔一〕「十卷，今作五卷」，語出南藏目録，但南、北藏仍標十卷，合爲五册，故稱五卷。

〔二〕「二十五卷，今作十一卷」，語出南藏目録，但南、北藏仍標二十五卷，合爲十一册，故稱十一卷。

○集大乘相論上下共十四紙　南書北星

○集諸法寶最上義論上下合卷　南書北星

○六門教授習定論一卷　南華北匪

○大乘莊嚴經論十三卷　南意移北次弗

○大莊嚴經論十五卷　南逐物北慈隱

菩薩本生鬘論十六卷，南作十卷，北作九卷〔一〕　南經北右

△大丈夫論二卷　南都北静

○提婆菩薩破楞伽經中外道小乘四宗論五紙　南華北逸

○提婆菩薩釋楞伽經中外道小乘涅槃論四紙半　南華北逸

○大乘掌珍論二卷　南都北性

△如實論一卷　南華北逸

○手杖論六紙欠　南華北匪

〔一〕「十六卷，南作十卷，北作九卷」，底本作「十六卷，今作十卷」。南、北藏仍標十六卷，南藏合爲十册，故其目録稱「今爲十卷」，故改「今」爲「南」；北藏則合爲九册，故增「北作九卷」四字。

○寶行王正論一卷　南邑北逸
○佛說法集名數經六紙欠　南忠北則
　惟日雜難經十三紙半　南終北明
◝五門禪經要用法一卷　南令北英
○坐禪三昧法門經二卷　南令北墳
⊙禪法要解經二卷　南榮北集
⊙思惟要略法八紙半　南終北英
⊙菩薩訶色欲法一紙欠　南宜北藁
○禪要訶欲經三紙餘　南令北聚
◝小道地經三紙餘　南籍北既
△修行道地經八卷　南終北明
　道地經一卷　南慎北明
⊙衆經撰雜譬喻二卷　南所北羣
△舊雜譬喻經二卷　南所北聚

○雜譬喻經二卷，北作一卷〔一〕　南所北羣

○雜譬喻經一〔二〕卷　南所北英

△菩提行經四卷，今作二卷〔三〕　南甚北亦

○讚法界頌六紙　南力北言

⊙廣發大願頌〔四〕一紙餘　南甚北英

○佛三身讚八行偈　南興北言

⊙佛一百八名讚二紙餘　南臨北言

⊙一百五十讚佛頌七紙餘　南籍北隸

⊙佛吉祥德讚上中下仝卷　南無北漆

聖觀自在菩薩功德讚七言四十六偈　南竟北言

○讚觀世音菩薩頌三紙欠　南籍北言

〔一〕「二卷，北作一卷」，北藏上、下二卷合訂一册，故稱一卷。

〔二〕「一」，原作「二」，據南藏、北藏改。康熙本、乾隆本總目作二卷，正文作「一卷」。

〔三〕「四卷，今作二卷」，語出南藏目録，南、北藏仍標四卷，合爲二册，故稱二卷。

〔四〕論名據南藏著録，北藏作「廣大發願頌」。

卷三十九

聖者文殊師利發菩提心願文〔一〕十三行　南思北澄

◎大聖文殊師利菩薩讚佛法身禮三紙餘，四十偈　南竟北隸

百千頌大集經地藏菩薩請問法身讚六紙欠　南無北隸

○二、此土大乘宗經論

○肇論三卷　二藏俱〔缺〕

○寶藏論〔二〕一卷　敦

⊙大乘止觀法門四卷　南踐北途

◟法華經安樂行義一卷　南煩北土

○諸法無諍三昧法門二卷　南煩北途

◎摩訶止觀二十卷　南困橫〔三〕北霸趙

◟釋禪波羅蜜次第法門十卷　南刑北煩

〔一〕此書附在聖妙吉祥真實名經之前，南藏、北藏目録皆未單獨立條目。

〔二〕「寶藏論」，康熙本、乾隆本作「晉僧肇法師寶藏論」。

〔三〕「横」，原作「衡」，據南藏改。

⊙六妙門禪法一卷　元藏「謹」字號，南、北藏並〔缺〕

⊙修習止觀坐禪法要二卷　南踐北途

⊙釋摩訶般若波羅密經覺意三昧一卷　南煩北法

⊙四念處四卷　南煩北法

⊙法界次第初門三卷　南翦北刑

◎淨土十疑論一卷　南起北刑

◎觀心論　二藏俱〔缺〕

〇三、諸論釋又二：一、西土，二、此土。

〇一、西土大乘諸論釋

⊙瑜伽師地論釋一卷　南心北退

〇攝大乘論釋十卷　南持北枝

丶攝大乘論釋十五卷　南操好北友投

丶攝大乘論釋十卷　南堅北連

〇攝大乘論釋十卷　南雅北交

◎成唯識論十卷　南縻北義

成唯識寶生論五卷　南自北沛

○大乘廣五藴論十三紙半　南都北投

○觀所緣緣論釋八紙餘　南華北投

○釋摩訶衍論十卷　元藏「笙」字號，南、北藏俱缺

⊙廣百論釋論十卷　南真北廉

○二、此土大乘諸論釋

丶華嚴懸談會玄記四十卷　鉅野洞庭

◎佛説觀無量壽佛經疏妙宗鈔六卷　南韓北約

◎金光明經玄義拾遺記六卷　南遵北會

⊙金光明經文句記十二卷　南約法北盟何

○請觀音經疏闡義鈔四卷　南煩北法

○仁王護國般若〔一〕經疏神寶記四卷　南弊北韓

〔一〕「般若」，康熙本、乾隆本同，南藏、北藏於此字下有「波羅蜜」三字。

丶般若波羅密多〔一〕心經略疏連珠記一卷，北作二卷　南青北百

丶佛母般若波羅蜜多圓集要義釋論〔二〕四卷，今作二卷〔三〕　南書北星

◎法華玄義釋籤二十卷　南晉楚北多士

◎法華文句記二十卷，北作三十卷〔四〕　南趙魏北晉楚更

◎觀音玄義記四卷　南何北遵

◎觀音義疏記四卷　南何北遵約

○涅槃玄義發源機要四卷　土

○大乘百法明門論解一卷　敦

〔一〕「波羅密多」四字，康熙本、乾隆本同，南藏、北藏無。

〔二〕康熙本將此經放在瑜伽師地論釋之前，作爲「西土大乘諸論釋」之首，乾隆本和底本後移。其中「釋論」，原作「論釋」，據南藏、北藏改。

〔三〕「四卷，今作二卷」，語出南藏目録，南藏、北藏仍標四卷，分别合爲二册，故稱二卷。

〔四〕「二十卷，北作三十卷」，南藏標十卷，各分上下卷，分爲二十册，稱二十卷；北藏也標十卷，其中卷八分一、二、三、四，二、三子卷合訂一册，共三册，其他各卷皆分上、中、下三個子卷，合起來有三十册，故稱三十卷。康熙本、乾隆本漏掉「北」字。

丶大乘起信論疏五卷　巖

丶大乘起信論疏筆削記十五卷　巖岫

肇論新疏游刃二十卷　杳冥

◎摩訶〔一〕止觀輔行傳弘決四十卷　南假途滅虢北魏困横假

⊙止觀義例二卷　南踐北途

⊙止觀大意十紙餘　南翦北起

◎觀心論疏三卷，北作五卷　南起北刑

○二、小乘論

○立世阿毗曇論十卷　南聚北弁

⊙阿毗達磨集異門足論二十卷　南邙面北甲帳

○舍利弗阿毗曇論二十二卷，北作三十卷〔二〕　南羣英杜北驚圖寫

〔一〕「摩訶」，康熙本、乾隆本同，南藏、北藏無。

〔二〕「二十二卷，北作三十卷」，北藏仍標二十二卷，其中卷一、三、七、八、十、十三、十七、二十各分上下卷，共有三十册，故稱三十卷。

○阿毗達磨法藴足論十二卷，北作十卷　南背北陛

○施設論七卷，今作三卷〔一〕　南壁北通

◎阿毗達磨發智論二十卷　南二京北傍啓

丶阿毗曇八犍度論三十卷　南夏東西北彩仙靈

△阿毗達磨大毗婆沙論二百卷　南圖至席北心至縻

△阿毗曇毗婆沙論八十二卷，北作八十卷〔二〕　南宫至驚北都至京

△鞞婆沙論十四卷　南鍾隸北肆筵

○阿毗達磨俱舍論三十卷　南笙陞階北樓觀飛

阿毗達磨俱舍釋論二十二卷　南鼓瑟吹北禽獸畫

○阿毗達磨俱舍論本頌〔三〕一卷，北作二卷〔四〕　南吹北畫

△阿毗達磨順正理論八十卷　南納至通北背至涇

〔一〕「七卷，今作三卷」，南藏、北藏仍標七卷，分别合爲三册，故稱三卷。

〔二〕「八十二卷，北作八十卷」，北藏仍標八十二卷，合爲八十册，故稱八十卷。

〔三〕「本頌」，原作「頌本」，據南藏、北藏改。

〔四〕「北作二卷」，原無，據北藏增補。

△阿毗達磨藏顯宗論四十卷　南廣内左達北宫殿盤鬱
△阿毗達磨識身足論十六卷　南洛浮北設席
△阿毗達磨界身足論三卷，北作二卷〔一〕　南浮北席
△阿毗達磨品類足論十八卷　南渭據北對楹
◝衆事分阿毗曇論十二卷　南據涇北陞階
◝阿毗曇心論四卷　南承北瑟
◝法勝阿毗曇心論六卷　南承北納
◝雜阿毗曇心論十一卷，北作十六卷〔二〕　南明既北鼓瑟
◝阿毗曇甘露味論二卷　南既北楹
○入阿毗達磨論二卷　南墳北笙
△五事毗婆沙論二卷，北作一卷〔三〕　南杜北席

〔一〕「北作二卷」，原無，據正文和南藏、北藏補。
〔二〕「十一卷，北作十六卷」，北藏仍標十一卷，卷一、三、五、八、十分上下卷，分爲十六册，故稱十六卷。
〔三〕「二卷，北作一卷」，北藏上、下二卷合訂一册，故稱一卷。

阿毗曇五法行經九紙半　南籍北墳

尊婆須蜜菩薩所集論十卷，北作十五卷　南集墳北吹笙

△成實論二十卷　南典亦北丙舍

○四諦論四卷，北作三卷〔一〕　南漆北逸

△解脱道論十二卷　南藁北階納

丶隨相論二卷　南既北筵

丶緣生論一卷　南華北匪

　丶大乘緣生論十紙半　南壁北右

○十二因緣論三紙　南華北沛

○止觀門論頌四紙欠　南華北匪

　金剛針論八紙欠　南書北星

○彰所知論二卷，南作一卷〔二〕　南羅北通

〔一〕「四卷，北作三卷」，北藏仍標四卷，合爲三册，故稱三卷。

〔二〕「二卷，南作一卷」，北藏作二册，南藏上、下卷合訂一册，故稱一卷。

、三法度論三卷　南墳北晝

四阿含暮抄解二卷　南籍北英

三彌底部論三卷　南隸北晝

○分別功德論三卷　南漆北笙

阿含口解十二因緣經七紙欠　南籍北既

○辟支佛因緣論一卷　南漆北逸

△四品學法一紙半　南宜北藁

○異部宗輪論七紙餘，作一卷〔一〕　南漆北席

十八部論六紙半　南漆北席

部異執論八紙餘　南漆北席

第四、雜藏二分：一、西土撰述，二、此方撰述。

○一、西土撰述　卷四十一

◎佛説四十二章經六紙　南尺北璧

〔一〕「作一卷」，康熙本、乾隆本總目無，正文有。

⊙大乘修行菩薩行門諸經要集三卷　南宜北英
◎八大人覺經一紙欠　南賢北維
○菩薩内習六波羅蜜經三紙欠　南賢北悲
○出曜經本名「論」，二十卷　南定篤初北廣内
○法句譬喻經四卷　南籍北亦
△法句經二卷　南所北羣
⊙法集要頌經四卷　南甚北隸
△佛本行經七卷　南初北達
○佛所行讚經五卷　南美北典
僧伽羅刹所集佛行經五卷　南宜北典
⊙僧伽斯那所撰菩薩本緣經四卷　南令北聚
⊙師子素馱娑王斷肉經三紙　南賢北景
△十二游經四紙半　南終北英
△達磨多羅禪經二卷　南榮北集
丶内身觀章句經三紙欠　南令北聚

法觀經四紙半　南令北聚

三慧經十一紙　南籍北墳

佛使比丘迦旃延説法没盡偈五紙餘　南宜北既

○迦丁比丘説當來變經七紙半　南甚北英

○大阿羅漢難提蜜多羅所説法住記六紙半　南甚北漆

◜撰集三藏及雜藏傳七紙餘　南籍北漆

迦葉結經八紙欠　南籍北聚

密跡力士大權神王經偈頌一卷，南無「偈頌」二字　南學北杜

△請賓頭盧經一紙餘　南甚北墳

○那先比丘經三卷　南業北聚

△阿育王譬喻經五紙餘　南基北墳

○百喻經二卷　南令北羣

○無明羅刹經一卷　南所北羣

⊙龍樹菩薩爲禪陀迦王説法要偈七紙半　南甚北漆

○勸發諸王要偈六紙餘　南甚北隸

△龍樹菩薩勸誡王頌七紙欠　南甚北隸

○大勇菩薩分别業報略經八紙　南甚北墳

十不善業道經一紙餘　南優北英

○賢聖集伽陀一百頌五紙餘　南甚北英

勝軍化世百喻伽陀〔一〕經七紙欠　南盡北則

六道伽陀經五紙　南盡北則

文殊師利菩薩及諸仙所説吉凶時日善惡宿曜經二卷　南優北亦

迦葉仙人説醫女人經三紙欠　南夙北臨

○付法藏因緣經本名「傳」，六卷　南榮北集

○馬鳴菩薩傳

○龍樹菩薩傳

○提婆菩薩傳三傳仝卷，共九紙半　南籍北漆

○婆藪槃豆傳九紙　南甚北漆

〔一〕「陀」，康熙本、乾隆本同，南藏、北藏作「他」。

○阿育王傳五卷　南基北漆

△阿育王經十卷，南作五卷半，北作六卷〔一〕　南基北墳

○阿育王子法益壞目因緣經一卷　南所北羣

附外道論

勝宗十句義論十紙，作一卷〔二〕　南吹北納

金七十論三卷　南羅北疑

附疑僞經本是此土撰述，但既名經，不可攝於十五科中，故姑附此。

大明仁孝皇后夢感佛説第一希有大功德經二卷　南大北史

○二、此方撰述分十五科

一、懺儀

◎慈悲道場懺法十卷　南茂北公

⊙方等三昧行法一卷　南起北刑

〔一〕「十卷，南作五卷半，北作六卷」，南、北藏仍標十卷，分别合爲五册半、六册，故稱五卷半、六卷。

〔二〕「作一卷」，康熙本、乾隆本總目無，正文有。

◎法華三昧懺儀一卷　南實北輔

◎法華三昧行事運想補助儀二紙半，即附懺儀後　南實北輔

⊙慈悲水懺法三卷　南實北輔

◎金光明懺法補助儀一卷　南實北輔

○金光明最勝懺儀五紙半　南實北輔

◎往生淨土懺願儀十二紙　南實北輔

◎請觀世音菩薩消伏毒害陀羅尼三昧儀十四紙　南實北輔

◎千手千眼大悲心呪行法十五紙餘　南實北輔

⊙熾盛光道場念誦儀十三紙半　南實北輔

○觀自在菩薩如意輪呪課法十紙半　南實北輔

⊙禮法華經儀式一紙餘　南實北輔

○釋迦如來涅槃禮讚文六紙餘　南實北輔〔一〕

〔一〕「南實北輔」，康熙本、乾隆本作「右十二種並仝上」，且從法華三昧行事運想補助儀至此書下，皆未標千字文編號。

⊙集諸經禮懺悔文二卷，北作四卷　南功北桓

○天台智者大師齋忌禮讚文六紙餘　南實北輔〔一〕

二、浄土

◎往生浄土決疑行願二門九紙　南實北輔

⊙浄土境觀要門六紙餘　南刑北起

△廬山〔二〕蓮宗寶鑑七卷　素

阿彌陀經不思議神力傳一紙餘　貞

三、台宗

○南嶽思大禪師立誓願文一卷　起

○天台智者大師禪門口訣一卷，僅九紙半〔三〕　南起北約

○天台智者大師別傳〔四〕一卷　南翦北起

〔一〕「輔」，原作「起」，據北藏改。

〔二〕「廬山」，原無，據北藏補。正文標十卷，因合裝七册，故稱七卷。

〔三〕「僅九紙半」，康熙本、乾隆本總目無，正文有。

〔四〕書名據南藏著録，北藏作「隋天台智者大師別傳」。

⊙天台八教大意一卷　南蒻北韓

○國清百録四卷　南起北弊

⊙永嘉集一卷　起

◎金剛錍一卷　南蒻北起

⊙始終心要一紙　南蒻北起

◎十不二門九紙　南蒻北起

⊙十不二門指要鈔二卷　南蒻北起

⊙修懺要旨九紙　南蒻北起

○法智遺編觀心二百問一卷　南蒻北起〔一〕

△⃝天台傳佛心印記八紙　南刑北起

△天台四教儀一卷　南蒻北會

△天台四教儀集註十卷　稼

四、禪宗

〔一〕「南蒻北起」，康熙本、乾隆本作「右五種並仝上」，且從始終心要至此書下，皆未標千字文編號。

◎宗鏡録百卷　南阿至孰北策至谿

○景德傳燈録三十卷　南桓公輔北合濟弱

○續傳燈録三十六卷　南合濟弱扶北〔缺〕

△傳法正宗記十卷　南綺北回

△傳法正宗論二卷　南回北綺

△宗門統要續集二十卷，北作二十一卷　南漢惠北扶傾綺

○禪宗正脈二十卷　勸賞

△禪宗頌古聯珠通集二十一卷　南雞田赤北〔缺〕

○六祖大師法寶壇經一卷　南密北扶

○古尊宿語録四十八卷　南密勿多士北〔缺〕

○黄蘗山斷際禪師傳心法要并宛陵録一卷　素

○萬善同歸集六卷　史

◎唯心訣九紙餘　素

◎定慧相資歌四紙欠　素

◎警世二紙欠　素

◗明覺禪師語録六卷　南回北綺

○圓悟佛果禪師語録十七卷　南扶傾北漢惠

◬大慧普覺禪師語録三十卷　說感武

◗天目中峯和尚廣録三十卷　丁俊乂

○真心直說一卷　敦

○高麗國普照禪師修心訣一卷　敦

◗禪宗決疑集一卷　素

五、賢首宗

○修大方廣佛華嚴法界觀門已乏單本

○華嚴法界玄鏡〔一〕一卷，北作二卷　南青北百

○注華嚴法界觀門一卷　南青北跡

⊙修華嚴奥旨妄盡還源觀十二紙　南青北跡

⊙華嚴金師子章未有別行

〔一〕康熙本、乾隆本將此經與下一部順序顛倒，底本據正文改正。

○金師子章雲間類解十三紙　南青北百

△禪源諸詮集都序四卷　敦

△原人論八紙半　南青北跡

、華嚴原人論解四卷　兹〔一〕

註華嚴七字經題法界觀三十門〔二〕頌二卷　史

六、慈恩宗

○真唯識量出宗鏡録

八識規矩補注二卷　敦

○六離合釋法式〔三〕附補注後

七、密宗

、陀羅尼雜集十卷　南封北卿

〔一〕此書是萬曆續入藏的，正文標四卷，因分爲五册，北藏目録稱五卷。千字文編號「兹」，乾隆本誤作「慈」。

〔二〕「三十門」，原作「門三十」，據北藏，本嵩述華嚴七字經題法界觀三十門頌，琮湛有注華嚴經題法界觀門頌引，智旭合併爲此書名。

〔三〕「法式」，原無，康熙本、乾隆本同，據北藏補。

丶顯密圓通成佛心要集二卷　南營北封

丶密呪圓因往生集一卷　南營北封

八、律宗

曇無德部四分律删補隨機羯磨二卷〔一〕，北作四卷　南猶北存

△南海寄歸内法傳四卷　南功北尹

説罪要行法

受用三水要行法

護命放生儀軌法三法合卷　南功北桓

九、纂集

卷四十三

○諸經要集二十卷，北作三十卷〔二〕　南八縣家給北路俠槐

○經律異相五十卷　南路至户北經至相

〔一〕「二卷」，原作「三卷」，乾隆本同，據正文、康熙本和南藏改。

〔二〕「二十卷，北作三十卷」，北藏標二十卷，卷二、四、六、八、九、十、十二、十四、十七、二十各分上下卷，共三十册，稱三十卷。

○法苑珠林百卷　南勒至時北高至禄

○釋迦譜十卷　南將相北書

○釋迦氏譜一卷　南相北壁

○釋迦方誌二卷，北作三卷　南相北壁

○翻譯名義集十四卷，北作二十卷　南鉅野北貢新〔一〕

○大明三藏法數四十卷　北昆池碣石南〔缺〕

○教乘法數四十卷　穡俶載南

禪林寶訓四卷　黍

緇門警訓十卷　陟

百丈清規八卷　黜

十、傳記

◬佛祖統紀四十五卷　南城昆池碣北〔缺〕

◬佛祖歷代通載三十六卷　畝我藝黍

〔一〕「北作二十卷」，原無，「南鉅野北貢新」，底本作「貢新」，康熙本、乾隆本同，據北藏和昭和本北藏目録改。

○歷代三寶紀〔一〕十五卷　南主云北營桓
△高僧傳十四卷　南輦驅北伊尹
△續高僧傳三十一卷，北作四十卷〔二〕　南轂至世北佐至衡
△有宋高僧傳三十卷　南禄侈富北宅曲阜
○法顯傳一卷　南兵北微
○大唐西域記十二卷，北作十卷〔三〕　南千兵北孰
○大唐大慈恩寺三藏法師傳十卷　南高北奄
○大唐西域求法高僧傳二卷　南兵北尹
○比丘尼傳四卷，北作二卷〔四〕　南功北微
神僧傳九卷　北城南〔缺〕

〔一〕「紀」，原作「記」，康熙本、乾隆本和南藏目録同，據北藏目録和南藏、北藏正文改。
〔二〕「三十一卷，北作四十卷」，北藏仍標三十一卷，卷四、六、十五、十六、二十一、二十三、二十五、二十六、二十九各分上下卷，共四十册，故稱四十卷。
〔三〕「十二卷，北作十卷」，北藏仍標十二卷，合爲十册，故稱十卷。
〔四〕「四卷，北作二卷」，北藏仍標四卷，合爲二册，故稱二卷。

十一、護教

○弘明集十四卷　南車駕北八縣

○廣弘明集三十卷，南作三十三卷，北作四十卷〔一〕　南駕至策北家至兵

○集古今佛道論衡實録四卷　南給北壁

○續集古今佛道論衡一卷　南給北壁

○集神州塔寺三寶感通録三卷，北作四卷〔二〕　南兵北富

⊙集沙門不應拜俗等事六卷　南冠北縣

○破邪論二卷　南冠北微

○辯正論八卷，北作九卷　南陪北旦

○十門辯惑論二卷　南冠北微

○甄正論三卷　南輦北微

〔一〕「三十卷，南作三十三卷，北作四十卷」，南藏、北藏仍標三十卷，南藏有三卷分上下卷，北藏有十卷分上下卷，分別爲三十三册、四十册。

〔二〕「三卷，北作四卷」，北藏分卷一、卷二、卷三上、卷三下，共四册，故稱四卷。

〇護法論一卷　南營北旦

〇鐔津文集二十卷　孟軻

〇輔教篇〔一〕三卷　南回北漢

〇元至元辯僞録〔二〕五卷　南營北嶽

〇三教平心論二卷　黜

〇折疑論五卷　兹

十二、音義

一切經音義二十五卷，北作二十六卷　南云亭雁北郡秦并

〇新譯大方廣佛華嚴經音義二卷，北作四卷　南塞北并

紹興重雕大藏音三卷　南塞北百

十三、目録

〇出三藏記集十五卷，北作十七卷〔三〕　南跡百北户封

〔一〕書名據南藏著録，北藏作「輔教編」。

〔二〕書名據南藏著録，北藏無「元至元」三字。

〔三〕「十五卷，北作十七卷」，北藏也標十五卷，卷四、卷十二分上下卷，分爲十七册，故稱十七卷。

衆經目録七卷，今作六卷〔一〕　南郡北宗

衆經目録五卷　南百北嶽

大唐内典録十一卷，北作十六卷〔二〕　南并嶽北侈富

武周刊定衆經目録十五卷　南郡秦北宗泰

○古今譯經圖紀〔三〕四卷　南嶽北輕

○續古今譯經圖紀〔四〕一卷　南嶽北輕

△開元釋教録舊二十卷，南作二十五卷，北作三十卷〔五〕　南宗泰岱禪北車駕肥

〔一〕「七卷，今作六卷」，南藏、北藏仍標七卷，合爲六册，故稱六卷。

〔二〕「十一卷，北作十六卷」，北藏標十卷，卷三、四、五、九、十分上下卷，又有續大唐内典録一卷，共十六册，故稱十六卷。

〔三〕「紀」，原作「記」，康熙本、乾隆本和南藏目録同，據北藏目録和南藏、北藏正文改。

〔四〕「紀」，原作「記」，康熙本、乾隆本和南藏目録同，據北藏目録和南藏、北藏正文改。

〔五〕「舊二十卷，南作二十五卷，北作三十卷」，南藏、北藏仍標二十卷，南藏分爲二十五册，稱二十五卷；北藏卷二、四、五、八、十一、十二、十三、十四、十五、十九各分上下卷，共三十册，稱三十卷。

、開元釋教録略出四卷，北作五卷〔一〕　南禪北輕

至元法寶勘同總録十卷　南紫北禪

大藏聖教法寶標目〔二〕十卷　南門北岱

大明重刊三藏聖教目録三卷　南塞北〔缺〕

十四、序讚詩歌

大明太宗文皇帝御製序讚〔三〕文一卷　北主南〔缺〕

諸佛世尊如來菩薩尊者神僧名經四十卷　北云亭雁門南〔缺〕

諸佛世尊如來菩薩尊者神僧名稱歌曲五十一卷　北紫至城南〔缺〕

十五、應收入藏此土撰述

◬大方廣佛新華嚴經論四十卷，今合經百二十卷

○略釋新華嚴經修行次第決疑論四卷

〔一〕「四卷，北作五卷」，北藏分卷一、卷二上、卷二下、卷三、卷四，共五册，故稱五卷。

〔二〕此書，康熙本、乾隆本皆排在元至元法寶勘同總録之前。

〔三〕「讚」，原無，據北藏補。「序」，康熙本、乾隆本作「敘」。

○解迷顯智成悲十明論一卷

○大方廣佛華嚴經普賢行願品疏一卷

○維摩詰所説經無我疏十二卷〔一〕

右釋經

○法界聖凡水陸勝會修齋儀軌六卷

右密宗

⊙念佛三昧寶王論三卷

◎浄土或問

⊙寶王三昧念佛直指四卷

⊙西齋浄土詩〔二〕二卷

◎浄土生無生論一卷

⊙西方合論十卷，可作六卷

〔一〕「十二卷」，康熙本、乾隆本無卷數，底本增補。

〔二〕「西齋浄土詩」，康熙本、乾隆本作「楚石禪師西齋浄土詩」。

○樂邦文類六卷，可作十二卷

△龍舒浄土文十卷

○往生集三卷

⊙西方發願文

右浄土

四明尊者教行録七卷

十不二門指要鈔詳解

三千有門頌略解

永嘉禪宗集註可作四卷〔一〕

傳佛心印記註

右台宗

○心賦註四〔二〕卷

〔一〕「可作四卷」，康熙本、乾隆本無。

〔二〕「四」，康熙本、乾隆本作「五」。

○石門文字禪三十卷

○智證傳十卷，可作五卷　附寶鏡三昧〔一〕

○正法眼藏三卷

○大慧書〔二〕二卷

○雪巖欽禪師語録

○高峰妙禪師語録

○天如則禪師語録

○楚石琦禪師語録

⊙紫柏老人全集三十卷〔三〕

△方便語

○壽昌經禪師語録二卷〔四〕

〔一〕「智證傳」，康熙本、乾隆本作「寂音尊者智證傳」，無「附寶鏡三昧」五字。

〔二〕「大慧書」，康熙本、乾隆本作「書」。

〔三〕「三十卷」，康熙本、乾隆本無。

〔四〕「二卷」，康熙本、乾隆本無。

右禪宗

△唯識開蒙

右慈恩宗

○林間録二卷

○羅湖野録二卷

○大慧普覺禪師〔一〕宗門武庫一卷

○緇門崇行録一卷

右纂集

釋氏通鑑十二卷

禪林僧寶傳三十卷〔二〕

右傳記

〔一〕「大慧普覺禪師」，康熙本、乾隆本無。

〔二〕「三十卷」，康熙本、乾隆本無。

續〔一〕原教論二〔二〕卷

通翼

佛法金湯編十六卷

廣養濟院説

右護教

△大明釋教彙門目録四卷　標目四卷　彙目義門四十一卷

右目録

〔一〕「續」，康熙本、乾隆本無。

〔二〕「二」，康熙本、乾隆本作「一」。

閱藏知津卷第一

北天目沙門釋智旭　彙輯

大乘經藏　華嚴部第一

述曰：華嚴一部，别則剋指初成，通乃該乎一代。凡屬顯示稱性法門，不與二乘共者，咸歸此部。即如入法界品，是誠證也。

大方廣佛華嚴經八十卷　拱平章愛育黎首臣　唐于闐國三藏沙門實叉難陀譯

世主妙嚴品第一：佛在菩提場中，初成正覺，一切器世間主、衆生世間主、正覺世間主，皆悉雲集。各得解脱法門，各有上首，同時各説十頌。復于師子座莊嚴具中，各出微塵數菩薩，亦各説頌，復興不可思議諸供養雲。如此華藏莊嚴世界海，如是一切法界海，亦復如是。

如來現相品第二：菩薩於供養具中，出問法頌。佛從齒間放光，照十方各一億世界海，出頌集衆。又從眉間放光，顯示十方，從足下入。即時有大蓮華，忽現佛前。佛毫相中，出一菩薩，名一切法勝音，并塵數眷屬，坐此蓮華，與十方菩薩，各各説頌。　普賢三昧品第三：普賢菩薩入一切諸佛毗盧遮那如來藏身三昧，十方諸佛現前讚歎，與智摩頂。從三昧起，大衆獲益。如來毛孔放光、頌讚，一切菩薩亦皆讚請。　世界成就品第四：普賢菩薩説世界海十種事。　華藏世界品第五：普賢菩薩説世界海中一切世界種、一切世界，及佛名號。　毗盧遮那品第六：普賢菩薩説往古大威光太子本行。已上六品，是第一會。

如來名號品第七：佛在普光明殿，以神通力，集十色世界十智佛所文殊等十菩薩，文殊即唱名號差别法門。　四聖諦品第八：文殊隨説四諦名號差别。　光明覺品第九：佛放兩足輪光，悉照十方世界，一切處文殊菩薩説頌。　菩薩問明品第十：文殊與覺首等九菩薩，互相問答，發明法要。　浄行品第十一：智首菩薩啓問，文殊菩薩答以一切事中發願法門。　賢首品第十二：文殊菩薩啓問，賢首菩薩廣頌信心功德法門。已上六品，是第二會。

升須彌山頂品第十三：如來不離一切菩提樹下，上升須彌。帝釋莊嚴殿座請佛，并説十頌。　須彌〔一〕頂上偈讚品第十四：法慧等十菩薩，從百刹塵數外十華世界十月佛所而來。佛放兩足指光。十慧菩薩各説偈頌。　十住品第十五：法慧菩薩入無量方便三

〔一〕「彌」下，原有「山」字，康熙本、乾隆本同，據南藏、北藏删。

昧，十方各千刹塵數同名諸佛現前讚歎，與智摩頂。乃出定，說十住法，說已，十方各萬刹塵數世界六種震動，各十刹塵數同名菩薩來爲作證。梵行品第十六：正念天子問，法慧菩薩說觀察無相法。初發心功德品第十七：天帝釋問，法慧菩薩廣說喻以顯之。十方各萬刹塵數世界，又六種震動，又有萬刹塵數同名諸佛現身讚歎。明法品第十八：精進慧菩薩問：發心菩薩云何修習？法慧菩薩答以住十種不放逸法等。已上六品，是第三會。

升夜摩天宫品第十九：如來不離一切菩提樹，及須彌頂，而升夜摩。天王化座請佛，亦說十頌。夜摩宫中偈讚品第二十：功德林等十菩薩，從十萬刹塵數外十慧世界十眼佛所而來。佛放兩足上光，十林菩薩各說偈頌。十行品第二十一：功德林菩薩入善思惟三昧，十方各萬刹塵同號諸佛現前讚歎，與智摩頂。乃起定，説十行法。説已，十方各刹塵世界震動。各十萬刹塵同名菩薩來爲作證。十無盡藏品第二十二：亦功德林菩薩所說。已上四品，是第四會。

升兜率天宫品第二十三：如來不離一切菩提樹，及須彌頂、夜摩宫，而升兜率。天王敷座嚴飾請佛，亦説十頌。兜率宫中偈讚品第二十四：金剛幢等十菩薩，從萬刹塵數外十妙世界十幢佛所來集。佛放兩膝輪光，普照十方，令互相見。十幢菩薩各説頌讚。十回向品第二十五：金剛幢菩薩入菩薩智光三昧，十方各十萬刹塵數同名諸佛現前讚歎，與智摩頂。乃起定，説十回向法。説已，十方百萬剎塵數世界震動，各百萬剎塵數同名菩薩來爲作證。已上三品，是第五會。

十地品第二十六：佛在他化自在天宫，與金剛藏等不可説大菩薩俱。金剛藏菩薩入菩薩大智慧光明三昧，十方各十億剎塵數同名諸佛現前稱歎，與智摩頂。乃出定，唱十地名，還復默然。解脱月菩薩三請，金剛藏菩薩三止之。解脱月第三請，在會菩薩亦同聲頌請。佛放眉間光，普照十方，十方佛亦各放眉間光，普照此會，皆于虚空中成大光明雲網臺，出頌勸説，乃唱地義。説已，十方各十億塵剎震動，各十億塵剎同名菩薩來證。此一品，是第六會。

十定品第二十七：佛在普光明殿，入剎那際諸佛三昧，與十剎塵數菩薩俱。普眼菩薩請問普賢菩薩三昧，佛令自問普賢。時大會皆不得見普賢身座，乃至入十千阿僧祇三昧觀察，亦不能見。佛令更禮普賢，并徧十方觀察，發起大願，應可得見。大衆遵誨，普賢現身，雨十千雲，世界震動，光明徧照。佛自唱十大三昧名，敕普賢菩薩説之。十通品第二十八、十忍品第二十九：皆普賢菩薩所説。阿僧祇品第三十：心王菩薩問，如來自答。壽量品第三十一：諸菩薩住處品第三十二：皆心王菩薩所説。佛不思議法品第三十三：衆會心念不思議法，佛即加持青蓮華藏菩薩，向蓮華藏菩薩廣説佛所住法。如來十身相海品第三十四：普賢菩薩略説九十七種大人之相。　如來隨好光明功德品第三十五：佛告寶手菩薩：菩薩將下生時，放光照地獄衆，蒙光生天，聞天鼓音，乃至證十地位等。　普賢行品第三十六：普賢復告大衆，極陳瞋心障道，應勤修十法，能具十種清浄等。　如來出現品第三十七：佛放白毫相光，普照十方，右繞十匝，入如來性起妙德菩薩頂。菩薩即起，請問大法。佛復口放光明，普照十方，右繞十匝，入普賢菩薩口。普賢身座，即過本時百倍。甫唱法門名字，大地悉皆震動。妙德再以頌問，普賢具演其義。於是十方各十不可説百千億那由他刹塵世界震動，雨種種雲，各十不可説刹塵數同名菩薩來爲作證。十方各十不可説百千億那由他刹塵數世界震動，雨種種雲，各八十不可説百千億那由他刹塵數同名諸佛，現前讚歎，授菩薩記。又各有十不可説百千億那由他刹塵數同名菩薩來爲作證，普賢復説勸持之頌。已上十一品，是第七會。

離世間品第三十八：佛在普光明殿，與十不可説百千億那由他刹塵數菩薩俱。爾時普賢菩薩入佛華莊嚴三昧，一切世界十八相動。從三昧起，普慧菩薩致二百問，普賢菩薩酬二千答。十方世界震動、光照，一切諸佛現前讚喜。此一品，是第八會。

入法界品第三十九：佛在給孤獨園，與普賢、文殊等五百大菩薩，及五百聲聞、無量世主俱，心念請法。佛乃入師子嚬申三昧，樓閣及林忽皆廣博，與不可説刹塵數世界量等，備極莊嚴。爾時十方各有不可説刹塵數菩薩雲集，興供現通。諸大聲聞總不知見，善根異故。十方各一上首菩薩説頌讚佛。普賢菩薩以十種法句，開發顯示，照明演説師子嚬申三昧。佛欲令諸菩薩安住此三昧故，復放白毫相光，普照十方，令諸菩薩普見法界佛事，即以不可説刹塵三昧，入佛神變海方便門，出生大神變莊嚴雲。文殊菩薩觀察説頌宣明。時諸菩薩皆得塵數大悲門，不離佛所，悉於十方種種示現，利益衆生。文殊亦出自所住處，辭佛南行。舍利弗與六千共行弟子承佛神力，見文殊衆會，發心同遊人間，令海覺等六千比丘得覲文殊，成就佛法。文殊行至福城之東，住莊嚴幢娑羅林中大塔廟處。觀善財童子夙因，爲説大法。善財即隨文殊求菩薩道。文殊指示，令參知識，始從德雲比丘，終至普賢菩薩。此一品，是第九會。

大方廣佛華嚴經入不思議解脱境界普賢行願品四十卷　南伏戎羌北伏戎羌遐　唐罽賓國三藏般若譯

即前經入法界品。而普賢菩薩既爲善財稱歎如來勝功德已，復説十大願王，導歸極樂世界。今時但取此最後一卷，續於前經八十卷後，並廣流通。然此一譯，文理俱優，不讓實叉難陀，而知識開示中，更爲詳明。切於日用，切救末世流弊，最宜一總流通。

大方廣佛華嚴經六十卷　湯坐朝問道垂　東晉天竺三藏佛陀跋陀羅等譯

僅有三十四品，文義未全，故雖先譯，不復流通。

佛説兜沙經四紙半〔一〕　南邇北壹　後漢支婁迦讖譯

即如來名號品少分，及光明覺品少分。

佛説菩薩本業經十一紙半　南邇北壹　吴優婆塞支謙譯

即浄行品，兼十住品。

諸菩薩求佛本業經九紙半　南邇北率　西晉清信士聶道真譯

與上同本。

菩薩十住行道品經七紙欠〔二〕　南邇北率　西晉沙門竺法護譯

即十住品。

佛説菩薩十住經四紙欠〔三〕　南邇北率　東晉沙門祇多密譯

亦即十住品。

漸備一切智德經五卷　南邇北率　西晉沙門竺法護譯

〔一〕「四紙半」，康熙本、乾隆本正文作「五紙欠」，總目作「四紙半」。

〔二〕「欠」，康熙本、乾隆本正文無，總目有。

〔三〕「欠」，康熙本、乾隆本正文無，總目有。

即十地品。

十住經六卷　南壹北體　鳩摩羅什共佛陀耶舍譯

亦即十地品。

等目菩薩所問三昧經三〔一〕卷　南體北率　西晉竺法護譯

即十定品，亦名普賢菩薩定意經。

顯無邊佛土功德經一〔二〕紙半　壹　唐三藏法師玄奘譯

即壽量品，是如來自說。

佛說較量一切佛剎功德經一〔三〕紙餘　南夙北臨　宋中印土沙門法賢譯

亦即壽量品，是不思議光王菩薩說。

佛說如來興顯經四卷　南體北邇　西晉月支國沙門竺法護譯

即如來出現品。

〔一〕「三」，康熙本作「五」，乾隆本和底本改爲「三」。

〔二〕「一」，康熙本、乾隆本正文無，總目有。

〔三〕「一」，康熙本、乾隆本正文無，總目有。

度世品經六卷　壹　西晉月支國沙門竺法護譯

即離世間品。而末後有一段與如來問答，乃大本中所無。

佛説羅摩伽經四卷　體　乞伏秦沙門釋聖堅譯

即入法界品從無上勝長者至普救衆生妙德夜神共十二位善知識事，而内有呪語幾則。

大方廣佛華嚴經續入法界品八紙欠〔一〕　南遜北壹　唐中印土沙門地婆訶羅譯

從天主光天女至德生童子、有德童女。

普賢菩薩行願讚四紙半　南無北唱　唐北天竺沙門大廣智不空譯

即行願品中偈，後有速疾滿普賢行願陀羅尼。

文殊師利發願經二紙餘　南籍北既　東晉迦維羅衛國沙門佛陀跋陀羅譯

大略如普賢行願偈，而是五言。

大方廣如來不思議境界經九紙餘〔二〕　南遜北壹　唐于闐國沙門實叉難陀譯

佛於菩提樹下成正覺時，十方諸佛現菩薩形，爲觀音、普賢等，無量菩薩現聲聞形，爲

〔一〕「欠」，康熙本、乾隆本正文無，總目有。

〔二〕「餘」，康熙本、乾隆本正文無，總目有。

舍利弗等，及現作比丘尼、八部神等。佛入三昧，名如來不思議境界，於諸相中，現十方佛刹，於諸好中，現往昔行門。於是德藏菩薩請問普賢菩薩：此三昧何名？云何得之？普賢爲説三昧名義。佛放眉間光，使有功用菩薩悉見空中毛端量處，及一一微塵中，皆有無量佛刹，皆有佛成正覺，亦見各各自身，於諸佛處供養聞法，皆證如來不思議境界三昧。爾時德藏菩薩復問：修何福德、施、戒、智慧，證此三昧？普賢菩薩答云：供養三田，名福；不擇怨親、善惡、貧富，名施；自浄浄他，名戒；觀佛形像，作現見想，及達唯心，名智。

大方廣佛華嚴經不思議佛境界分十紙半　南邇北臺　唐于闐三藏法師提雲般若譯

與前經同本異譯，文頗艱澀。

大方廣佛華嚴經修慈分六紙餘　南邇北壹　唐于闐三藏提雲般若等譯

佛在鷲峰山中，十方梵天來集。彌勒菩薩請問，佛爲説慈心妙觀法門。宜急流通。

大方廣入如來智德不思議經十二紙餘　南邇北壹　唐于闐國沙門實叉難陀譯

佛住法林菩提光明宫殿，與比丘及刹塵數菩薩、不可説八部俱。文殊菩薩興問，伏一切諸蓋菩薩演説如來不思議法。信者當得種種三昧及陀羅尼。

度諸佛境界智光嚴經一卷　南遐北殷　附三秦録

佛華嚴入如來德智不思議境界經一卷　南遐北邇　隋北天竺沙門闍那崛多譯

二經並與前同本，先出，文筆不如。

大方廣普賢所説經四紙欠　南邇北壹　唐實叉難陀譯

佛在如來神力所持之處，普賢、大衆之所圍繞。有十大菩薩，各與眷屬忽集。衆問普賢：此諸菩薩從何國來？普賢令其入定觀察，竟不能知。三番請問，普賢示以觀察之法，乃見皆在如來身中廣大國土佛道場内來集。

信力入印法門經五卷　南遐北邇　元魏南天竺沙門曇摩流支譯

佛在普光法殿，文殊請問清淨初地之法，佛以六十餘種五法答之。次問普賢菩薩：云何諸佛無障礙智，乃至無障礙身？普賢歎其難見難知。文殊再請，乃具答之。答已，較量功德殊勝，能滅重罪，其不信者罪亦無量。

大方廣總持寶光明經五卷　南竭北力　宋中印土沙門法天譯

佛在鷲峰山中，與無量大菩薩俱。普賢與佛問答法界深義。妙吉祥請問寶光明總持法門，佛令轉問普賢，因問「覺」與「覺者」二字之義。舍利弗廣歎菩薩智慧不可角敵。次有法慧菩薩入定受加，出説十住法門。與華嚴經十住品長行偈頌俱同。普賢菩薩讚歎印證。舍利弗自歎從來未聞。佛命其廣集諸天，重請妙吉祥説法。妙吉祥許已，大地震動。十方雲集，乃相與問答，令衆獲益。普賢復問如來大悲之義，復請如來説寶光明總持陀羅尼。舍利弗又與妙吉祥問答妙法住世幾何。妙吉祥復問佛持經之福，謗經之罪。普賢又問持經者當生何土，又問云何得此寶光明總持法。佛答以一法，謂不起煞意。又有二法，謂離於瞋恚，善言誘喻。阿難又問佛聞經之處。佛又爲普賢菩薩説偈，二卷有餘。偈與華嚴經賢首品大同。

大方廣圓覺修多羅了義經一卷　難　唐罽賓沙門佛陀多羅譯

婆伽婆入神通大光明藏三昧，現諸淨土，與大菩薩十萬人俱。文殊、普賢等十二菩薩次第請問因地修證法門，佛一一答之。

閱藏知津卷第二

北天目沙門釋智旭　彙輯

大乘經藏　方等部第二之一

述曰：方等亦名方廣。於十二分教中，十一並通大小，此唯在大。蓋一代時教，統以二藏收之，一、聲聞藏，二、菩薩藏。阿含、毗尼及阿毗曇，屬聲聞藏；大乘、方等，屬菩薩藏。是則始從華嚴，終大涅槃，一切菩薩法藏，皆稱方等經典。今更就大乘中，別取獨被大機者，名華嚴部；融通空有者，名般若部；開權顯實者，名法華部；垂滅談常者，名涅槃部；其餘若顯若密，或對小明大，或泛明諸佛菩薩因、果、事、理、行、位、智、斷，皆此方等部收，非同流俗訛傳，唯謂八年中所說也。

大寶積經一百二十卷　龍師火帝至始制〔一〕文字　唐南印土三藏沙門菩提流志譯

○三律儀會第一三卷　佛住耆闍崛山王，坐大蓮華，與八千大比丘、八千大菩薩、五百比丘尼、五百優婆塞、五百優婆夷，及天龍八部俱。摩訶迦葉請問：攝受何法修行，增長成熟諸如來道，取諸功德，增長證入無上菩提，得不退轉？佛告以求佛智慧力無畏者，無有少法爲其可得，無所依倚，種諸善根。若有所得，即爲著想。乃至備明執著過患，亦明法滅天人悲歎等事，後明在家菩薩種種三法。

⊙無邊莊嚴會第二四卷　無上陀羅尼品第一：佛住迦蘭陀竹林，無邊莊嚴菩薩爲諸菩薩請問微妙法門，佛爲説如來之智，攝諸善巧，有所宣説，無不清淨，隨根成熟，法皆平等，自性清淨，如實了知，而無有法了不了者。以一切法皆假名説，不可施設，亦無示現，皆真勝義，不住分別，亦非不住，乃至如幻如夢，無有高下。以此清淨弘誓攝衆生時，實無少法而可著故。復説法門陀羅尼句，廣説陀羅尼門理趣差別，智慧善巧。出離陀羅尼品第二：説佛十力及説陀羅尼二章。清淨陀羅尼品第三：佛先以神通力，令此衆會見十方佛，及聞説法，次説四無所畏，及説十四呪。説頌竟，勸持結益，然後無量辯才菩薩請問結名。

〔一〕「火帝」、「始制」，康熙本、乾隆本正文無，總目有。

△密跡金剛力士會第三七卷　竺法護譯　佛遊靈鷲山，與四萬二千比丘、八萬四千菩薩，及天龍八部、四衆人等説大士業，法名淨濟，金剛密迹稱歎方便、智度二業，當成佛道。寂意菩薩請密迹敷演如來秘要，佛亦敕之。密迹誡衆勿恐勿怖，先説四不思議。寂意入定，散華作供。密迹乃説諸菩薩密，引古帝釋善自在化作仁良蟲，以身肉普救國人病，明身秘密。次明言密，引古寂然梵志答樓夷仙樹葉多少之數。樓夷即舍利弗，寂然即釋尊也。次説心密竟，大衆獲益，地動雨華。雷音菩薩以神通力，先於天樂讚歎法門，次來禮佛，傳雷音王佛問訊之命。衆會乃問密迹夙因，佛具述千佛探籌，樓由最後，及法意、法念二弟，一願作金剛力士，侍衛千佛，一願作梵天，勸請千佛轉法輪。今密迹即法意也。次説行佛道業三十二事。寂意復問如來三密，密迹先説身密，引應持菩薩不見佛頂事證。又明佛不受食，諸天取去，濟苦衆生等事。大衆獲益，天樂自鳴。世尊摩頂讚印。次説口密，具明六十種音，引大目連窮佛音聲不得邊際事證，及説呪二十二首，廣明如來言辭不可限量。大衆獲益。次説心秘要，現瑞獲益。又地裂出水，高灑世界，表持經瑞。寂意復請密迹具説如來苦行、莊嚴道樹、降魔、受供、轉法輪事。衆復獲益，佛讚印之。寂意又問寂然惔怕等義，佛詳答之。衆又獲益，欲知密迹何時成佛，佛爲授記。密迹請佛於曠野國七日受供，佛於毗沙門宮應病演法，令各獲益。又爲護世四王説十法、八法、六事、四事、二事，爲密迹説菩薩

十事無瞋恚法，八法心無恐懼，四事而得自在，四事入於法門，八力致開士行。密迹宣呪，諸天偈歎。佛還靈鷲，阿闍世王來見，佛爲説密迹夙因。密迹以金剛著地，王及帝釋、目連皆不能舉。因爲王説有十大法，逮得大力，及説仁和八法、往來周旋四法。又答世王信坐之問，答賢王天子寂然之義，讚其〔一〕從阿閦國來，入法室總持。密迹請佛建立法典。佛周觀四方，説頌建立，並述往事以結成之。

△浄居天子會第四二卷　竺法護譯　佛住耆闍崛山，與大菩薩、比丘衆六萬人俱。佛於食後入三昧，震動大千，諸天來集。金剛摧天子説偈問法，佛爲説菩薩百八夢相，先標，次釋。後偈明菩提心無有退轉，衆生行不可思議。六萬天人得不退轉，十八那由他天人發菩提心，十千欲退菩薩捨除罪過，徑登補處，與彌勒同時成佛。

◎無量壽如來會第五二卷　佛住耆闍崛山，與萬二千大比丘俱，及普賢、文殊、彌勒、賢護等無量無邊菩薩皆來集會。阿難問佛光瑞希有之故，佛爲説往昔法處比丘四十八願，現成無量壽佛，廣讚極樂世界依正之妙，極勸發願往生。

◎不動如來會第六二卷　授記莊嚴品第一：佛在耆闍崛山，與千二百五十比丘俱。舍利

〔一〕「其」，原作「具」，據康熙本、乾隆本改。

弗請問往昔菩薩發趣修行，被精進甲，功德莊嚴，佛舉不動菩薩所發種種弘誓答之。　佛刹功德莊嚴品第二：具明妙喜世界諸莊嚴事。　聲聞衆品第三：明不動國聲聞無數。　菩薩衆品第四：明不動國菩薩更多，在家者少，出家者多，及明魔不爲擾。　涅槃功德莊嚴品第五：明不動佛入涅槃後所作佛事，法住久遠。　往生因緣品第六：明種種善根迴向，得生彼刹，及勸囑流通。

⊙被甲莊嚴會第七五卷　佛住迦蘭陀竹園〔一〕，無邊慧菩薩説偈問法，佛亦説偈許答。次正問被大甲冑，佛具答之：初一番長行、偈頌，列諸甲冑名；第二番長行、偈頌，明此甲冑無相無名，不可破壞；第三番長行、偈頌，明其乘於大乘；第四番長行、偈頌，明其住八正道；第五番長行、偈頌，明發趣攝取正道之法；第六番長行、偈頌，明一一皆以慧爲先導；第七番長行、偈頌，明其隨入一切法，大饒益衆生；第八番長行、偈頌，引古栴檀香光明佛時，有轉輪王名一切義成，能求此法，已成超無邊境界王佛；第九番長行、偈頌，明於諸法得法光明，不墮諸見；第十番長行、偈頌，因勝慧菩薩問，明無所行而行；第十一番，勝慧説頌讚佛，誓願持法；第十二番，佛説偈讚成之，并説古徧照佛時，勇猛軍轉輪王聞法受

〔一〕「園」，南藏、北藏等作「林」，而其他經中有作「園」者。

持，已成無邊精進光明功德超勝王佛。次因無邊勝菩薩問，爲説長行、偈頌，明無住而住爲如理住。次因無邊慧問，爲説長行、偈頌，明無所安立、無畏發趣之義。又説往古月燈王佛時，雲音、無邊音二大士聞此法門，皆已成佛。若有精勤修習者，當得一切法海印三昧，又能攝得「阿」字等諸三昧印。又説往古超過須彌光王佛時，勇猛軍、勇猛力二大士受持此法，皆已成佛，一名無邊辯才，一名最勝光明。次有慧義菩薩歎法希有，佛印成之。次加持付囑流通。

⊙法界體性無分別會第八 二卷　曼陀羅仙〔一〕譯　佛在給孤獨園，與八千比丘、萬二千菩薩、三萬二千天子俱。寶上天子念請文殊説法，佛勅文殊説法界體性因緣。文殊與舍利弗互相問答，五百比丘得無漏心。文殊復與舍利弗問答，發明無縛無脱，二百比丘不忍而去。文殊化作一比丘，與之問答，令得無漏。次與阿難發明比丘有增上慢、無增上慢之義。次答寶上天子，發明菩薩六度清淨、四念清淨、如實授記等義，及明菩薩得自在品。諸天發心，世尊讚印。天子與文殊種種問答，發明不生、自在等義，五百菩薩皆得道記。次授寶上天子道記。魔王波旬與眷屬來，佛以神力，令問文殊菩薩修畢竟行、善知方便行般若義。文殊答之，又以神力，令魔變作佛身，説於佛法。五百菩薩得無生法忍。又變舍利弗亦爲

〔一〕「仙」，南藏有，北藏無。

佛身，與魔問答。比丘斷漏，諸天發心。有千菩薩從四方乘空來，發願受持守護此經，佛亦放光守護，付囑流通。

◎大乘十法會第九 一卷 佛陀扇多譯 佛住耆闍崛山，與五百羅漢、無量無邊菩薩俱。淨無垢寶月王光菩薩問大乘義，佛以十法答之：一、信成就，二、行成就，三、性成就，四、樂菩提心，五、樂法，六、觀正法行，七、行法慎法，八、捨慢、大慢，九、善解如來秘密之教，十、心不悕求二乘，各有長行、偈頌。魔、外皆悟無生。

◎文殊師利普門會第十 一卷 佛在耆闍崛山，與八百比丘、四萬二千菩薩俱。又無垢藏菩薩與九萬二千菩薩從普花佛國而來，及他方、此界無量無邊菩薩悉來集會。文殊請説普入不思議法門，佛爲説二十八三昧名，一一頌示，又説十四種三昧名及功用。

⊙出現光明會第十一 五卷 佛在耆闍崛山，與五百比丘、八十那由他補處菩薩及四十那由他大士俱。月光童子問佛：昔修何業，能得決定光明等一切光明？佛以偈答，先五言偈，答光因〔一〕；次七言偈，答光用；次四言偈，説月光本事；次七言偈，明愛樂此經、不愛

〔一〕「因」，原作「音」，乾隆本同，康熙本作「因」。經文爲「我以不思議，善業因緣故，遠離諸迷惑，成就種種光」，據文義改。

樂此經差別，及顯受持功德；次五言偈，明昔求經之行，及懸知未來之事；次明八十種善根資糧成就，出現光明，復有八十種法能成如來無礙解脱。月光偈讚發願，世尊微笑放光。彌勒偈讚廣問。世尊摩月光頂，説偈付囑。月光請佛受食。佛入城時，現大神變，空中宣百千頌，廣説妙法，及説呪二章。既受供已，爲説行施資糧，有八十種殊勝功德，次説欲成陀羅尼者，應當遠離八十種人。

⊙菩薩藏會第十二三十卷　玄奘譯　開化長者品第一：佛於室羅筏國安居竟，遊摩竭陀國，詣鷲峰山。賢守等五百長者見佛於路，頌讚相好，問捨家因。佛答以觀諸衆生十苦、十惱、十稠林、十毒箭、十愛、十邪、十不善業、十染汙法、十種纏縛，所以捨家。長者説頌，願聞妙法。佛廣説根、塵、蘊、界，因緣等法，無我不實。長者得法眼淨。次説一切熾然，長者即善來得戒，證阿羅漢。　金毗羅天授記品第二：護城藥叉名金毗羅，奉佛妙供，衆神各奉僧供。佛授金毗羅無上道記。金毗羅莊嚴道路，隨佛至鷲峰山。佛命阿難敷大法座，命目連集諸苾蒭，大迦葉等同來法會。　試驗菩薩品第三：舍利子問菩薩法，佛答以菩提心及備信欲。　如來不思議性品第四：詳説如來十種不可思議法：一、信受如來不思議身，二、不思議音聲，三、智，四、光，五、尸羅及以等觀，六、神通，七、力，八、無畏，九、大悲，十、不共佛法。　四無量品第五：述過去大蘊如來爲精進行童子説大慈等四波羅蜜。　陀那波羅蜜多品第六：具明五十種清淨行施、三十種上妙功德。尸波羅蜜多品第七：明身、語、意三種妙行，十種極深重心，十種發心，獲人中、天上各四廣勝處法，乃至種種四法；次明五十種清淨尸羅；次明過去最勝衆佛之時，有得念菩薩常修梵行，已成娑羅王佛；次明菩薩行清淨戒，應於衆生起父母想，訶欲過失。羼底波羅蜜多品第八：具明畢竟、非畢竟忍。毗利耶波羅蜜多品第九：明十障礙法不應隨轉，當勤精進受持開演此菩薩藏，及明三業精進之相；次明在家、出家菩薩各有五損減法；次説往古律儀童子精進行及法行苾蒭精進行。靜慮波羅蜜多品第十：明菩薩依四禪，發五通，遠勝二乘，及得種種大定。般若波羅蜜多品第十一：先明四十一法趣入聞相；次明起正行相；次明如理方便作意；次明如理證入如理之句，如理正觀；次復廣明十種善巧；次明妙慧及到彼岸義；次明五番十種功德。大自在天授記品第十二：結前大藴如來爲精進行童子，廣説四無量及六度已，又説四攝法，然不授菩提記。次值寶性如來，轉名善慧長者，亦不得記。次值放光如來，轉名迷伽儒童，散華布髮，乃得授記，證無生忍。皆即釋迦本生事也。於是那羅達多長者子發大乘意，與妻、子、眷屬、樂工，及城中十千人民，廣興供養，立大乘誓。佛爲現大神變，授三乘記，及勸受持。

⊙佛爲阿難説人處胎會第十三一卷　佛在給孤獨園，阿難日晡從禪定起，與五百比丘見佛。佛爲説入胎因緣，胎中三十八七生長相貌，出胎七日後所生八萬户蟲名字，結明五陰皆無常、苦，無我、我所。阿難得法眼浄，五百比丘漏盡意解。

⊙佛説入胎藏會第十四二卷　義浄譯　度難陀出家，令見天宫、地獄，爲説入胎、住胎、出胎諸苦，同前。又説三塗劇苦，教令修四念處。乃至重説偈已，難陀證阿羅漢。大衆疑問往因，佛爲具説本事。

◎文殊師利授記會第十五三卷　實叉難陀譯　佛在耆闍崛山，與比丘千人、菩薩八萬四千、諸天七十二億，及天龍八部諸大衆俱。向阿闍世王宫現大神通，爲摧過咎菩薩説大悲法，及授道記。次應供還山，從禪定起，天人雲集。舍利弗請問嚴浄佛刹之行。佛現神變，更集十方無量刹中諸大菩薩，命彌勒敷大法座，昇座動地，乃爲舍利弗説一法增至十法，及説種種浄行，因果相稱，結以三法，謂大願殊勝、住不放逸、如所聞法起正修行。次授四萬菩薩道記。次有師子勇猛雷音菩薩，請問文殊何時成佛，得何佛刹。佛令自問文殊，深顯第一義諦法界實相之理，大衆獲益。次問發心久近，佛述雷音佛時普覆王事，已化二十億衆生皆成佛竟。次問將來佛刹莊嚴，佛勅文殊自説昔願，略有十節。佛因記其佛名普見，刹名隨順積集清浄圓滿，所有莊嚴遠勝極樂世界，如以大海比一滴水，唯東方普光常多功德海王佛刹，名住最上願，與等無異。及有四大菩薩，東光明幢，南智上，西諸根寂静，北願慧，亦當得此淨刹。佛復以神力，令大慧見東方刹依正莊嚴，隨授八萬四千菩薩道記，有十六人猶如文殊，餘所得刹皆如極樂。次四大菩薩皆來入會，文殊令諸菩薩各説一相法門，略敘一十四人。次問文殊久如成佛，佛明其劫數甚遠，無有疲倦。

⊙菩薩見實會第十六十六卷　那連提耶舍譯　序品第一：佛在尼居陀林，遣迦盧陀夷教化父淨飯王。　淨飯王詣佛品第二：天龍八部同集佛所，王亦來禮，説偈問答。　阿脩羅王授記品第三：毗摩質多等十一阿脩羅王與六十那由他眷屬，設大供養，而得受記。　本事品第四：大迦葉入如實三昧，憶念過去阿僧祇阿僧祇劫如來所修一切功德，以偈讚佛。佛爲説不可説劫之前，有佛號因陀幢王，以恒沙世界爲一佛刹，莊嚴清淨，國中衆生純正定聚。於是文殊菩薩從東方高威德王佛所而來，發明因陀幢王即我釋迦。　迦樓羅王授記品第五　龍女授記品第六　龍王授記品第七　鳩槃茶授記品第八　乾闥婆授記品第九　夜叉授記品第十　緊那羅授記品第十一：先有疑問，如來答釋，乃設供、授記。　虚空行天授記品第十二　四天王授記品第十三　三十三天授記品第十四　夜摩天授記品第十五：歎佛能知二諦，及廣設供，佛與授記。　兜率陀天得授記品第十六：推授記不可得，但是世諦言説，如夢不實，倍設供養，得記。　化樂天授記品第十七：解一切法實際無二際，而得道記。　他化自在天授記品第十八：自言尚不見實，況復見際，彼法非可知，非可識，非可捨，非可修，非可證，而得道記。　諸梵天等授記品第十九：離諸分別，定心清净，以寂滅法，説偈讚佛，而得道記。　光音天等得授記品第二十：説照耀一切法三昧，及偈讚佛，而得道記。　徧浄天授記品第二十一：説超過一切法三昧，及偈讚佛，而得道記。　廣果天授記品第二十二：説無量門陀羅尼及偈讚佛，而得道記。　浄居天子讚偈品第二十三：共四百五十三人，各説偈讚。　遮羅迦波利婆羅闍迦外道品第二十四：八千外道請問決疑，佛説從六道來受生習氣，及説對治法，外道悟無生忍，偈讚獲記。　六界差别品第二十五：佛爲浄飯王説内外六界皆是假名，無來無去，及説諸根如幻，境界如夢，順、違、中庸三種六塵，皆具三解脱門。　四轉輪王品第二十六：一、無量稱王，二、地天王，三、頂生王，皆以無厭足而取大苦；四、尼彌王，以不放逸而成大益。　説此本生四王事已，勸浄飯王修不放逸，觀一切法無生陀羅尼門，及不滅等六十七法門，七萬釋種得無生法忍。　佛與授記，皆生安樂世界，後皆成佛。　次囑舍利弗受持流通。

◎富樓那會第十七三卷　鳩摩羅什譯　菩薩行品第一：佛住王舍城竹園，富樓那問菩薩多聞不退轉事，佛答以四大希有事：精進、一。忍辱、二。正道、三。深心。四。又四法生喜心，四法得離難。　多聞品第二：明四法能集多聞。　不退品第三：明四法能不退轉。　説古那羅延法師及摩訶耐摩陀比丘弘法事。　次説四法退失菩提，成聲聞乘，四法不退心及善根：戒清淨、一。念成就、二。勤精進、三。多聞慧、四。四法利益菩提：持戒、一。忍辱、二。精進、三。多聞、四。四法具足身色財物眷屬：行慈、一。供佛、二。供法、三。供僧、四。具善根品第四：明親近四法，能攝一切善法：忍辱、一。出家、二。頭陀、三。近善知識、四。神通力品第五：放毛孔光，以經付囑阿難，及讚竹園功德。 大悲品第六：因目連問，廣説因中大悲行。答〔一〕難品第七：因象手比丘問，廣明衆生性空，佛亦不滅。 富樓那品第八：歎述流通。

⊙護國菩薩會第十八二卷 闍那崛多譯 婆伽婆在耆闍崛山，與千二百五十比丘、五千菩薩及一切八部俱。喜王菩薩以偈讚佛，觀於法界。護國菩薩比丘夏安居竟，共諸初學比丘見佛偈讚，問菩薩法要。佛答四法能成清淨之事：真實無諂，一。行於平等，二。心念行空，三。如言而行。四。四種無畏之法：得陀羅尼，一。值善知識，二。得深法忍，三。戒行清淨。四。有四功德，令心歡喜：見佛，一。聞法，二。捨一切，三。順法忍。四。四法應棄捨：居家，一。利養，二。檀越，三。身命。四。四種無悔之法：不破戒，一。住阿蘭，二。四聖種，三。多聞。四。四調伏行：願值佛，一。供師長，二。樂空閒，三。頭陀忍。四。四法淨菩薩行：無

〔一〕「答」，原與乾隆本作「合」，據康熙本和北藏改。

瞋恨，一。捨所有，二。不求果報，三。不見師過。四。四墮落法：不恭敬他，一。背恩諂曲，二。多求名利，三。詐善揚德。四。四障道法：懈怠，一。不信，二。我慢，三。瞋恚。四。四種人不得親近：惡知識，一。執見人，二。謗法人，三。貪利養人。四。四法受未來苦：輕慢智人，一。懷嫉妬心，二。於法無信，三。無忍求利。四。四繫縛：輕慢他，一。世俗定，二。行放逸，三。求利養。四。次七言偈，廣説佛本生妙行，及歎末世不如法事。又明八種障菩提法。次明古成利慧佛時，福啖王子不放逸事。次結益囑持。

⊚郁伽長者會第十九一卷　康僧鎧譯　佛在給孤窮〔一〕精舍，與千二百五十比丘、五千菩薩俱。郁伽等十長者，各與五百長者見佛，問在家、出家二種菩薩行法。佛先廣説在家三歸五戒法義，及布施功德，厭離家想，六時悔過，隨喜勸請，希慕出家，供養衆僧。次説出家四聖種行：頭陀、淨戒、淨定、淨慧。次問菩薩住在家地，學出家戒。佛以五法答之：施不望報，一。不習欲想，二。修禪不證，三。學慧行慈，四。護法勸他。五。次授記其供養千佛、化度衆生所有功德，百千出家菩薩所不能及。

⊙無盡伏藏會第二十二卷　佛在耆闍崛山，與千比丘、五百菩薩，及天龍八部俱。電德菩

〔一〕「窮」，原無，康熙本、乾隆本同，據南藏、北藏補。

薩問速成菩提之法，佛答以五大伏藏，謂貪行伏藏、瞋行伏藏、癡行伏藏、等分行伏藏、諸法伏藏。於法伏藏中説過去寶聚功德聲佛時，廣授大王欲害無垢比丘事，深戒勿生害心。又勝生佛時，旃陀羅聞法得無生忍，牛聞法得生兜率，深明衆生根行難測。次答月幢菩薩無功用智之問，地動雨華。

授幻師跋陀羅記會第二十一一卷　佛在耆闍崛山，與千二百五十比丘、五千菩薩，及天龍八部俱。幻師欲試佛故，詐言請佛，於穢處化作道場。四王、帝釋亦各化作莊嚴道場。幻師驚悔，欲攝所化而不能得。次日世尊現大神變，幻師悔過，見一切處佛身，便獲念佛三昧。以偈問法，佛亦偈答，幻師得順法忍。阿難啓佛加持，令彼幻莊嚴事七日不没。幻師隨佛至山，請問菩薩速至道場之行，佛説四十三種四法。幻師證無生忍，得記。

⊙大神變會第二十二二卷　佛在給孤獨園，與千二百五十比丘、八千菩薩俱。商主天子問佛：幾種神變調伏衆生？佛答以説法、教誡、神通三種。又問：頗有神變能過此耶？佛令問文殊，文殊答：於無言説法而作言説，一切言説實無所説，名大神變。舍利弗問商主往因，佛答以過去等須彌佛時浄莊嚴王本事。舍利弗歎文殊久修梵行，多供養佛，種諸善根，文殊爲説三種決定之義。佛又讚商主，更爲説大神變。文殊又答商主問菩薩智，及答四十二問，大衆獲益。更答種種密意之問，及答諸菩薩行之問，衆又獲益。佛又答商主無生法忍之問，現瑞獲益，受記勸持。

⊙摩訶迦葉會第二十三二卷　月婆首那譯　婆伽婆在給孤獨園，與五千比丘、八千菩薩俱。迦葉問：出家者當云何學？云何行？云何修觀？佛爲説持戒、念佛，及説出家爲二事故，一、爲現得道果，二、爲見未來佛。次廣明沙門四賊，及種種過。迦葉勸佛久住，佛以護法囑之。迦葉極言不堪，勸付彌勒菩薩。佛遂摩彌勒頂，大千震動。諸天勸助彌勒受持，更請世尊説當來惡，以作警誡。佛爲説之，及説古智上佛時，樂精進菩薩本所修行，深顯法施功德。次明菩薩二十法業，四種畢定，四法離薩婆若，四法應急捨離。次明瞋餘菩薩得罪甚大。於是彌勒作師子吼，五百比丘自愧信施難消，退還歸俗。文殊先讚印之，次與如來問答方便，令得盡漏。迦葉復請世尊説末世菩薩諂曲之過。佛説古妙華佛時，達磨、善法二童子事，勸誡應修沙門二業，一、修禪，二、習誦，不應唯修供養福業，尤不應以破戒之身而著袈裟。次説古光明佛世，大精進菩薩觀佛畫像法門。

⊙優波離會第二十四一卷　佛在給孤獨園，與千二百五十比丘、五萬菩薩俱。佛問：誰能於後末世護持正法，成熟衆生？有五十五菩薩各自承當。舍利弗向佛稱歎，佛印述之，并説三十五佛悔除罪法。時優波離從禪定起，請佛廣説決定毗尼。佛爲分別聲聞、菩薩持犯不同，次勅文殊説究竟毗尼。佛又廣答聲聞、菩薩增上慢相，説偈結持。

發勝志樂會第二十五二卷　佛在鹿苑，與千比丘、五百菩薩俱。有諸菩薩業障深重，疑惑退轉。彌勒菩薩慰問令喜，有六十人隨勸詣佛，投地悲淚。佛慰令起，説其往昔誹謗法師惡業，多受衆苦，後亦當生極樂世界。時諸菩薩隨發十三弘誓，佛讚印之。彌勒因問：末世菩薩成就幾法，安隱得脱？佛答以二種四法：不求他過失，亦不舉人罪，離麤語、慳悋，是人當解脱；當捨於懈怠，遠離諸憒鬧，寂静，常知足，是人當解脱。次明無希望心行法施時，成二十利，又二十利。次明末世種種過惡。次明慧行菩薩與初業菩薩不同之相。次明初業菩薩應當觀察利養之過，亦當觀察憒鬧過有二十，世話過有二十，睡眠過有二十，衆務過有二十。次明不修諸行，不斷煩惱，不習禪誦，不求多聞，非出家者。次明略説戲論過有二十。次明發十種心，能生極樂世界。

⊙善臂菩薩會第二十六二卷　鳩摩羅什譯　佛在王城竹園〔一〕，爲善臂菩薩廣説六波羅蜜法，常當具足。

◎善順菩薩會第二十七一卷　佛在給孤獨園，與五百聲聞、十千菩薩俱。舍衛城有菩薩名善順，恒以五戒八齋教化衆生，令修六度四等。帝釋種種試驗，不能令其破戒。偶得劫

〔一〕「王城竹園」，北藏原文爲「王舍城迦蘭陁竹園」。

初金鈴，價過南洲〔一〕，謂唯波斯匿王最貧，與衆往見，而奉與之。王問：誰證我貧？善順請佛爲證。佛與五百聲聞、十千菩薩，及天龍八部，從地涌出，爲作證明。兼説三種無量功德資糧，復有三十二法，能勤修者則爲見於如來。大衆獲益。王以二衣施善順，善順不受，王求以足踏之。次即轉施貧苦，咸令得益。勸使見佛，兼爲王説菩薩法門眷屬。

⊙勤授〔二〕長者會第二十八一卷　佛在給孤獨園，與千二百五十比丘、五百菩薩俱。城有長者名勇猛授，與五百長者見佛，請問求菩提者，應云何學，云何住，云何修行？佛答以大悲六度。次問云何觀察於身命財，能無貪恪？佛教以觀身過患，又説四十四種觀身。長者得無生忍，説偈歎菩提心，佛爲授記。

⊙優陀延王會第二十九一卷　佛在瞿師羅園，與千二百五十比丘俱。舍摩夫人供養佛僧，帝女夫人譖於優陀延王，王極瞋怒，以箭三射。舍摩入慈三昧，箭還住王頂上空中，王乃驚悔。舍摩勸令見佛懺罪，因問女人過患，佛爲廣説丈夫四種愆過。王受三歸，作優婆塞。

〔一〕「南洲」，北藏原文作「閻浮提」。
〔二〕「勤授」，原作「勤受」，康熙本、乾隆本同，據北藏改。

◎妙慧童女會第三十二會同卷　佛在耆闍崛山，與千二百五十比丘、十千菩薩俱。王舍城有長者女妙慧，年始八歲，詣佛問法，佛爲説四十行。女發大願，動地雨華，衆變金色。次答文殊諸問，文殊向佛讚之。佛因説其發菩提心，經三十劫，然後佛始發心。女又發大誓願，即轉如三十歲知法比丘，衆會獲益。

⊙恒河上優婆夷會第三十一　佛在給孤獨園，此優婆夷來禮佛足，與佛問答第一深義，佛爲授記。

閲藏知津卷第三

北天目沙門釋智旭　彙輯

大乘經藏　方等部第二之二

大寶積經之餘

⊙無畏德菩薩會第三十二一卷　佛陀扇多譯　婆伽婆住耆闍崛山，與五百比丘、無量無邊菩薩，及八千大菩薩俱。舍利弗等入城乞食，至阿闍世王宫殿。王女名無畏德，年始十二，安坐不起。王語令起，女即種種彈訶聲聞。舍利弗、目犍連往問，皆被屈服。又以誓願，令諸聲聞得見香象世界放香光明如來。次答大迦葉問，答須菩提問，答羅睺羅問，答父王問，人天獲益。然後下牀禮敬聲聞，施妙飲食。同至佛所，現丈夫身。佛與授記，并授其母月光夫人道記。

⊙無垢施菩薩應辯會第三十三一卷　聶道真譯　序品第一：佛遊給孤獨園，與千比丘、萬二千菩薩俱。文殊等八大菩薩，舍利弗等八聲聞，各發勝願。入城乞食，波斯匿王女無垢施年始八歲，與五百婆羅門出城浴洗天像，爲婆羅門説其初生七日即聞三寶功德，乃趨菩薩、聲聞處禮足。王亦隨至。　聲聞品第二：女問八大聲聞，皆不能答。　菩薩品第三：女又次第問八菩薩已，須菩提語諸聲聞、菩薩，已得法食，不須乞食。遂同還佛所。女即以偈問佛菩薩諸行。　菩薩行品第四：佛爲説十八種四法。女即發誓奉行，震動世界，雨衆天花，天樂自鳴，變成十六童子。佛乃明其修菩薩行經六十劫。文殊乃發菩薩之心。　授記品第五：佛爲授菩提記，及授五百婆羅門記。

◎功德寶華敷菩薩會第三十四二會同卷　佛在耆闍崛山，開敷功德寶華菩薩問受持佛名，速證菩提之義，佛爲説十方佛號，及受持功德。東方無量功德寶莊嚴威德王如來，南方功德寶勝莊嚴威德王如來，西方一切法殊勝辯才莊嚴如來，北方積集無量辯才智慧如來，東南方千雲雷吼聲王如來，西南方最上妙色殊勝光明如來，西北方種種勝光明威德王如來，東北方無數劫積集菩提如來，上方虛空吼聲浄妙莊嚴光明照如來，下方一切法門神變威德光明照耀如來。

◎善德天子會第三十五　佛在給孤獨〔一〕園，與千比丘、十千菩薩，并欲、色諸天子俱。佛勅文殊爲天衆説諸佛甚深境界，所謂平等、無依、無數、無得等。次受善德天子請，現大神變，往兜率天，説四種法，住不放逸，則能攝取一切佛法：一、住於戒律而具多聞，二、住於禪定而行智慧，三、住於神通而起大智，四、住於寂静而常觀察。及説八種八法，又説依不放逸，不損三樂，得離三苦，超三畏、三有，離三垢，滿三學，近三寶，離波羅蜜三障，得波羅蜜三伴助。次示觀察正勤、念處、如意、根、力、覺、道等法。次以光照上方普賢佛刹，與持法炬菩薩同來見佛。

⊙善住意天子會第三十六四卷　達磨笈多譯三，菩提流志譯一　緣起品第一：婆伽婆住耆闍崛山，與六萬二千比丘、四萬二千菩薩，及天龍八部俱。文殊入無諍除心三昧，震動十方佛土。又入普光無垢莊嚴三昧，大集十方菩薩來到佛所，皆入隱身三昧。迦葉、舍利弗、須菩提入二萬、三萬、四萬三昧求之，不見微相。文殊復遣化佛、菩薩，徧召諸天。開實義品第二：文殊與善住意天子問答，共談實義。文殊神變品第三：善住意先發後至，文殊後發先至。華臺諸化菩薩説偈讚佛，衆益，地動。破魔品第四：文殊入破散諸魔三昧，魔

〔一〕「獨」，原無，康熙本、乾隆本同，據北藏補。

見衰相，恐怖歸佛。次説具二十法，得是三昧，復有六種四法。菩薩身行品第五：十方菩薩從隱身三昧起，各現其身。文殊問菩薩名義，佛答以覺一切法。破菩薩相品第六：明初發心義、無生忍義、超越轉入諸地義。破二乘相品第七：明真出家、持戒、頭陀、禪行等義，及明聰辯利智是嬰兒凡夫，得陀羅尼是愚癡凡夫，諸餘智人盡入頑鈍。五百比丘不信誹謗，墮大地獄。佛記其從地獄出，速證涅槃，以聞如是甚深法門故。破凡夫相品第八：説殺三毒、謗三寶等性惡法門。神通證説品第九：文殊爲善住意入如幻三昧，及爲五百五通菩薩執劍害佛，以除彼分别心，令得無生法忍。稱讚付法品第十

⊙阿闍世王子會第三十七半卷　佛在耆闍崛山，王子名師子，與五百人見佛，問答各十六頌，佛與授記。

⊙大乘方便會第三十八二卷半　竺難提譯　佛在給孤獨〔一〕園，與八千比丘、萬二千菩薩俱。智勝問菩薩行於方便，佛具答之，兼明衆尊王菩薩與女人同坐事、過去樹提梵志十二年攝受女人事、無垢比丘容女借宿事、愛作菩薩度德增女事。於是阿難歎諸菩薩如須彌

〔一〕「獨」，原無，康熙本、乾隆本同，據北藏補。

山，亦如藥王。迦葉亦説空澤大城之喻，以歎菩薩。次因德增〔一〕菩薩之問，佛爲具説示現八相、十惱等一切方便，皆爲化度衆生，非有實事。

△賢護長者會第三十九三卷　闍那崛多譯　佛在迦蘭陀竹園，與千二百五十比丘俱。跋陀羅波梨長者與千眷屬向世尊前請問決疑。佛先爲阿難具説長者所受樂果，雖帝釋亦不能及，唯真月童子則又勝之。由於古樂光佛時，作大法師，開示未聞。以是法施因緣，九十一劫恒受福報。長者乃問衆生神識相貌、名義，及此世他世作受等義，佛具答之。真月童子問：色及欲取、見取、戒取，云何須觀？佛亦答之。次有大藥王子菩薩問：神識從此身移，當有何色？佛答：如幻師火，如人水内影，如風輪無定，無有定色，如衆生眼見虚空等。及問答受罪受福等事。次又答賢護問聚、積、陰、移四種名義。

◎淨信童女會第四十三會同卷　佛在給孤獨園，與五百比丘、八千菩薩，及賢劫諸菩薩，文殊等六十人、賢護等十六大士、二萬兜率天子俱。波斯匿王女名淨信，詣佛問法。佛答以十二種八法，又轉女身二種八法。淨信與五百童女俱得授記。

⊙彌勒菩薩問八法會第四十一　菩提留支譯　婆伽婆住耆闍崛山，與千二百五十比丘、十

〔一〕「增」，原無，康熙本、乾隆本同，據北藏補。

千菩薩俱。彌勒問速成菩提之法，佛答以成就八法：一、深心，二、行心，三、捨心，四、善知回向方便心，五、大慈心，六、大悲心，七、善知方便，八、般若波羅蜜。

◎彌勒菩薩所問會第四十二　佛在鹿林，與五百比丘、一萬菩薩俱。彌勒問：菩薩成就幾法，離諸惡道及惡知識速證菩提？佛答以增一至十法。彌勒以偈讚佛，阿難歎其辯才。佛明其十無數劫前，於燄光遊戲妙音自在王佛時，曾爲婆羅門子賢壽，悟無生忍，便獲神通。本先四十劫前發心行道，由我勇猛精進行於二種十法，故能超之。次明彌勒往昔所行善巧方便安樂之道。次明見一切義太子施血，妙華太子施髓，月光國王施眼，本生苦行。次明佛與彌勒二人本願不同。

⊙普明菩薩會第四十三一卷　附秦録，勘同編入〔一〕　佛在耆闍崛山，與八千比丘、萬六千菩薩俱。佛爲迦葉説菩薩二十種四法，又説三十二法，又説如地、如水等喻，又説中道真實正觀，又説菩薩爲真佛子，又説畢竟智藥，又説當來比丘如犬逐塊。又説二不淨心：一、讀外道書，二、畜好衣鉢；二堅縛：一、見，二、利養；二障法：一、親近白衣，二、憎惡善人；二垢：一、忍受煩惱，二、貪諸檀越；二雨雹壞諸善根：一、敗逆正法，二、破戒受施；二癰

〔一〕此處夾注，北藏作「失譯師名，附秦録，勘同録編入」。勘同録即至元法寶勘同總録。

瘡：一、求見他過，二、自覆其罪；二燒法：一、垢心受著法衣，二、受他持戒供養；三病：一、懷增上慢，二、壞他大心。又説四種沙門：一、形服，二、威儀欺誑，三、貪求名聞，四、真實。又説四種破戒似持：一、説有我論，二、身見不滅，三、取相行慈，四、見有所得。於是五百比丘得解脱，三萬二千人得法眼浄。五百比丘從坐去，佛化二比丘隨與問答，令其解脱，來詣佛所，答須菩提種種諸問。又有五百比丘得解脱，三萬二千人得法眼浄。普明菩薩問：云何住及云何學？佛言：不取不著，發大精進，習大法船。

◎寶梁聚會第四十四二卷　道龔譯　沙門品第一：佛在耆闍崛山，與八千比丘、萬六千菩薩俱。摩訶迦葉問沙門義，佛詳答之，并説三十二垢、八覆、十二表式、八法敬重袈裟，及説破戒比丘不能消信施。　比丘品第二：先正説比丘法，次説惡比丘能壞正法，有十六種四惡法。　旃陀羅沙門品第三：説惡沙門如旃陀羅，亦名敗壞，亦名篋，亦名枸欄茶，亦名求利，亦名稗，亦名逋生稻，亦名形似，亦名失血氣。五百比丘捨戒還俗，佛記其信解懺悔，得生兜率，在彌勒初會數中。　營事比丘品第四：詳明營事之法。　蘭若比丘品第五：詳明阿蘭若法，五百比丘漏盡解脱。　乞食比丘品第六　糞掃衣比丘品第七

◎無盡慧菩薩會第四十五半卷　佛在耆闍崛山，與千二百五十比丘、一萬菩薩、十六在家菩薩、六十無比喻心菩薩、賢劫一切菩薩及無盡慧等六萬菩薩俱。無盡慧問菩提心義，及

依何義而得修行。佛答：菩提本無名字言説，若依言説敷演，則以十波羅蜜爲十發心，一一波羅蜜皆以十法爲首。及明十地先相、十地圓滿十度，得十三昧、十陀羅尼。於是無礙光明師子幢天子歎佛及法。佛更爲説聽受此法門者必不退轉。

◎文殊師利説般若會第四十六卷半　曼陀羅仙譯　佛在給孤獨園，與千比丘、十千菩薩俱。文殊晨朝詣佛，舍利弗等亦至。佛問文殊：欲見如來耶？文殊即説正觀如來法門，佛印許之。舍利弗與文殊問答深義。佛亦與文殊互相問答，深明修般若義，觀身實相，觀佛亦然等義，乃至福田無差別相。大地震動，衆會獲益。次明入不思議三昧，如人學射，久習則巧。次明欲具一切佛法，當學般若。次明一行三昧，乃至微笑放光，以爲無相法印。

△寶髻菩薩會第四十七二卷　竺法護譯　佛在靈鷲山，與四萬二千比丘、八萬四千菩薩，及天龍八部俱。東方浄住佛國寶髻菩薩與八千菩薩俱，以一寶蓋覆此忍土，雨花説頌，來禮佛足，請問清浄之行。佛總告以四事：一曰行度無極，二曰遵修諸佛道品，三曰具足神通，四曰開化衆生。次詳解釋六度、三十七品、五通，及化衆生有二十事不厭生死。次説古普壞世佛時，有珍寶菩薩問饒益衆生、嚴浄道場等義，佛以無放逸答之。彼時珍寶即今寶髻。次又説開化衆生有四四法。又説古離垢光佛時，有極妙精進菩薩，以大忍力，仰承佛命，往化業首太子。彼時菩薩即今世尊，彼時太子即今彌勒。次説菩薩一種四法自在道業。寶

髻以其髻中明月珠貢佛發願，佛爲授記。

◎勝鬘夫人會第四十八一卷　佛在給孤獨園。波斯匿王與末利夫人致書於女勝鬘，稱揚佛德。勝鬘發書尋繹，遥空請佛，佛即現身。勝鬘説偈歎德，佛爲授記。勝鬘復發十弘誓願，感於天花、天音。又發三願，佛讚印之。又説一大願攝恒沙願，所謂攝受正法。更復演説廣大之義及大威力，佛讚印之。又説大乘了義，廣明二乘爲不了義，以不出變易生死，不斷無明住地故，唯一佛乘，一歸依，一實諦爲了義耳。佛亦印之。次又説三種人入大乘道：一、成就甚深法智，二、成就隨順法智，三、仰推唯佛所知。餘有隨己所取，執著妄説，違背正法者，一切天人應共摧伏。佛亦讚印，然後放光，昇空步還，告語阿難及與天帝，結名付囑。

○廣博仙人會第四十九一卷　佛在恒河岸上，與無量比丘俱。廣博仙人與五百同行來見，問云何爲施，何者施義，及施主、施者等義。佛詳答之，并示三十二種不浄之施。次明五大施，又五大施，又五無上施，又九大施等。次答中有識及明智識差別。次答六道來生差別，僅説持鬘、四王、忉利三種生死時相，文來未盡。

△**大方廣三戒經**三卷　乃　北涼中天竺沙門曇無讖譯

即第一三律儀會同本異譯。

⊙**佛說如來不思議秘密大乘經**二十卷，今作十卷〔一〕　暎　宋中印土沙門法護共惟淨等譯

即第三金剛力士會同本異譯，分作二十五品。

佛說無量清淨平等覺經二卷　乃　後漢月支國沙門支婁迦讖譯

△**佛說無量壽經**二卷　乃　曹魏天竺沙門康僧鎧譯

佛說阿彌陀經二卷　乃　吴月支國優婆塞支謙譯

△**佛說大乘無量壽莊嚴經**南作二卷，北上中下同卷〔二〕　南深北命　宋中印土沙門法賢譯

已上四經，並第五無量壽如來會同本異譯，而法賢本中有慈氏問答尤妙，但止三十六願。

○**佛說大阿彌陀經**二卷　貞

宋國學進士王日休取前四經删補訂正，析爲五十六分，惜其未見寶積一譯，然心甚勤苦，故舉世多流通之。

〔一〕「二十卷，今作十卷」，語出南藏目録，但南、北藏仍標二十卷，合爲十册，故稱十卷，千字文編號爲「暎一」至「暎十」。

〔二〕「南作二卷，北上中下同卷」，南藏上、中卷合爲一册，下卷爲一册，故稱二卷，北藏上、中、下卷合爲一册，故稱同卷

佛説阿閦佛國經二卷，北作三卷　服　後漢月支國沙門支婁迦識譯

即第六不動如來會同本異譯。

⊙**佛説大乘十法經**一卷　服　蕭梁扶南國沙門僧伽婆羅譯

即第九大乘十法會異譯。

佛説普門品經一卷　服　西晉月支國沙門竺法護譯

即第十文殊師利普門會異譯。

◬**佛説大乘菩薩藏正法經**四十卷，今作二十卷〔一〕　南辭安北如松　宋中印土沙門法護等譯

即第十二菩薩藏會異譯。

佛説胞胎經一卷　服　西晉月支國沙門竺法護譯

即第十三佛爲阿難説人處胎會異譯。

文殊師利佛土嚴淨經二卷　服　西晉月支國沙門竺法護譯

即第十五文殊師利授記會異譯。

〔一〕「四十卷，今作二十卷」，語出南藏目録，但南、北藏仍標四十卷，分別合爲二十册，故稱二十卷。

⊙**佛說護國尊者所問大乘經**四卷，南作三，北作二〔一〕　南夙北臨　宋北印土沙門施護譯

即第十八護國菩薩會異譯。

郁迦羅越問菩薩行經一卷　衣　西晉月支國沙門竺法護譯

分作八品。

佛說法鏡經二卷　服　後漢安息國優婆塞安玄共嚴佛調譯

二經皆即第十九郁伽長者會異譯。

幻士仁賢經一卷　衣　西晉月支國沙門竺法護譯

即第二十一授幻師跋陀羅記會異譯。

⊙**佛說決定毗尼經**一卷　衣　燉煌三藏譯〔二〕

即第二十四優婆離會異譯。

○**佛說三十五佛名禮懺文**一〔三〕紙半　南淵北斯〔四〕　唐北天竺沙門大廣智不空譯

〔一〕「四卷，南作三，北作二」，南藏目録稱「四卷，今合三卷」，實際仍標四卷，合爲三册；北藏標四卷，合爲二册。

〔二〕此處譯者，原作「北云東晉録失譯人名，南云燉煌三藏譯」，今覈南藏、北藏，皆云「燉煌三藏譯」，據改。

〔三〕「一」，康熙本、乾隆本正文無，總目有。

〔四〕「南淵北斯」，原作「淵」，康熙本、乾隆本同，覈北藏千字文編號爲「斯」，據以改正。

即前經中譯出別行。

△**發覺浄心經**二卷〔一〕　衣　隋北天竺沙門闍那崛多譯

即第二十五發勝志樂會異譯。

△**佛説須賴經**一卷　南忘北衣　曹魏西域沙門釋白延譯

即第二十七善順菩薩會，而有同王見佛，得菩提記，諸佛摩頂，現出家相諸事。

佛説須賴經一卷　南忘北衣　前涼月支國優婆塞支施崘譯

亦同前本。

○**菩薩修行經**亦名威施長者問觀身行經　半卷　南忘北短　西晉河内沙門白法祖譯

⊙**佛説無畏授所問大乘經**上中下僅半卷　南馨北夙　宋北印土沙門施護譯

二經皆即第二十八勤授長者會異譯。

佛説優填王經四紙餘　衣　西晉沙門釋法炬譯

佛説大乘日子王所問經九紙餘　力　宋中印土沙門法天譯

二經皆即第二十九優陀延王會異譯。

〔一〕「二卷」下，原有「北作一卷」四字，康熙本、乾隆本同，實際北藏分上、下二卷，千字文編號爲「衣四，衣五」，故删。

○**佛説須摩提經**　西晉月支國沙門竺法護譯

⊙**佛説須摩提菩薩經**二經同卷　衣　姚秦天竺沙門鳩摩羅什譯

二經皆即第三十妙慧童女會異譯。

佛説阿闍世王女阿術〔一〕**達菩薩經**一卷　衣　西晉月支國沙門竺法護譯

即第三十二無畏德菩薩會異譯。

◬**佛説離垢施女經**一卷　衣　西晉月支國沙門竺法護譯

◬**得無垢女經**一卷　裳　元魏中天竺婆羅門瞿曇般若流支譯

二經皆即第三十三無垢施菩薩應辨會異譯。

◎**文殊師利所説不思議佛境界經**二卷　裳　唐南印土沙門菩提流志初譯

⊙**善住意天子所問經**三卷　裳　元魏烏萇國沙門毗目智仙共流支〔二〕等譯

即第三十五善德天子會異譯。

△**佛説如幻三昧經**三卷　裳　西晉月支國沙門竺法護譯

〔一〕「術」，原作「述」，據南藏、北藏改。

〔二〕「支」，原作「志」，康熙本、乾隆本同，據南藏、北藏改。

二經皆即第三十六善住意天子會異譯。

△**太子刷護經** 西晉月支國沙門竺法護譯

○**太子和休經**二經同卷　裳　西晉録失譯人名

二經皆即第三十七阿闍世王子會異譯。

△**慧上菩薩問大善權經**二卷　推　西晉月支國沙門竺法護譯

⊙**佛説大方廣善巧方便經**四卷，今作二卷〔一〕　南清北深　宋北印土沙門施護譯

二經皆即第三十八大乘方便會異譯。

○**大乘顯識經**二卷　推　唐中印土沙門地婆訶羅譯

即第三十九賢護長者會異譯。

佛説大乘方等要慧經　後漢安息國沙門安世高譯

即第四十一彌勒菩薩問八法會異譯。

彌勒菩薩所問本願經二經南共一卷，北共半卷　推　西晉月支國沙門竺法護譯

即第四十二彌勒菩薩所問會異譯。

〔一〕「四卷，今作二卷」，南、北藏皆標四卷，合爲二册，故稱二卷。

佛遺日摩尼寶經〔一〕一卷　推　後漢月支國沙門支婁迦讖譯

◬佛説摩訶衍寶嚴經一卷　推　晉代失譯師名

◎佛説大迦葉問大寶積正法經五卷，今作二卷〔二〕　忠　宋北印土沙門施護譯

三經皆即第四十三普明菩薩會異譯。

◬勝鬘師子吼一乘大方便方廣經一卷　推　劉宋中天竺沙門求那跋陀羅譯

即第四十八勝鬘夫人會異譯。

△毗耶娑問經二卷　推　元魏中天竺婆羅門瞿曇般若流支譯

即第四十九廣博仙人會，而有結文。

入法界體性經八紙半　南男北裳〔三〕　隋北天竺沙門闍那崛多譯

佛在耆闍崛山，文殊師利立佛門外。佛命之入，問：佛住何三昧？佛言：寶積三昧。乃至種種問答，明法界義。舍利弗復與文殊問答演義。

〔一〕此經北藏目録作「佛説遺日摩尼寶經」，北藏正文和南藏目録、正文皆無「説」字。

〔二〕「五卷，今作二卷」，南、北藏皆標五卷，合爲二册，故稱二卷。

〔三〕「裳」，原作「傷」，康熙本、乾隆本同，據北藏改。

寶積三昧文殊師利菩薩問法身經五紙半　南男北才　後漢安息國沙門安世高譯

與前同本。

佛說阿彌陀經四紙餘　貞　姚秦三藏法師鳩摩羅什譯

佛在祇園，與比丘、菩薩、諸天、大衆俱。無問自說，告舍利弗，稱讚西方極樂世界阿彌陀佛不可思議依正功德，勸人發願求生，但以執持名號爲行。復引六方各恒沙佛，出廣長舌，勸信流通。今時叢席皆奉之爲晚課，真救世神寶，圓頓上乘也。

○稱讚浄土佛攝受經九紙欠　貞　唐三藏法師玄奘譯

與上經同本，而有十方佛勸信。

後出阿彌陀佛〔一〕**偈經**十四偈　貞　後漢失譯師名

讚往生浄土勝妙。

阿彌陀鼓音聲王陀羅尼經三紙　行　開元附梁録

佛在瞻波大城，爲諸比丘說阿彌陀佛父、母、子、侍者、上首及魔等名，次說神呪，十日修行，必生彼國。

〔一〕「佛」，原無，康熙本、乾隆本同，據南藏、北藏正文補。

佛説觀無量壽佛經一卷　貞　劉宋西域沙門畺良耶舍譯

佛在耆闍崛山，韋提希夫人被子幽閉，哀請世尊説生淨土之法。佛示以三種淨業、十六觀門。天台智者大師有疏，四明法智尊者有妙宗鈔，深得經髓，宜精究之。

觀世音菩薩得大勢菩薩受記經一卷　南罔北短　劉宋幽州沙門曇無竭譯

佛在鹿苑，與二萬比丘、萬二千菩薩、二萬天子俱。華德藏菩薩問：云何得如幻三昧？佛答以一法，謂無依止。又問：何人得此三昧？佛答以彌勒、文殊等六十正士。又問：他方菩薩何人得此三昧？佛答以觀世音、得大勢二大菩薩。華德藏請佛召二菩薩，佛放白毫相光，照安樂刹，令彼此互見，互得大益。二大士來，佛遂説其過去發心之因，并授補處成佛之記。

◎**佛説如幻三摩地無量印法門經**上中下同卷　南淵北似　宋北印土沙門施護等譯

與上經同本，末後有一女人發心，便得轉爲男子，授菩提記。

閱藏知律卷第四

北天目沙門釋智旭　彙輯

大乘經藏　方等部第二之三

大方等大集經三十卷　位讓國　北涼中天竺沙門曇無讖譯

序品第一：佛在耆闍崛山，往古佛住大塔之中，與六萬八千比丘、無量諸菩薩俱。時成正覺始十六年，知衆大集，堪任受持菩薩法藏，即入佛境神通實見衆生三昧，於欲、色二界中間出大坊庭，如大千界。從三昧起，放大光明，與諸大衆上升寶坊。六欲天王各各偈讚隨侍。佛至寶坊，坐師子座，又入無礙解脱三昧，一一毛孔放光，普照十方無量世界，光中説偈，爲勸放逸諸菩薩故。光徧十方，還從頂入。十方各有一大菩薩，與十恒沙諸大菩薩俱來，右繞萬帀，供養讚歎，次第而坐。佛從定起，謦欬聲徹十方。人及非人，四禪天衆，一切畢集。復放眉間光，入諸菩薩頂。於是諸法自在功德華子菩薩入瓔珞莊嚴三昧，出師子座，從三昧起，偈讚請佛登座。次有寶杖等十菩薩各入三昧，令衆得益，乃至召魔王來，令其請轉法輪。佛讚其譬如百年闇室，一燈能破。次有法自在王菩薩廣讚如來境界不可思議，歎惜衆生捨大喜小。會中三十億那由他百千萬億天人發無上心。陀羅尼自在王菩薩品第二：佛放白毫光明，入陀羅尼自在王菩薩頂。菩薩化大寶蓋以覆如來，偈讚問法。佛答：菩薩有四瓔珞莊嚴：一、戒瓔珞莊嚴，二、三昧瓔珞莊嚴，三、智慧瓔珞莊嚴，四、陀羅尼瓔珞莊嚴。一一各有增一至十等事。次明有八光明能壞諸闇，淨菩薩行：一、念光，二、意光，三、行光，四、法光，五、智光，六、實光，七、神通光，八、無礙智光。一一光復各八種。次明修習大悲有十六事：一、壞妄見，二、壞四倒，三、破憍慢，四、壞五蓋，五、拔沈没，六、斷七慢，七、斷惡道，八、斷繫縛，九、斷惡友，十、施智慧，十一、施因緣智，十二、斷所見，十三、斷三有，十四、壞魔網，十五、示樂因，十六、開涅槃門。次明修三十二善業，壞衆生三十二惡業：一、智慧，二、上解上〔一〕欲，三、法自在，四、正命，五、正見，六、不放逸，七、壞麤獷，八、一切施，九、淨戒，十、忍，十一、進，十二、定，十三、智，十四、正義，十五、壞世行，十六、斷煩惱，十七、除我見，十八、調諸根，十九、壞邪説，二十、知恩，二十一、壞增上

〔一〕「上」，原無，據北藏補。

慢，二十二、善口語，二十三、知足，二十四、恭敬父母師長，二十五、修七財，二十六、身念處，二十七、燃慧燈，二十八、出離道，二十九、捨左道，三十、捨愛著，三十一、信三寶，三十二、修六念。次廣答如來十六大悲非諸聲聞、菩薩所及，引古栴檀窟佛度非非想天一人，入定八萬四千大劫，待其下生，與授記已，方般涅槃。次復明如來三十二業即是十力、四無所畏，及十八不共法。於是如來顧問大衆：誰能守護如是供具及此寶坊，令不毁損，待彌勒成佛十六年後，供養彼佛及賢劫中五百如來？爾時諸法神通自在王菩薩即承當之。有一神通魔王，問其安置何器，菩薩令其諦觀我身，見其齊中有水王光世界，佛號寶優鉢羅，坐大寶山，宣説正法。魔王即發大菩提心，誓不退轉。次陀羅尼自在王菩薩答師子幢菩薩，廣説八陀羅尼，所謂浄聲光明陀羅尼、無盡器陀羅尼、無量際陀羅尼、大海陀羅尼、蓮華陀羅尼、入無礙門陀羅尼、四無礙智陀羅尼、佛莊嚴瓔珞陀羅尼。佛讃印之，并説其曾於過去浄光明佛時，名爲光頂菩薩，問佛寶炬陀羅尼義，聞已即得，故今能説。次有慧聚菩薩，請問得已不失之故，佛廣答以安住慧根，造作慧業。大地震動。次有具足四無礙智菩薩，請問以何因緣名爲慧聚。佛説過去功德藏佛〔一〕時，曾爲念意菩薩，不起於座，答佛所問百

〔一〕「藏佛」，原作「佛藏」，康熙本、乾隆本同，據南藏、北藏改。

億事義，大衆獲益，故得此名。次乃付囑流通。　寶女品第三：世尊故在大寶坊中，有寶女手持白真珠貫，隨誠言力，徧著佛及諸菩薩頂。衆歎希有，佛述成之。女問實語、法語、義語、毗尼語義，佛具答之。十千菩薩得無生忍。女爲舍利弗説三十二菩薩寶心，悉無聲聞、辟支佛心，又爲説四無礙智。舍利弗問其夙因，佛説過去分別見佛時，曾爲輪王，供佛發心，久已離男女身，今以方便示女身耳。寶女請問：十力、世尊，是即是離？又何故説十，非一非百？佛説：非即非離，能説十事，故名十力。雖説十力，一具無量，爲流布故，説言十力。因廣説十力、無畏、十八不共，皆從菩薩修行所得。又答三十二相業因，地動獲益。次答修行法行問，次寶女爲舍利弗説不退印，地動獲益。佛又答寶女大乘問，次説三十二障礙事，三十二速得大乘事，結益囑持。　不眴菩薩品第四：東方普賢佛所不眴菩薩來供養佛，讚歎問法，佛爲説一切法自在三昧，次明具足一至十法，能得三昧。大衆獲益。次不眴爲舍利弗説無住義、無生忍義。佛讚印之，因説得心自在，即能得法自在三昧。次爲舍利弗説不眴夙因，乃於過去自在王佛時，名爲法語比丘，久修久證此妙三昧。不眴又爲舍利弗説梵行法。大衆獲益，付囑流通。　海慧菩薩品第五：大水盈滿，出生無量芬陀利華，大衆各自見在華上，華出大光。彌勒問何因緣，佛言：下方寶莊嚴土海智神通佛所，有海慧菩薩欲來聽法故。海慧即來，先入三昧，令此大衆得見彼土，次偈讚佛，請問淨印三昧。佛爲具説菩提心寶，三押不壞，具足六度。次説穿菩提心，次説三昧根本，所謂三業隨智，復有十淨，具三十法，得八不共。次明遠離滓濁，破壞四魔。次爲舍利弗説師子初產，小火燒薪等喻。復爲海慧説過去勤精進佛，示堅固莊嚴菩薩四法：一者發心，二者作心，三者觀心，四者如法住。既廣釋已，菩薩奉持，勤行精進，今成世尊。次有修悲梵天請問海慧：何名佛法？答以一切法即是佛法，無有二相。菩薩有八種力，聞深佛法，不生怖畏。佛讚印之，兼明能護正法，有四四攝。次有功德寶光菩薩問護法義，佛舉過去大智聲力如來答法護菩薩所問護法之義，兼以付之山王等十九菩薩，各言能護。文殊師利言其悉是謬語，以世尊不得一法故。佛讚印之。文殊又説持經有十利益，大衆發心，地動出光。海慧復問世尊：何法攝取大乘？佛答以百種一法，百三十種二法，五十六種三法，及障礙大乘三十七種四法。衆又獲益，大地震動，天人讚善。佛復偈歎大乘功德，又爲海慧廣説門句、法句及金剛句。於是十方菩薩興供偈讚。慧聚菩薩申明佛出世義，佛舉然燈授記時七種三淨，以印成之。海慧復問菩薩發何等願，佛答以如本發願，及説種種方便智慧。次説過去無邊光佛，爲淨聲輪王説八種四法，王悟無生，出家修道。佛又爲説出家二十四益，并示以當浄自界。浄聲如法觀已，即得神通、辯〔一〕才。彼時浄聲，即今海慧。次又爲說如法而說、如說而住之義，引古師子捨身救二猴子之事爲證。次有二十一菩薩各說如法住義。海慧復廣明魔業，佛廣說壞魔業道。波旬莊嚴四兵，來趣寶坊。海慧以神通力，持置東方破疑浄光佛國，令發大菩提心，又令此彼兩國，互得相見，互得大益。佛復說呪四章，付囑流通。　虛空藏菩薩所問品第六：婆伽婆遊妙寶莊嚴堂上，與比丘六百萬、菩薩不可說人〔二〕俱。世尊分別大法方便，於時大千世界。忽皆不見，唯見微妙寶臺及見高師子座。舍利弗請問因緣，佛言：東方一寶莊嚴佛所，有虛空藏菩薩，欲來至此。菩薩尋與十二億衆俱來，供養讚歎，寶臺震動。乃問云何行六度與虛空等，凡三十問，佛一一答之。於六度中，一一各有四法成就，又有八法能浄；於六念中，詳明念佛三身及念天差別；於陀羅尼中，具明三十二修；於二十四辯，具明二十四種修因。既答釋竟，大衆獲益。速辯菩薩問：何因緣名虛空藏？佛言：過去普光明王佛時，曾爲師子進菩薩，入定雨寶，即獲此

〔一〕「辯」，原作「辨」，康熙本、乾隆本同。北藏原文爲「樂說無碍陀羅尼門」，據文義改爲「辯」。

〔二〕「菩薩不可說人」，北藏原文爲「如是不可計阿僧祇、不可思、不可稱、不可量、無齊限、不可說菩薩摩訶薩」，形容菩薩數量之多。

名。於是衆會渴仰，欲見神力。遂承佛命，入稱一切衆生意三昧，雨法及財，大衆獲益。又以神力釋生疑菩薩之疑。佛又述久遠過去浄一切願威德勝王佛時，曾爲衆天灌頂輪王，已得不退菩提心三昧。生疑因請虚空藏説三昧行業，虚空藏答八萬四千諸三昧門，略舉八十三名。次舍利弗問生疑名，生疑自答釋之。虚空藏復請佛説諸菩薩大誓莊嚴及道莊嚴。次有寶德菩薩問虚空藏修出世聖道之義，及入於涅槃，行菩薩行之義。衆又獲益。如來讚印，虚空藏乃推功於佛力。寶德問其意旨，仍答釋之。次又答阿難問。於是五百聲聞各脱鬱多羅僧，供虚空藏。虚空藏即遣此衣至東方袈裟幢世界山王佛所，施作佛事。次有光明莊嚴梵天，雨花作樂供養，請問菩薩善根資糧及出要智方便，佛廣答之。天歎希有，謂能以四句義總説一切菩薩行。虚空藏語梵天言：一句亦能總攝一切佛法，謂離欲句、空句等。略舉十四一句，一一皆能總攝佛法。如佛法，一切法亦然，以是等句皆非句故，一切佛法非句，假名爲句。次有寶手菩薩請問：何謂安一切佛法根本？虚空藏答以住菩提心，次以二法攝菩提心，次以四法攝二，八法攝四，十六攝八，三十二攝十六，六十四攝三十二，百二十八攝六十四。寶手讚歎興供。波旬化作長者，與佛問答。佛勅十六菩薩各説過魔界行，波旬興供，虚空藏説呪，魔子亦勉强發心，佛爲懸授記莂。申越長者疑悔盡除，六十八億菩薩發願持經。佛爲較量功德，并説呪術。四王、帝釋亦各説呪，梵王、彌勒、阿難及功德莊嚴菩薩皆悉受持。佛與十方諸佛同放大光囑累。無言菩薩品第七：王舍城師子將軍生一子，空中有天誡之，八歲不言。今以佛力，同其父母、親屬共到寶坊，現大神通，説偈讚佛。大衆獲益興供。將欲問佛，先與舍利弗互相問答。次問聞聲及善思惟，生於正見，佛廣答之。無言復答舍利弗問得正見義。次乃問信、進、念、慧四力，佛廣答之。衆會得益。無言次答蓮華菩薩倒見如見義及菩薩義。佛讚其得慧燈三昧，因即廣明能攝六萬諸三昧門，譬如日出能爲四事，又如寶珠，亦如虚空，亦爲一切法頂。衆又得益，動地興供。次於世尊齋中出一金剛齋菩薩，傳東方慧橋如來命，問安聽法。及六萬億菩薩皆在佛身内坐聽法，次從一毛孔出，禮佛卻坐。金剛齋復與無言問答，顯發無性、無聲、法界無二深義。無言復入金剛三昧，令此世界悉爲金剛。金剛齋盡其神力，不能破一微塵。次明有四四法能得金剛三昧。無言次爲同來眷屬説四十事莊嚴菩提之心，十法常得親近諸佛、菩薩。父及眷屬得柔順忍。佛乃付囑受持。不可説菩薩品第八：世尊故在大寶坊中，不可説菩薩讚佛，入定問説大事，地動興供，衆獲大益。又即演説不誑如來之義。無畏菩薩因問：云何名誑如來？不可説分别答之，兼明無出之出，名佛出世。佛讚印已，無畏問：誰當信者？寶女遂與廣相問答，次爲舍利弗廣説譬喻，明聲聞與如來，於無差别法界中而有差别。又答無畏調伏問、報恩問，謂三十二業名菩提行，此能報恩；二人必死不治，謂聲聞、緣覺。無畏以衣供養，寶女不受，復作種種問答。次有勝意天子問説與不説之義，不可説化作比丘證信，復與勝意種種問答，亦與舍利弗種種問答。舍利弗深讚印之，佛亦讚舍利弗。不可説復與佛問難得受記義。八千菩薩得無生忍，昇空説偈。魔王化作比丘而來，不可説以神通力，令其懺悔，爲説十六種法發菩提心，又説三十二法向菩提心，又請世尊説不可説六波羅蜜。魔王歡喜，大衆發心。

寶幢分　魔苦品第一：世尊在寶坊中，重述初成道時，優波提舍及拘律陀，遇見馬宿比丘，聞法見諦，魔不能擾之事。　往古品第二：仍述魔衆發心問法，答以四法，不近惡友，速得菩提。於是地意菩薩請問：不可説義可覺知否？佛言：不可説智即一切智。因反問以佛智，十五菩薩各各答已，樂欲菩薩復與文殊問答，佛讚印之。魔衆得無生忍，大會獲益。佛爲説過去業，謂往古香功德佛説寶幢陀羅尼門，華目比丘化無量衆，善行大臣發惡誓願。華目今成世尊，善行今爲波旬，還得受記。　魔調伏品第三：魔盡其力，欲害於佛。舍利弗、目犍連、富樓那、須菩提入城四門，各調五百魔子。佛現蓮華，説偈遠聞。魔被五縛，詐心歸依，七走不脱，至心聽法。　三昧神足品第四：佛欲入城，諸天競阻。佛以大聲慰之，心遊首楞嚴定，令諸衆生各見所事之像。光味仙人與五百弟子聞佛説偈，皆得寶幢三昧，讚佛、得記。　相品第五：佛入三昧，令王舍城有十二門，門一如來。諸魔、天神各興供養。於香花中説偈周聞。佛又入佛莊嚴珞瓔三昧，令界清浄。十方雲集，説偈普益。次登光昧所造寶梯，坐蓮華上，勸發波旬，生歡喜心。波旬吐惡獻佛，佛變其氣成須曼華，徧供十方諸佛，集十方佛及諸菩薩。　陀羅尼品第六：十方諸佛同聲説大集金剛法心因縁自在陀羅尼，月光童子菩薩亦説神呪，菩提自在梵王、正語梵天皆現女身説呪，佛又説呪以加護之。　護品第七：善繫意菩薩變現八萬四千色身，調伏衆生，佛與授記。　授記品第八：莊嚴華魔王誓以女身廣度衆生，説呪護法。吉意菩薩述其本事，佛皆與記。　悲品第九：十方諸佛爲莊嚴華及吉意二大菩薩説呪，二人受持。佛復勸諭波旬發心，波旬不發。　護法品第十：佛以正法付囑國王、諸天，各發弘願。　四天王護法品第十一：梵王、帝釋、四王各説一呪，疑心菩薩問：魔悉來集否？佛言：都集。又問：有信心否？佛言：皆有信心，唯除波旬眷屬千人，當來破壞三寶，至法滅時，乃得信心，亦當成佛。次有太白魔天説呪動地，護持佛法。　曠野鬼品第十二：五百菩薩以大願力，現鬼、畜身，調伏鬼、畜，説二神呪。　還本品第十三：十方諸佛欲還本界，動地雨花。月香如來答梵天問，成就十法，能護正法。

虚空目分　聲聞品第一：世尊故在大寶坊中，諸聲聞等猶生大慢，不得四果。佛擧瞻婆華鬘，發大誓願，出生四實，實出大光，擲之虚空，鬘中説偈。衆悉來集，佛爲宣説雜四真諦。華鬘徧往四方佛上〔一〕，南方金剛光明功德如來遣金剛山童子説法目陀羅尼來贈，西方智幢如來遣勝幢童子説淨目陀羅尼來贈，北方發光明功德如來遣勝意童子説光目陀羅尼來贈，東方寶蓋光明功德如來遣虚空聲童子説聖目陀羅尼來贈。四童子變此世界令淨，與大衆來，供養偈讚，各傳佛命。地動龍集，正語天女説呪護法。佛爲憍陳如廣説法行，具明阿那般那，乃至八忍、八智，亦説滅後六部差別，亦説奢摩他、毗婆舍那、四念處、三解脱、四禪、四定及出世定，是名法目陀羅尼，與金剛山所持來者無異。説是法已，舍利弗、目犍連等皆得四果。世間目品第二：佛放白毫相光，照十方土，人、天畢集。頻婆娑羅請問十二月相，佛説雪山仙人共虎行欲，生十二子，父母亡後，歸依梵天，至十二年，感天與願。佛説相法〔二〕悉不譯出。彌勒品第三：彌勒心念説偈問佛，佛爲廣説十二因緣，是名淨目陀羅尼也。四無量心品第四：頻婆娑羅王問：供養修四無量菩薩，得幾所福？佛言：具八事，無八怖，具足八大丈夫。次有淨光菩薩與無勝菩薩互相問答，衆會獲益。淨目品第五：無勝意童子請問慈無量心相、體、因緣、果報。佛入調伏衆生無所畏懼三昧，放肉髻

〔一〕「上」，康熙本作「土」，乾隆本與底本改爲「上」。經文爲「仰見寶鬘在佛頂上」，「上」字更佳，「土」字亦通。

〔二〕「相法」，康熙本、乾隆本皆作「法相」，北藏原文作「相法」。

光，照無邊界，説偈。衆生悉集寶坊，佛爲説三種慈，并説修相。明星天子問慈心果，佛具答之。天子於諸禪定出入自在，説呪利生。佛因爲説十二菩薩現爲畜生，調伏衆生，居閻浮外四方海中，每方各三，東：蛇、馬、羊；西：豬、鼠、牛；南：猴、雞、犬；北：師子、兔、龍。即今十二生肖也。并説求見呪法。　聖目品第六：明星菩薩問修悲法，佛言：當觀八苦。明星得無生忍，衆獲多益。次説修喜、修捨。　辟支佛乘品第七：無勝意問緣覺乘人所修慈、悲、喜、捨，佛答以修法緣慈等。　聖目無礙智品第八：虚空聲童子請問無緣梵行。佛入虚空幢三昧，面門放光，照十方界，大聲集衆，乃演説之。大衆獲益。　護法品第九：文殊等九萬二千億童子請佛願力加持法門，佛言：四方四佛，先已有願，今以此法付囑天、龍、鬼神。十方菩薩請佛制戒，佛言：止，止，佛自知時。次問頻婆娑羅國法，隨制四重，及囑護佛法者，應擯治不如法惡比丘。　大衆還品第十：佛復安慰諸天，一切衆生各發願。　寶髻菩薩品第十一：東方浄住佛國寶髻菩薩與八千菩薩，賫妙寶蓋，覆千世界，來供養佛，讚聲徧滿大千，請問浄行法印。佛答以十分之一，謂一者波羅蜜行，二者助菩提行，三者神通行，四者調衆生行，并説過去一切衆生樂念如來亦説此法。時有寶聚菩薩復問莊嚴自身、莊嚴菩提樹法，彼佛答以不放逸法。其時寶聚，即今寶聚。次又説四種四法，調伏衆生，及説過去廣光明佛時，浄精進菩薩調伏財功德婆羅門事。寶髻即解髻珠供佛，佛與授記。

日密分　護法品第一：世尊故在大寶坊中，蓮華光功德大梵菩薩請説清浄法聚。佛令菩薩各入禪定放光，十方雲集。佛示生身、法身二種供養。次明破戒受施，現在、未來各四惡果。又明未來惡王侵奪法師物者，現得二十種惡，捨身墮大地獄，備歷鬼、畜，能護法者功德甚大。　陀羅尼品第二：東方五功德佛遣日密菩薩持真陀羅尼及蓮華陀羅尼來，南方山王佛遣香象〔一〕王菩薩持隨空三昧陀羅尼及大行陀羅尼來，西方高貴德王佛遣光密功德菩薩持斷業陀羅尼，亦名隨無願，及大神良呪來，北方德華密佛遣虚空密菩薩持浄陀羅尼來。　分別説欲品第三：日密謁讃傳欲，佛語舍利弗，受持是陀羅尼。　分別品第四：四大菩薩各各入定放光。憍陳如請問愛與士夫，行於生死。佛爲分別廣説如實陀羅尼，衆得大益。重問蓮華陀羅尼，佛不許説。次問如空空行陀羅尼，佛爲説之。衆又得益。次問隨無願陀羅尼，佛爲説之。衆亦得益。次問一切世間不可樂想、食不浄想，佛爲説之，亦即是隨無願陀羅尼。衆又得益。舍利弗次問浄陀羅尼，佛説破四倒法。衆又大益。不思議大通品第五：頻婆娑羅王請問佛光，佛勅四衆各入三昧，佛亦自入佛境界三昧，一切世界悉入佛身，一切衆生獲大利益。波旬大苦，命空樹大臣往勅諸龍。龍集大山，皆失

〔一〕「象」，原作「像」，乾隆本同，據康熙本和北藏改。

勢力。復有戒梯大臣先往佛所，佛令憶本誓願，得如法忍。龍受大苦，歸依光味大仙，光味勸令歸佛。救龍品第六：佛趨須彌山頂，放光救龍王苦，大聲説諸法印，所謂無常、苦、無我等。文來未盡。

大哀經八卷　周　西晉月支國沙門竺法護譯

即前經初二品，分作二十八品。

寶女所問經四卷　發　西晉月氏國沙門竺法護譯

即前經寶女品第三，分作十三品。

○**海意菩薩所問浄印法門經**十八卷，今作九卷〔一〕　南澄北似　宋譯經院沙門惟浄共法護等譯

即前經海慧菩薩品第五。

無言童子經二卷　發　西晉月支國沙門竺法護譯

即前經無言菩薩品第七

寶星陀羅尼經八卷　殷　唐中天竺沙門波羅頗密多羅（此云智光）譯

〔一〕「十八卷，今作九卷」，此指南藏而言，南藏正文標十八卷，合爲九册，目録標九卷。北藏則目録、正文皆標九卷，作九册。康熙本、乾隆本正文無「十八卷今作」五字，總目有。

即前經寶幢分同本別譯。

◬**大乘大方等日藏經**十卷　有　隋烏萇國沙門那連提黎耶舍譯

即大集日密分，而詳明。

護持正法品第一　陀羅尼品第二　菩薩使品第三：佛敕耶舍持日眼蓮華陀羅尼，憍陳如持無盡根陀羅尼，舍利弗持智慧依止陀羅尼，目犍連持惡心者生歡喜心、諸不信者悉皆惛睡陀羅尼。即分別説欲品，而此詳悉。　定品第四　惡業集品第五此二品即前日密分別品。　護持品第六此品前經所無。　佛現神通品第七即不思議大通品。　魔王波旬星宿品第八前缺略，此詳。　送使品第九：光味仙爲龍見佛。　念佛三昧品第十。　昇須彌山頂品第十一。即救龍品。　三歸濟龍品第十二：世尊從須彌頂下，至佉羅坻山，説十種業來生龍中，及爲龍説種種夙因。　護塔品第十三：佛以二十八大支提付囑諸龍及夜叉竟，又説大授記呪。　波旬聞已，生歡喜心，與諸眷屬懺悔，受三歸依。　伽羅支魔子問眼色因緣等義，佛爲解釋諸法性空。衆獲大益。

大方等大集月藏經十卷　虞　高齊烏萇國沙門那連提黎耶舍譯

月幢神呪品第一：佛在佉羅帝山，與六百萬比丘、無量無邊菩薩俱。　説日藏經已，西方現大花雲，雲中現一半月，廣十由旬，月中復現真金重閣講堂，堂中復現半月，月中有千葉青蓮，世尊端坐説法，光照大衆頭上，皆現半月。目連説偈問佛，佛説月藏菩薩欲來。月藏即來，説偈，并説神呪，又懺謝來遲之過。佛廣讚其入禪功德具足六度。魔王波旬詣佛所品第二：魔宮諸物變半月形，放光演偈，擊鼓集衆，鼓復説偈。乃與眷屬詐來歸依，興諸供養。佛爲憍陳如偈説利養過失，魔懷羞愧，默坐聽法。諸阿脩羅詣佛品第三：波旬雨諸惡物於脩羅宮，脩羅歸佛，佛以悲風光明三昧救之。尋來見佛，興供偈讚。本事品第四：説佛於毗舍浮佛時，爲化八弟，千年苦行。彼八弟者，即今四阿脩羅王、波旬、調達、彌勒、維摩。第一義諦品第五：月藏請問住阿蘭若修第一義諦法，佛言：起大悲心，棄捨愛取，依四聖種，不念四大、五陰、根、塵、識等，以四無礙成熟衆生，滿六度行，如初日月乃至十五日月。次問三昧何身、何攀緣、何想、何相、何性。佛具答之，次明隨有第一義禪菩薩居處，得十二種功德利益。令魔得信樂品第六：一切天人慈心視魔，勸諫令發道心，深信懺悔。佛爲説忍功德，授波旬記。波旬説呪護法。一切鬼神集會品第七：四王請佛分張付囑一切天龍鬼神，大會亦同勸請。正辯大梵解旨，命四王以皝赫鐵輪，四方遥擲，攝諸鬼神，同來佛所。諸惡鬼神得敬信品第八：佛爲大會説十平等：一、衆生平等，二、法平等，三、清浄平等，四、布施平等，五、戒平等，六、忍平等，七、精進平等，八、禪平等，九、智平等，十、一切法清浄平等。羅刹王等自述夙業，悔過獲益。諸天王護持品第九：

佛故問大梵天王已，以四天下付囑一切天龍鬼神，如拘留孫等三佛無異。　諸魔得敬信品第十：魔願護持國界，佛與授記，重囑一切天王。　提頭賴吒天王護持品第十一：日、月天子寄願護法，佛讚許之，并勅天王護閻浮提東方第四分。　毗樓勒叉天王品第十二：佛勅天王護閻浮提南方第四分。　毗樓博叉天王品第十三：佛勅令護閻浮西方第四分。　毗沙門天王品第十四：佛勅令護閻浮北方第四分。　呪輪護持品第十五：佛爲四王共説五呪，初總，次北，次東，次南，次西。　忍辱品第十六：羅睺、阿脩羅王等承佛付囑，説呪護法。　龍王瞋怒，佛爲説忍辱十種近果及五遠果，并説不忍過患。　月藏又説大慈陀羅尼。於是天、龍、脩羅互相懺謝。　佛重以三寶事付囑護持，兼明打罵出家人者，得罪無量。　大會興供。　佛以神力加諸音聲，令演妙法，入衆會耳，各得大益。　分布閻浮提品第十七：佛以一切國土，分布付囑天龍鬼神，各令護持，及説息諸諍訟大陀羅尼。　星宿攝受品第十八：復以諸國囑付二十八宿、七曜、十二辰。　建立塔寺品第十九：梵、釋、四王舉過去二十五塔爲例，請問如來現在、未來幾所塔寺令其護持。　佛笑放光，照曜諸國，各現多佛，囑令護持。　法滅盡品第二十：月藏顧月燈説偈，月燈以偈問佛。　佛偈答末法時事，囑諸菩薩護持，咸皆默然，唯彌勒等賢劫大士出語承當。　佛復説偈，懸記法滅之事，又説金剛堅固深密解脱味體陀羅尼句。　衆得大益，大興妙供。　復説持經十種清淨功德、八種清淨功德、十三種清淨功德。

大乘大集地藏十輪經十卷　陶　唐大慈恩寺沙門釋玄奘譯

序品第一：薄伽梵於佉羅帝耶山説月藏已，南方雲來，雨諸供養，演諸法聲。衆會手中各各現如意珠，雨寶放光，見十方土，又見身各地界增强，堅重難舉。無垢生天帝釋問佛，佛爲廣歎地藏菩薩功德。菩薩尋與無量眷屬，現聲聞像，來禮佛足，讚歎供養。佛又因好疑問菩薩問，廣述地藏無量功德。衆會興供，地藏轉供世尊，兼説神呪，利益一切。十輪品第二：地藏問佛：云何於五濁世能轉佛輪？佛答：由本願力，成就十種佛輪，能居此土，即十力也。一一喻如轉輪聖王。無依行品第三：天藏大梵請問禪、誦、營福三業爲出爲墜，刹帝輪王爲沈爲昇。佛答二種十無依行，隨有一行，不成三乘。次明出家破戒，猶能生人十種殊勝思惟，不宜非理辱害。次明五無間罪、四根本罪、謗三寶罪，皆非佛之弟子，宜極護持四根本戒。次因優波離問，具明舉罪有十非法，又十非人，有五法舉，有七法滅。次因地藏願救末世，爲説末世有十惡輪，謂國王、宰官等護惡比丘，惱害浄衆，即名爲旃陀羅。乃至破戒、無戒，不應辱害，引古羅刹、醉象敬重袈裟爲證。若能遠離十惡輪者，則得十法增長，離二〔一〕十過。天藏乃説護國不退輪心神呪。有依行品第四：金剛藏

〔一〕「二」，康熙本同，乾隆本與底本改爲「三」。經文中有兩次「令於十法，皆得遠離」，應作「二十過」。

菩薩問：既言破戒非佛弟子，云何不許辱害？又他經處處獨讚大乘，今經云何説三乘法悉皆不許隱没？佛答：十種有情，難得人身。復有十種無依行法差别，有四種僧及四沙門，是故破戒雖非佛子，不應受供，猶有聖賢幢相，不得辱害。三乘並是如來度生方便，雖修大乘，不得廢二。次示十有依行，三乘所共；復有十有依行，獨覺、大乘所共；次復廣示大乘無塵垢行輪、無取行輪，隨衆生根，説三乘法，戒淨慈悲，安樂一切，乃名大乘。懺悔品第五：衆會聞法，各懺先罪。佛爲説十種法，能令菩薩獲得無罪正路法忍，謂不著五陰、此世、他世、三界。次明已得法忍，許處王位，或行十善，或信三寶，亦可爲王，否則決當墮落。善業道品第六：金剛藏問：云何於三乘人法，得無過失，乃至菩提行願，心無厭足？佛答：十善業道即菩薩十輪。廣説因果利益。福田相品第七：復明菩薩十財施大甲冑輪、十法施大甲冑輪、淨戒大甲冑輪、安忍大甲冑輪、精進大甲冑輪、靜慮大甲冑輪、般若及善巧方便大甲冑輪、大慈大甲冑輪、大悲大甲冑輪、堅固大忍大甲冑輪，故爲一切聲聞、獨覺作大福田。獲益囑累品第八：衆各獲益無量。佛以此法付囑虚空藏菩薩。

佛説大方廣十輪經八卷　唐　北凉録失譯人名

前經同本，而文缺略。

大集須彌藏經二卷　唐　高齊烏萇國沙門那連提黎耶舍共法智譯

聲聞品第一：功德天女請問禪波羅蜜，佛爲説出入息念，次第得入四禪，入三三昧，滿菩提分。若國土中有此福田，得十可愛樂法，得十殊勝利益。菩薩禪品第二：復説菩薩不墮二乘定聚，如實觀察，得一切法無語言空三昧，猶如地藏菩薩自在出入，利益衆生。滅非時風雨品第三：功德天爲地藏述其往昔誓願，及述過去因陀羅幢相王佛所授作世水宅心陀羅尼，復求地藏起悲愍心。地藏令其請佛演説水風摩尼宮陀羅尼。説已，大地震動。地藏亦説磨刀大陀羅尼。陀羅尼品第四：佛告須彌藏龍仙菩薩，令調惡龍。龍仙説呪。善住龍王廣歎袈裟功德，若有國王惱亂服袈裟者，則致荒亂，此非龍過，然亦立誓説呪。次諸龍王亦各立誓，復説四呪。乾闥婆仙亦説一呪。地藏復説幢杖大陀羅尼，無盡意復説幢蓋摩尼願眼大陀羅尼，文殊亦説能懼尸利子利奴大陀羅尼，觀世音亦爲彌勒説船華功德大陀羅尼。帝釋問佛：何因何緣，諸龍損壞世間資財？佛答：貪力、瞋力二種因緣。功德天以一斛器盛諸種子，奉觀世音，觀音説呪加護，令其教化衆生。

閱藏知津卷第五

北天目沙門釋智旭　彙輯

大乘經藏　方等部第二之四

虛空藏菩薩經一卷　弔　姚秦罽賓國沙門佛陀耶舍譯

佛住佉羅底翅山，説破惡業障陀羅尼。西方勝蓮敷藏佛所虛空藏菩薩欲來供養，先現如意寶珠，照空大會，唯存佛光。除大菩薩，餘皆迷惑。梵頂菩薩問佛，佛説無斷常法，大衆復見如故。佛指西方，廣歎虛空藏功德，大衆渴仰。虛空藏復以神力浄此世界，令衆手中各有寶珠，雨諸供具，現大寶蓋，供養如來，現寶蓮華，而坐其上。彌勒致疑，藥王答釋。佛讚藥王，重歎虛空藏神力，説求請呪。彌勒問頂上妙珠之因，佛具答之，明其能除國王五根本罪，亦除大臣五根本罪，亦除聲聞五根本罪，亦除初心菩薩八根本罪，亦滿衆生一切所求。虛空藏次從座起，跪問何以能於五濁施作佛事，佛以虛空自性清静之義答之。虛空藏即説無盡降伏師子奮迅陀羅尼，佛讚印其能滅重罪，令生佛國。

△虚空孕菩薩經 二卷 弔 隋北天竺沙門闍那崛多譯

即前經異出，而小不同。

△虚空藏菩薩神呪經 十五紙 弔 劉宋罽賓國沙門曇摩蜜多譯

亦即前經同本，而有缺略。

觀虚空藏菩薩經 二紙 弔 劉宋罽賓國沙門曇摩蜜多譯

佛住佉陀羅山，優波離問：欲治罪者，云何作觀？佛言：先依決定毗尼，敬禮三十五佛，次想此菩薩頂有如意珠，若見此珠，即見天冠中現三十五佛，珠中現十方佛；或得「除罪」字印臂，或聞空中唱「罪滅」，便堪入僧。或使知毗尼者得夢，須更懺悔。乃至八百日治廁，再三七懺，重與授戒。

無盡意菩薩經 四卷 罪 劉宋枳園寺沙門釋智嚴共寶雲譯

佛遊寶莊嚴堂，説大集經。東方大金色光照此世界，出大蓮華。無盡意菩薩與六十億眷屬俱，讚禮於佛。舍利弗問所從來，菩薩答以不來不去。次復問佛，佛答從不眴國普賢佛所來，兼明彼諸淨土菩薩，唯修念佛三昧，悟無生忍。無盡意以三昧力，令此衆會得見彼土，遥申禮供普賢如來，亦令彼衆得見此土，遥申禮供。舍利佛問：誰字仁者爲無盡意？

答言：一切諸法不可盡故。即廣説八十無盡法門，所謂發心無盡、浄心無盡、六種四行無盡、心畢竟無盡、六波羅蜜無盡、大慈大悲大喜大捨無盡、五通無盡、四攝無盡、四無礙智無盡、四種依法無盡、修習助道無盡、懺悔、隨喜、勸請等。三十七品無盡、定慧無盡、總持辯才無盡、撰集四法無盡、無常、苦、無我、寂滅。一道無盡、方便無盡。

阿差末菩薩經七卷　南罪北伐〔一〕　西晉月支國沙門竺法護譯

與上經同本，梵語阿差末，此翻無盡意也。

佛説菩薩念佛三昧經六卷　弔　劉宋天竺沙門功德直共玄暢譯

序品第一：佛住耆闍崛山，浄居天子於夜後分供佛，請説念佛三昧，佛默許之。天子去後，微笑謦欬，聲徧十方，天人畢集。佛出僧坊，遥見寶地，復更微笑。不空見菩薩問知其故，即入三昧，於彼寶地化作法座，請佛往坐。佛更動地，出廣長舌，述彼浄居天子請説念佛三昧。不空見本事品第二：過去寶肩佛時，無量力王與二王子，一名師子，二名師子意，同供養佛。佛入涅槃，師子投火説誓，佛於火中復起，作大利益，然後滅度。師子尋生梵天，歷侍普密王等諸佛。無量力王即今世尊，師子意即今彌勒，師子即不空見。佛説

〔一〕「南罪北伐」，原作「罪」，康熙本、乾隆本同。覈北藏千字文編號爲「伐」，據改。

此已，還入僧坊静室，右脇而卧。　神通品第三：不空見以神通力，莊嚴此界。阿難徧問目連、舍利、迦葉、滿慈、羅睺及須菩提，各師子吼，述己平日神通，各言今非己作。衆會各獲大益。　彌勒神通品第四：彌勒入城乞食，以一食供恒沙諸佛，化彼長者發菩提心。大地震動。彌勒亦師子吼，自説往因。　讚佛音聲辯才品第五：不空見從三昧起，爲衆説佛音聲辯才，衆會獲益。　讚如來功德品第六：不空見説佛德已，心念如來降臨衆會。佛以神力動地放光，來至大會。不空見復告阿難，廣歎佛德。　如來神力證正説品第七：佛摩不空見頂，印其所説。不空見復説偈，述其所見三世佛事。　不空見勸請品第八：問法興供，述意請答。　讚三昧相品第九：顯示念佛三昧功能。　正觀品第十：先觀五陰不實，深生怖畏，具足慚愧，修行止觀、三空、四念及以四等，乃至十二頭陀、三十七品、十善、十力等法。　次復相續念佛十號、相好、六通、五分等法。　又當續觀即蘊、異蘊是如來耶？　六根、四大，亦復如是。　又觀無上菩提，不以身得，不以心得，不離身心，得無上道。　次明離我見法，放光授記。　微密王品第十一：不空見問捨無慚愧得三昧法，佛述過去明相佛時，勝微密王聞法出家，秉三二法，修此念佛三昧已，成蓮華上佛。　三法品第十二：不貪、不瞋、不癡，觀一切法無常、苦、無我，供佛，勸人供，發願，讚佛德，讚相好，發願隨喜三世佛所求念佛三昧。　勸持品第十三：説過去寶勝光佛滅後，樹王比丘流通此三昧寶王。　有帝幢天轉輪王夢中聞此三昧，出家修學，成高行佛。是故，得聞此三昧者決定成佛。諸菩薩本行品第十四：九萬百千億那由他菩薩發心持説修行，佛笑印之。正念品第十五：佛説正念諸法實相，是名念佛。菩薩聞已，得無生忍，安住三昧，皆見十方恒沙諸佛。大衆奉持品第十六：菩薩、天人興供，佛重現瑞讚持。

⊙**佛説大方等大集菩薩念佛三昧經**十卷　民　隋南天竺沙門達磨笈多譯

與上經同，而文周足。正觀品分爲三，於十號、相好下，名思惟三昧品第十一，於放光、授記，名示現微笑品第十二。神通品第十三，即微密王品。修習三昧品第十四，即三法、勸持兩品。但缺正念、奉持兩品。

大方等大集賢護經五卷〔一〕　南伐北罪　隋北天竺沙門闍那崛多共笈多譯

思惟品第一：佛在王城竹園〔二〕，放光集衆。賢護問法，佛讚其德，爲説思惟諸佛現前三昧。即般舟三昧也。先説具諸方便功德，次説如聞阿彌陀佛在西方，便依所聞，繫念思

〔一〕「五卷」下，原有夾注云「開元録云，亦名拔陀經」，康熙本、乾隆本同。據北藏，此爲後二部經拔陂菩薩經的夾注，故此删除。

〔二〕「王城竹園」，北藏原文作「王舍城迦蘭陀竹園」。

惟，觀察不已，了了分明，終獲見之。如夢所見，無物能障，未得天眼，能見彼佛，亦無天耳，聞彼法音。如有三人，各念婬女，夢與從事，寤已，來詣賢護，賢護爲彼方便説法，住不退轉，得菩提記。念佛三昧亦復如是。又昔須波日佛時，有飢人夢得飽食，寤已還飢，因思諸法皆空如夢，悟無生忍。如是隨佛方所，即向彼方至心頂禮，渴仰欲見，專精思惟色相，亦即作彼虛空之想，住正思惟，得見彼佛光明清澈，如淨瑠璃，其形端正，如真金柱。三昧行品第二：具四四法，得成三昧。見佛品第三：敬師如佛，精勤修學，則見十方各多多佛，不假作意，自然現前。正信品第四：當應勇猛發勤精進，莫如海船，未到先破；莫如愚人，嫌赤栴檀；莫如癡人，毁摩尼寶。因即較量持經功德。受持品第五：能受持者，已於無邊佛所種諸善根，一切功德不能格量。觀察品第六：一心思惟佛坐説法，相好殊特，樂觀無厭。見如來已，當先諮問不見頂相，次第徧觀諸相，皆令明了，願我未來得具妙相，得清靜戒，具足威儀，定、慧、解脱等亦爾。復更思惟菩提爲身得耶，爲心得耶？身如草石，心不可見，菩提無色，亦不可見，無漏無爲，無有以色證色，以心證心，無有證知，亦非無證，以如來身心皆無漏故。五陰五分，及所説法，亦無漏故。如是觀一切法，則入寂定，無有分別，非無分別。何以故？定有分別，即是一邊，定無分別，復爲一邊。如是觀察知如來時，不可執著。戒行具足品第七：出家應護十支戒行。一、清静，二、不缺，三、不染，四、不汙，五、不濁，六、不著，七、不動，八、不被訶，九、智所讚，十、聖愛敬是也。在家應修布施、三歸、五戒、八齋，乃堪行此三昧。次記此經行世時節，多人發願，末世弘持，佛爲授記。稱讚功德品第八：具四法，得三昧現前，獲五功德。饒益品第九：過去無畏王佛時，須達多長者子持此三昧，成然燈佛。欲成此三昧王，當勤觀察彼四念處。具足五法品第十：賢護請佛設供，隨佛入園，復問幾法能證三昧，佛答六種五法。授記品第十一：然燈佛時聞此三昧，即證三昧，得菩提記。甚深品第十二：觀五陰不取著，觀念處不分別，一切法中無障礙，成就三昧，即得覩見阿僧祇佛，聞法受持。十法八法品〔一〕第十三：具十法，爲他解斯三昧，當得八事。不共功德品第十四：當成十八不共法，當受如來十力。隨喜功德品第十五：四種隨喜隨過去、隨當來、隨現在、隨三世。功德，不可格量。昔師子意佛時，梵德輪王隨喜功德已，成堅固精進佛。是故十由旬內應往聽受，盡壽應隨法師不離。覺寤品第十六：昔薩遮那摩佛後，和輪比丘説是三昧，佛爲國王，夢中聞告，寤遂出家，承事法師三萬六千歲，魔障竟不得聞。汝等當應急疾聽受，事師不懈。囑累品第十七。

〔一〕「十法八法品」，北藏作「現前三昧中十法八法品」。

△般舟三昧經三卷　一名十方現在佛悉在前立定〔一〕經。　伐　後漢月支國沙門支婁迦讖譯

即前經，先出，而文古澀。

拔陂菩薩經一卷　開元録云，亦名拔陀經〔二〕。　南伐北罪　後漢録失譯人名〔三〕

亦即前經，文來未全。　梵語拔陂，此翻賢護。

自在王菩薩經二卷　發　姚秦天竺沙門鳩摩羅什譯

佛在給孤獨園，與二萬比丘、一萬菩薩俱。　自在王問自在法，佛答戒自在，五神通自在，陰智、性智、入智、因緣智、諦智自在，無礙慧自在，及説菩薩十力、四無所畏、十八不共法。

△奮迅王問經二卷　發　元魏中天竺婆羅門瞿曇般若流支等譯

與上同本。

大集譬喻王經二卷　周　隋北天竺沙門闍那崛多等譯

〔一〕「在前立定」，原作「現在前立」，據北藏改。

〔二〕「開元録云，亦名拔陀經」，此九字夾注，誤入前二部經大方等大集賢護經下，據北藏調回。

〔三〕「後漢録失譯人名」，南藏作「漢失譯師名」，北藏作「後漢月支三藏支婁迦讖譯」。

爲奢利弗，以諸譬喻，説菩薩、二乘智慧功德差別，勸人發心，迴向菩提，親近善友。

佛説大集會正法經五卷，北作四卷〔一〕　南淵北清　宋北印土沙門施護譯

佛在鷲峰山中，普勇菩薩請問，佛爲説聞大集會正法者，功德甚大。次有折伏尼犍事、普勇隱身往十方刹諸事。又爲藥王軍菩薩分別久生、初生二義。

僧伽吒經四卷，北作三卷〔二〕　南可北羊　元魏優禪尼國王子月婆首那譯

與上同本，先出，舊人不察，收入密部。

月燈三昧經十一卷，北作十卷〔三〕　一名大方等大集月燈經。　女　高齊烏萇國沙門那連提黎耶舍譯

佛在靈山〔四〕，月光童子問法，佛答一法速得菩提，謂於衆生起平等心、救護心、無礙心、無毒心，證得諸法體性平等無戲論三昧，從彼三昧成就二十一種十法，得種種美名。説已，大衆獲益。次説三昧四十義，次説古聲德佛事，次明於此三昧最初所行以大悲心爲首，次明應知入三忍法，次説古無所有起佛事。於是月光請佛及僧。佛詣其家，受供養已，月

〔一〕「五卷，北作四卷」，北藏亦標五卷，合爲四册，故稱四卷。
〔二〕「四卷，北作三卷」，北藏仍標四卷，合爲三册，故稱三卷。
〔三〕「十一卷，北作十卷」，北藏仍標十一卷，合爲十册，故稱十卷。
〔四〕「靈山」，經文作「耆闍崛山」。

光默念，作偈問法。佛告以一法相應，速成菩提，謂如實了知一切法體性離相無相，次明應修習顯示三昧智。月光偈讚佛德，佛亦偈答授記，乃還靈山。童子隨來，更問法要。佛言：成就四法，能速得此三昧。若如説行，得四功德。應善巧知於不思議佛法，應諮請，應深信，應求，應聞而不怖。次加持乾闥樂音宣此不思議法，次明應知色身及以法身，次明七十四種四不可思議，次明應成善巧方便，所謂隨喜他善。次明應住不放逸行，次明六度、多聞、法施、住空、宴坐、空閒、乞食、各得十利，亦得見佛藏，得聞法藏，得智藏，得三世智慧藏，謂得五通。次明應修神通本業，謂攝一切善法，而不取著。次又明古聲德佛時事。次明欲求三昧，應修法施、財施，四種迴向而迴向之，應奉事持戒持三昧人，乃至以身分血肉除其病患，因説往昔血肉供法師事。次有阿難問苦行事，佛説古善華月法師因緣。已上皆屬初品，元無初品之名。懺悔品第二：明古勇健得王瞋心殺善華月法師，後極悔過，猶墮三塗。從三塗出，今成世尊。校量功德品第三。讚歎品第四：彌勒説偈。本因品第五：先偈説古衆自在佛事，次勸修身戒，清淨身業，清淨身行，口戒、意戒各具一切佛功德法。次釋初品中美名，凡三百句，是爲大方等大集一切諸佛説月燈正行，一切諸法體性平等無戲論三昧。

月燈三昧經半卷　慕　劉宋沙門釋先公譯

即上經中六度等各十功德。

占察善惡業報經二卷　出六根聚經中。　南詩北景　隋外國沙門菩提登譯

婆伽婆住耆闍崛山，示廣博嚴浄無礙道場，説甚深根聚法門。堅浄信菩薩爲末世衆生請問方便，佛令轉問地藏菩薩。地藏爲示三種輪相，占察三世善惡業報，兼示懺悔之法，次示一實境界、二種觀道，及示善巧説法，安慰怯弱，離相違過。此誠末世救病神丹，不可不急流通。僭述玄疏及行法，以公同志。

佛説佛名經十二卷　己長　元魏北天竺沙門菩提留支譯

佛在祇園，無問自説，共計佛菩薩及辟支佛名一萬一千九十三尊。

佛説五千五百佛名神呪除障滅罪經八卷，北作五卷〔一〕　南信北長　隋北天竺沙門闍那崛多共笈多譯

共四千七百零四佛，及多神呪。

三劫三千諸佛名經〔二〕三卷　亦〔三〕名集諸佛大功德山。　長　開元拾遺附梁録

〔一〕「八卷，北作五卷」，北藏仍標八卷，合爲五册，故稱五卷。

〔二〕南藏、北藏等無此經名，有過去莊嚴劫千佛名經一卷、現在賢劫千佛名經一卷、未來星宿劫千佛名經一卷，智旭合稱三劫三千諸佛名經三卷。

〔三〕「亦」，康熙本、乾隆本皆作「一」，北藏同。

先五十三佛，次莊嚴劫、賢劫、星宿劫各千佛。

千佛因緣經一卷　維　姚秦天竺沙門鳩摩羅什譯

佛在耆闍崛山，與五千比丘、八萬四千菩薩俱。是諸菩薩各各自説過去因緣，聲徧大千。天龍八部皆悉集會。世尊從石室出，入大衆中。跋陀波羅菩薩敷座，諸菩薩等瓔珞供佛，請問千佛過去因緣，佛爲説種種往因。經來未盡。

賢劫經十卷　亦明颰陀劫三昧經，晉曰賢劫定意。　特　西晉月支國沙門竺法護譯

問三昧品第一：喜王菩薩請問，佛答以了諸法本三昧，成就二千一百諸度無極事，致八萬四千諸三昧門、諸總持門。　行品第二。　四事品第三：明行四種四事，得此三昧。　法師品第四。　法供養品第五。　諸度無極品第六：喜王與佛從三昧起，更請問法，佛乃唱二千一百度無極名。　習行品第七。　無際品第八。　聞持品第九。　神通品第十。　三十二相品第十一。　順時品第十二。　三十七品第十三。　寂度品第十四。　十種力品第十五。　四無所畏品第十六。　十八不共法品第十七。　方便品第十八。　八等品第十九：已上共十三品，皆細釋諸度無極，各有六事。　千佛名號品第二十。　千佛興立品第二十一：明國土、光明、父母、子、侍、弟子、壽命、法住，各各不同。　千佛發意品第二十二：明最初發心因緣。　歎古品第二十三。　囑累品第二十四。

稱揚諸佛功德經三卷　亦名集諸佛華。　南罔北靡　元魏西域沙門吉迦夜共曇曜譯

佛在靈山〔一〕，爲舍利弗及彌勒、迦葉説諸佛名號功德，東五十三，南三十八，西三，北六，上二十七。與百七十佛名略同。

百佛名經六紙欠　南忘北信　隋烏萇國沙門那連提黎〔二〕耶舍譯

舍利弗問，佛唱百名，勅令夜三、晝三，各誦一徧。

佛説大乘大方廣佛冠經上下合卷　南松北清　宋中印土沙門法護等譯

佛在鷲峰，告大迦葉：東方定手最上吉祥如來、離塵步菩薩，蓮華最上吉祥如來、蓮華手菩薩，日輪光明最勝吉祥如來、日光明菩薩，一寶蓋最上如來，定最上吉祥如來，寶輪光明高勝吉祥王如來；南方無邊步跡如來，無邊香最上王如來，寶上如來；西方大光明照如來；北方寶開花普耀吉祥如來；東方寶藏如來，寶勝如來。

佛説十吉祥經一紙餘　南賢北信　開元附秦録

佛爲離垢蓋大士説東方十佛名號功德。

〔一〕「靈山」，經文作「靈鷲山」。

〔二〕「黎」，南藏、北藏等無，他處有「黎」字。

佛説八佛名號經三紙半　南才北知　隋北天竺沙門闍那崛多譯

因舍利弗問，爲説東方八佛名號，聞者得不退菩提：善説稱功德如來，因陀羅相幢星王如來，普光明功德莊嚴如來，善鬬戰難降伏超越如來，普功德明莊嚴如來，無礙藥樹功德稱如來，步寶蓮華如來，寶華善住娑羅王如來。

佛説八吉祥神呪經二紙半　南效北知　吴月支國優婆塞支謙譯

佛説八陽神呪經二紙半　南才北知　西晉月支國沙門竺法護譯

佛説八吉祥經二紙　南才北知　蕭梁扶南國沙門僧伽婆羅譯

三經並與前同本，梁譯缺舍利弗問。

佛説八部佛名經二紙半　南賢北信　元魏中天竺婆羅門瞿曇般若流支譯

佛爲善作長者説東方八佛名功德。

佛説滅十方冥經六紙　維　西晉月支國沙門竺法護譯

佛教面善悦童子念十方佛名，以除恐懼。

受持七佛名號所生功德經四紙半　維　唐大慈恩寺沙門釋玄奘譯

爲舍利弗説東方五佛、南方二佛名號。

大乘寶月童子問法經四紙　南盡北則　宋北印土沙門施護譯

佛在鷲峰，頻婆娑羅王子請問佛號功德，佛以十方各一佛名答之，并出夙願功德。

佛說寶網經一卷　南忘北彼　西晉月支國沙門竺法護譯

佛遊獼猴江邊，與六萬比丘、三十億菩薩、九十億諸天、九十九億龍王及阿須倫王民衆俱。維耶離城寶網童子，年始八歲，夢兜率天人頌歎佛德，啓白父母，見佛設供，請問法要。佛爲稱說六佛功德：東方寶光月殿妙尊音王佛，南方樹根華王佛，西方造王神通燄華佛，北方月殿清淨佛，下方善寂月音王佛，上方無數精進願首佛。

佛說不思議功德諸佛所護念經二卷　出衆經。　南長北信　北云闍那崛多譯，南云曹魏録失譯人名〔一〕

共有千一百二十佛名。

藥師瑠璃光七佛本願功德經二卷　惟　唐大薦福寺沙門釋義淨譯

善名稱吉祥王佛八願，寶月智嚴光音自在王佛八願，金色寶光妙行成就佛四願，無憂最勝吉祥佛四願，法海雷音佛四願，法海勝慧遊戲神通佛四願，藥師瑠璃光佛十二願。金色寶光妙行成就佛有大力神呪，藥師瑠璃光佛有大陀羅尼呪。又因少智諸天心生疑念，七佛同來此土，說大神呪。復有執金剛菩薩說二神呪。餘與流通本大同，理應流通此本，然

〔一〕「北」、「南」，原分別作「南」、「北」，康熙本、乾隆本同，據北藏、南藏改。

亦不列八菩薩名。

○**佛説藥師如來本願經**一卷　前有序文。　惟　隋南天竺沙門達摩笈多譯

與灌頂第十二經同，而無神呪及八菩薩名。

⊙**藥師瑠璃光如來本願功德經**一卷　惟　唐大慈恩寺沙門釋玄奘譯

此即流通本也，然亦無神呪及八菩薩名。今之八菩薩名，乃後人依灌頂第十二經添入。今之神呪，乃後人依七佛本願經添入。

觀佛三昧海經十卷　量　東晉迦維羅衛國沙門佛陀跋陀羅譯

六譬品第一：佛住尼拘樓陀精舍，僧自恣竟，父王閲頭檀、姨母憍曇彌欲來見佛。佛令徧集比丘、菩薩及天龍八部等衆。父王爲後世衆生請問：云何觀佛身色相好光明？佛入徧浄色身三昧，微笑放光，説師子在胎喻、栴檀生伊蘭林中喻、金翅鳥王心喻、多勒果喻、波利質多羅樹喻、阿脩羅幻力喻，皆喻念佛三昧。　序觀地品第二：言衆生樂觀佛相，各有不同，或順或逆等。　觀相品第三：一、明觀如來頂；二、明觀如來髮；三、明觀髮際；四、明觀白毫相，從初生乃至成佛，敘事最詳；五、明觀額廣平正；六、明觀眉；七、明觀眼睫；八、明觀耳；九、明觀方頰車；十、明觀師子欠；十一、觀鼻；十二、觀髭；十三、觀脣；十四、觀廣長舌；十五、觀頸相、缺瓫骨滿相、胸臆卍字印相；十六、悉現具足身相，大衆所

見各各不同，其見如炭如墨等者，由昔惡業，各各殷重懺悔，乃見好相；十七、明觀放常光相；十八、明觀眉間光明；十九、復明額廣平正，面上三輪髮際等相；二十、復觀鼻出光明；二十一、復觀面門光明；二十二、復觀耳出五光；二十三、復觀頸出二光；二十四、復觀缺骨滿相光明；二十五、復觀胸卍字相，腋下摩尼珠皆放光明；二十六、觀寶臂、指縵、掌輪各放光明；二十七、觀齊相光照十方；二十八、因父王請，現心内境。 觀佛心品第四：具明大慈悲心專緣地獄等罪苦衆生，并廣敘地獄苦事。 觀四無量品第五：使大衆見佛心中有無數佛，乘大寶船，往來五道，救苦衆生，大慈，大悲，大喜，大捨。 觀四威儀品第六：行佛、住佛、坐佛、臥佛也，於中具明度老婢事、上忉利天爲母説法事、伏曠野鬼將事、降毒龍事、降力士事。 觀馬王藏品第七：明宫中爲諸女所現相、舍衛國度婬女所現相、波羅柰國度婬女所現相、伽耶城爲尼犍所現相。 本行品第八：先明念佛三昧能滅大罪，次文殊菩薩、十方十佛、四方四佛、財首菩薩、釋迦如來、阿難尊者各言本修念佛三昧。 觀像品第九：彌勒爲末世衆生請問，佛爲廣説觀像除罪方法。 念七佛品第十 念十方佛品第十一 密行品第十二：言得三昧者，當密身、口、意，莫起邪命，莫生貢高。 次復説種種喻，以喻念佛三昧，結名受持。 阿難復問無見頂相，佛入頂三昧海，現大勝相，衆倍獲益。

佛説彌勒成佛經一卷　貞　姚秦天竺沙門鳩摩羅什譯

佛經行波沙山頂，説偈集衆。舍利弗請問彌勒菩薩成佛時事，佛爲説其國土、時節、種族、出家、成道、轉法輪、度人、見迦葉乃至法住等事。

佛説觀彌勒菩薩下生經六紙半　貞　西晉月支國沙門竺法護譯

佛在祇園，因阿難請，爲説彌勒下生成佛之事。與前經大同小異。

佛説彌勒來時經二紙餘　貞　附東晉第四譯

佛説彌勒下生經六紙餘　一名彌勒當來成佛。　貞　姚秦天竺沙門鳩摩羅什第三譯

佛説彌勒下生成佛經五紙　貞　唐大薦福寺沙門釋義浄第六譯

舍利子以偈問，佛以偈答。

三經皆與前同。

佛説觀彌勒菩薩上生兜率陀天經一卷　貞　劉宋居士沮渠京聲譯

佛在祇園，放金色身光，并現化佛，唱千佛始末名，大衆雲集。佛出舌相，放千光明，現無量化佛，説諸陀羅尼法。彌勒菩薩聞已，得百萬億陀羅尼門，起住佛前。優波離請問：此人命終，生於何處？佛爲説兜率天中莊嚴之事。作此觀者，皆得往生彼天，隨侍下生，得菩提記。

佛説一切智光明仙人慈心因緣不食肉經四〔一〕紙　南賢北信　大乘單本失譯人名〔二〕

佛住寂滅道場，彌勒來見。梵志問其往因，佛言：過去有彌勒佛，説慈三昧光大悲海雲經，一切智光明婆羅門聞經發心，入山修行，絶糧七日，白兔母子捨身供之，仙人不食。仙即今之彌勒，白兔母子即今釋迦及羅睺羅。

佛説師子月佛本生經六紙半　南賢北信　新附三秦録

佛住竹園〔三〕，有婆須蜜多比丘緣樹上下，與八萬四千金色獼猴跳戲，大衆譏嫌。頻婆娑羅大王詣佛問之，佛言：比丘即是師子月佛，補彌勒處。并説獼猴往因，授菩提記。

文殊師利般涅槃經四紙欠　維　西晉清信士聶道真譯

佛在祇園，於後夜分，入定放光，照文殊房，作諸化現。阿難集衆。跋陀婆羅問其始末，佛爲略説觀文殊法，及説示滅起塔種種佛事。

佛説觀藥王藥上二菩薩經一卷　南得北知　劉宋西域沙門畺良耶舍譯

〔一〕「四」，原作「一」，乾隆本同，據總目和康熙本改。覈北藏有五紙餘，合南藏四紙餘。

〔二〕「大乘單本失譯人名」，北藏正文同，北藏目録尚有「附秦録」三字。乾隆本無「失譯人名」四字。

〔三〕「竹園」，經文作「迦蘭陀竹園」。

佛在青蓮華池精舍，與千二百五十比丘、一萬菩薩及十億十方菩薩、五百離車子俱。佛入普光三昧，身毛放光，化七寶蓋，現十方事，又放眼光，照藥王、藥上二菩薩頂，住其頂上，如金剛山，十方諸佛皆悉映現。長者子寶積請問觀法，佛言：具五因緣，方得聞此二菩薩名。二菩薩遂各説呪，復以瓔珞供佛，住佛肩上，如須彌山。山有梵宫，十方十佛坐宫中華，讚二菩薩所説神呪。佛即授二菩薩記，次説觀法，説五十三佛名，次爲阿難説二菩薩往昔因緣。

地藏菩薩本願經二卷，流通本作三卷　南思北斯　唐于闐國沙門實叉難陀譯

忉利天宫神通品第一：佛在忉利天，爲母説法，十方諸佛、菩薩集會讚歎。如來含笑，放光明雲，出微妙音。十方天、龍、鬼神亦皆集會。佛爲文殊菩薩説地藏菩薩往因。分身集會品第二：十方地獄處分身地藏菩薩，與諸受化衆生來見世尊，世尊摩頂付囑。觀衆生業緣品第三：摩耶夫人問業報所感惡趣，地藏略答五無間事。閻浮衆生業感品第四：定自在王菩薩更問往因，佛又略説二事。四天王請問菩薩大願方便，佛述其所説報應之法。地獄名號品第五：普賢菩薩問，地藏菩薩答。如來讚歎品第六：佛放身光，出大音聲，讚歎地藏菩薩。普廣菩薩請問利益，佛爲廣説。利益存亡品第七：地藏菩薩白〔一〕

〔一〕「白」，康熙本、乾隆本作「向」，亦通。經文中無「白」、「向」字樣。

佛，普勸衆生斷惡修善。大辨長者請問薦亡功德，地藏爲説七分獲一。閻羅王衆讚歎品第八：鬼王與閻羅天子承佛菩薩神力，俱詣忉利，請問衆生不依善道之故，佛以如迷路人喻之。次有惡毒鬼王、主命鬼王各發善願，佛讚印之，并授主命道記。稱佛名號品第九：地藏菩薩爲利衆生，演説過去諸佛名號功德。校量布施功德緣品第十：地藏請問，佛分別答。地神護法品第十一：堅牢地神明供像十利。見聞利益品第十二：佛放頂光，妙音稱讚地藏菩薩，觀世音菩薩請問不思議事，佛分別答。囑累人天品第十三：佛又摩地藏頂，以諸衆生付囑令度。次爲虚空藏菩薩説見像聞經二十八益，又説七益。

佛説師子莊嚴王菩薩請問經三紙餘　有宣律師序。　南賢北景　唐中印土沙門那提譯

佛在耆闍崛山，有師子莊嚴王菩薩請問大會莊嚴之因，佛言：昔作方曼荼羅供八菩薩所致，謂觀世音菩薩、彌勒菩薩、虚空藏菩薩、普賢菩薩、執金剛主菩薩、文殊師利菩薩、止諸障菩薩、地藏菩薩。

佛説八大菩薩經一紙半　南思北斯　宋中印土沙門法賢譯

佛在祇園，與千二百五十苾蒭及八大菩薩俱，謂妙吉祥菩薩、聖觀自在菩薩、慈氏菩薩、虚空藏菩薩、普賢菩薩、金剛手菩薩、除蓋障菩薩、地藏菩薩。又有無能勝等諸大菩薩，皆來會坐。佛爲舍利弗説東方五佛名：善精進吉祥如來、普照如來、吉祥如來、印捺囉計

都特嚩惹王如來、喜功德光自在王如來。

六菩薩名亦當誦持經一紙　南籍北既　後漢失譯人名，見費長房録

師子戲菩薩、師子奮迅菩薩、師子幡菩薩、師子作菩薩、堅勇精進菩薩、擊金剛慧菩薩。

又四菩薩：棄陰蓋菩薩、寂根菩薩、慧威菩薩、不離菩薩。

離垢慧菩薩所問禮佛法經四紙半　前有宣律師序。　維　唐中印土沙門那提譯

佛在給孤獨園，與五百比丘、無央數菩薩及人天八部俱。離垢慧請問：於如來所，云何恭敬禮拜供養？佛先示五輪著地，應發五願，次示十方佛名，次示皈依、懺悔、勸請、隨喜、迴向、發願之法。

閲藏知津卷第六

北天目沙門釋智旭　彙輯

大乘經藏　方等部第二之五

佛説老女人經一紙半　南男北潔　吴月支國優婆塞支謙譯

佛在樂音處，與八百比丘、萬菩薩俱。有窮貧老女請問：生老病死、五陰、六根、四大等從何所來，去至何所？佛答：來無所從，去無所至。兼説緣生衆喻。老女開解。佛爲出其往因，并記其往生極樂，後成佛道。

佛説老母經一紙半　南男北潔　附劉宋録第二出

佛説老母女六英經一紙欠　南男北潔　劉宋中天竺沙門求那跋陀羅譯

二經並與前同，而第三譯甚簡略。

楞伽阿跋多羅寶經四卷　惟　劉宋中天竺沙門求那跋陀羅譯

一切佛語心品之一：佛住楞伽山頂，與大比丘僧及大菩薩衆俱。大慧菩薩以偈問百八句，佛以偈領，并爲出所未問，總以一切句非一切句答之。次答諸識生、住、滅有二種，次明七種性自性、七種第一義，次答心、意、意識、五法、自性、相，次明上聖智三相，次答所問聖智事分別自性經，次答淨除自心現流頓漸之問，次答常不思議非同外道之問，次明五無間種性及菩薩一闡提，次明三自性，次明二種無我相，次答離建立誹謗見，次答一切法空、無生、無二、離自性相之問。一切佛語心品之二：答如來藏不同外道所説之我，次答修行者大方便，次答一切諸法緣因之相，次答言説妄想相心經之問，次答自覺聖智所行之問，次明四種禪，次答般涅槃問，次明二種自性相、二種神力建立，次答緣起不同外道因緣之問，次答常聲爲惑亂，次明一切法如幻，次明當善觀名、句、形、身及四種計論，次答四果差別通相之問，次明有二種覺，次明當善四大造色，次明當説諸陰自性相，次明外道有四種涅槃，次説妄想自性分別通相，次答自覺聖智相及一乘之問。一切佛語心品之三：説三種意生身，次答五無間不入地獄之問，次答佛知覺問，次答諸佛四等，謂字等、語等、法等、身等，次答不説是佛説問，次答離有無有相問，次答宗通相問，次答不實妄想問，次答善語義問，次明智識相，次明外道九種轉變論，次答一切法相續義、解脱義，次答一切法妄想自性非性問，次明一切法不生不應立宗，次答智不得問，次分别説通及宗通，次答勿習近世間論問，次答外道妄想涅槃非順涅槃。一切佛語心品之四：答如來爲作爲不作等問，次答不生不滅是如來異名問，次答不生不滅無奇特問，次答外道七種無常非是佛法，次答滅正受次第相續問，次答如來非常非無常，次因誰生誰滅之問，明如來藏是善不善因，次答五法、自性、識、二種無我究竟分别相，次答如恒河沙問，次答一切法刹那問，次答六波羅蜜有三種分别，次答種種相違問難，次答不食肉義。

達磨大師指此可以印心，故獨流通於世。

△**入楞伽經**十卷　鞠　元魏北天竺沙門菩提留支譯

有十八品。

○**大乘入楞伽經**七卷　前有御製序。　養　唐于闐國沙門實叉難陀譯

有十品，文筆順暢。

二部並同前經，但多初品及後二品耳。

佛説首楞嚴三昧經三卷　靡　姚秦天竺沙門鳩摩羅什譯

佛在耆闍崛山，與大比丘僧三萬二千人俱，菩薩摩訶薩七萬二千，及天龍八部，皆來集會。時堅意菩薩請問三昧法，佛唱首楞嚴名。一切衆會各敷妙座，各見如來坐其座上。等行梵王問：何佛是實？佛言：一切皆是真實。次攝神力，以百句義釋此三昧，次説學射

之喻。次有持須彌山釋現三昧力，次有現意天子現三昧力。次佛放眉光，照於魔宮，使大衆皆見魔王被五繫縛。次有魔界行不汙菩薩化度魔女，魔尋見佛，佛與授記，因説四種授記不同。次爲二百魔女授現前記。次説住三昧神力。次堅意菩薩問文殊師利菩薩福田及多聞等諸義。次授浄月藏天子道記。次文殊師利自説往昔曾三百六十億世示現作辟支佛，於是二百菩薩還發大心，誓得十力。次令彌勒菩薩現三昧力。次摩訶迦葉解知文殊師利久已成佛，佛即説其過去名爲龍種上佛。佛昇虚空，光照十方，十方諸佛同説此法，亦同放光，交互相見。次明佛壽甚長，次明受持者有二十不思議功德。

維摩詰所説經三卷　一名不可思議解脱。　方　姚秦天竺沙門鳩摩羅什譯

佛國品第一：佛在菴羅樹園，與八千比丘、三萬二千菩薩，及梵釋八部四衆俱。寶積等五百長者子各持寶蓋供佛，佛令合爲一蓋，普現世界中事，及現十方諸佛説法。寶積偈讚，并問浄土之行，佛答以衆生之類，是菩薩浄土，乃至隨其心浄，則佛土浄。舍利弗疑此土何以獨穢，佛按指現浄土相。　方便品第二：維摩詰長者方便現疾，爲衆説法。　弟子品第三：佛遣十大弟子乃至五百弟子問疾，皆辭不堪。　菩薩品第四：佛遣彌勒等諸菩薩問疾，亦辭不堪。　文殊師利問疾品第五：大衆同往，相見酬答。　不思議品第六：借座於須彌燈王佛國，演不思議解脱之法。　觀衆生品第七：維摩答文殊問，觀衆生如幻、

如水月、如鏡像等，乃至從無住本，立一切法。次有天女散華，舍利弗等不能去華，與天女種種問答。佛道品第八：維摩答文殊問，明菩薩行於非道，通達佛道。文殊答維摩問，明一切煩惱爲如來種。維摩答普現色身問，明法門眷屬，智度母、方便父等。入不二法門品第九：三十二菩薩各説入不二法門，最後文殊問維摩，維摩默然。香積佛品第十：維摩遣化菩薩往上方香積佛所，乞世尊所食之餘，悉飽衆會。菩薩行品第十一：維摩與大衆見佛，佛爲阿難説諸佛一切施爲無非佛事，及爲香積世界諸菩薩説不盡有爲、不住無爲法門。見阿閦佛品第十二：維摩答佛觀如來問，及斷取妙喜世界來示此會大衆。法供養品第十三：天帝讚歎持經，誓願擁護。佛爲説過去藥王佛時，寶蓋轉輪聖王與其千子供養於佛，有一王子名爲月蓋，思惟供養以何爲勝，乃至問佛，佛示以法供養最，遂於末後守護法城，今得成佛。囑累品第十四：囑彌勒及阿難廣宣流布。

按：智者大師曾有玄義及疏，今皆流入高麗，此間僅存四教義六卷，乃玄義中一分耳。

維摩詰經三卷　亦名不可思議法門之稱。　方　吴月支〔一〕國優婆塞支謙譯

△説無垢稱經六卷　南方北蓋　唐大慈恩寺沙門釋玄奘譯

〔一〕「支」，北藏作「氏」。

二經並與前同。

善思童子經二卷　南賴北敢　隋北天竺沙門闍那崛多譯

佛住庵婆羅波梨園，與八千比丘、萬菩薩俱。化作天身，入毗耶離城乞食。至毗摩羅詰家，善思童子從高樓上投身禮佛，獻彼所執蓮華，誓成菩提。與舍利弗、富樓那、阿難陀互相問答。佛復爲説大菩提路，無有一法而可得者，并説不驚不怖不畏之法。童子證無生忍，佛爲授記。

大方等頂王經一卷　一名維摩詰子問經。　萬　西晉月支國沙門竺法護譯

△大乘頂王經一卷　萬　蕭梁優禪尼國王子月婆首那譯

二經並與前同。

月上女經二卷　染　隋北天竺沙門闍那崛多譯

佛在毗耶離草茅精舍，與五百比丘、八千菩薩衆俱。有一離車，名毗摩羅詰。生美女，名爲月上，一切童子爭欲娶之，約七日後，自行選擇，至第六日，手有蓮華，華有化佛，執華而出，説偈訶欲。引衆見佛，路答舍利弗問。既到佛所，復答諸菩薩問。次以手中蓮華供佛，化成華帳，如是共出十華，共發十願。即得記，轉男出家。記中先生天，次末世護法，次生兜率，次隨彌勒受持正法，次生阿彌陀佛國，次供養十方諸佛，乃成月上如來。

大乘密嚴經三卷　前有聖教序。　染〔一〕　唐中印度沙門地婆訶羅譯

密嚴會品第一：佛住出過三界密嚴之國，與十億佛土微塵菩薩衆俱。放光照現莊嚴勝相，答如實見菩薩之問。有金剛藏菩薩問第一義法性，佛答以如來藏不生不滅，如月普現。妙身生品第二：如實見菩薩請金剛藏菩薩説諸聖人内證之境，金剛藏以偈答之。又請示歸依之處，亦以偈答。復示繢像、夢境等喻，又以偈明三性、五法等義，復現大小無量身形。次有衆多菩薩同問：世間一切誰之所作？金剛藏偈答：阿賴耶識能現衆法。次有螺髻梵王承佛威力，來密嚴國，以偈問法，金剛藏亦以偈説如來善示現義。胎生品第三：金剛藏菩薩告螺髻梵王，訶斥胎生不浄，應當捨離，亦不應爲三昧所縛。若離二取，生密嚴國。顯示自作品第四：金剛藏菩薩復告螺髻梵王，深明五藴不實。寶髻菩薩更請隨宜説法，金剛藏深明一切唯心。分别觀行品第五：金剛藏復説舍、拳、軍、車等喻，以明諸法無實，應速發廣大心，修清浄觀行，生清浄佛土。阿賴耶建立品第六：金剛藏復明阿賴耶識與染浄法恒作所依。自識境界品第七：金剛藏菩薩放髻珠光，普照一切，

〔一〕「染」，原作「南染北清」，康熙本、乾隆本同。覈北藏千字文編號爲「染」，智旭將之與另一部大乘密嚴經弄混，今據北藏改。

告如實見菩薩，以雪山惡獸，喻外道於阿賴耶所生我見。阿賴耶微密品第八：寶手菩薩白衆色最勝王，令問金剛藏菩薩名想等義。金剛藏偈答：依相立名，名無實事，乃至賴耶與七識，如鐵與磁石，二俱無有思。若得如幻首楞嚴定，則於一切法皆得自在變現。又復廣明阿賴耶識，隨迷悟緣，爲凡爲聖。於是衆色最勝王等復以偈請説法。月幢世尊分身眷屬亦咸集會。金剛藏重以偈明唯識妙義。菩薩、天人咸皆讚歎供養，更請説法。金剛藏又與大樹緊那羅王、持進菩薩、觀自在等諸大菩薩，演説諸法性空，從心而起，乃至阿賴耶識與如來藏不一不異等義。

△**大乘密嚴經**三卷　有新翻御製序。　南不北清　唐北天竺沙門大廣智不空譯

品數並同前經，而名目稍異，多是偈語。

解深密經五卷　南常北效　唐大慈恩寺沙門釋玄奘譯

序品第一：薄伽梵住超過三界所行之處，與無量大聲聞俱，及無量菩薩從種種佛土而來集會。勝義諦相品第二：如理請問菩薩問，解甚深義密意菩薩答，具明有爲非有爲非無爲、無爲亦非無爲非有爲，但是本師假施設句，如幻事等。法涌菩薩向佛述東方外道之所思議，佛爲説勝義超過一切尋思境相。善清淨慧菩薩向佛述修解行地菩薩之所疑惑，佛爲説勝義超過諸行一異性相。佛告善現：有情界中幾懷增上慢？幾離增上慢？善現答

以懷者甚多，離者甚少。佛爲説徧一切一味相。　心意識相品第三：廣慧菩薩問佛：齊何名爲於心、意、識祕密善巧菩薩？佛言：於内各別如實不見阿陀那及識，不見阿賴耶及識，不見積集及心，不見六根、六塵、六識，是名勝義善巧菩薩。　一切法相品第四：德本菩薩問佛：何名於諸法相善巧菩薩？佛爲説徧計、依他、圓成三相，如實了知。　無自性相〔一〕品第五：爲勝義生菩薩説三種無自性性密意。勝義生言：初鹿林中轉四諦法輪，雖甚希有，猶未了義。第二時中，依一切法皆無自性，以隱密相轉正法輪，雖更希有，猶未了義。今第三時，以顯了相轉正法輪，最爲希有，是真了義。　分別瑜伽品第六：佛答彌勒菩薩種種諸問，謂奢摩他、毗鉢舍那、四種所緣境事，及緣別法、緣總法、三三摩地、知法、知義，聞、思、修三慧，及總空性相等。　地波羅密品第七：佛答觀自在菩薩所問十一地義及十波羅密義。　如來成所作事品第八：佛答文殊師利所問法身、解脱身義，及答言音差別相、一切智者相、如來心無加行生起相，成正覺、轉法輪、入涅槃皆無二相，乃至穢土、淨土何事易得，何事難得。

深密解脱經五卷　有曇寧序。　南常北效　元魏北天竺沙門菩提留支譯

〔一〕「相」，原無，康熙本、乾隆本同，據北藏補。

與上經同，而第二品分作四品。

佛説解節經一卷　南敢北髮　陳優禪尼國沙門真諦譯

即前經勝義諦相品，分作四品。

相續解脱地波羅蜜了義經半卷　南敢北髮　劉宋中天竺沙門求那跋陀羅譯

即前經地波羅密品。

相續解脱如來所作隨順處了義經〔一〕半卷　南敢北髮　劉宋中天竺沙門求那跋陀羅譯

即前經如來成所作事品。

佛説佛地經八紙　行　唐大慈恩寺沙門釋玄奘譯

佛住最勝大宮殿中，與無量聲聞、無量菩薩衆俱。爲妙生菩薩説五種法相大覺地，謂清淨法界及與四智，一一細釋。妙生復問：何等菩薩受用和合一味事智？佛言：證得無生法忍，由遣自他二種想故，得平等心，自他異想不復現前，受用和合一味事智，如天入雜林，衆流入海。

金光明最勝王經　十卷　前有聖教序。　場　唐大薦福寺沙門釋義淨譯

〔一〕此經在大藏經中，向來與前經相續解脱地波羅蜜了義經合爲一部，故南藏目録没有單獨立目。

序品第一：佛入甚深法界，大衆雲集。佛觀察説頌。　如來壽量品第二：妙幢菩薩疑佛壽短促，四方四佛於室中現，爲説佛壽無量。妙幢與諸大衆往鷲峰見佛，四佛亦到鷲峰，遣侍者勸説此經，佛許可之。有婆羅門名法師授記，預求舍利。有童子名一切衆生喜見，以偈答之。妙幢因問：若無舍利及般涅槃，云何經中説有涅槃及流布舍利事？佛答以三種十法，説有涅槃，又應知十種希有如來之行。　分別三身品第三：虚空藏菩薩啓問，佛答以化、應、法三身實義。　夢見懺悔品第四：妙幢夢金鼓出大音聲，説懺悔偈，次日述之於佛。　滅業障品第五：佛先放光息苦，次爲帝釋廣説懺悔、勸請、隨喜、迴向四法，滅除四種重障。四重障者，一、於菩薩律儀犯極重惡，二、於大乘經心生誹謗，三、於自善根不能增長，四、貪著三有，無出離心。四法如次治之。　淨地陀羅尼品第六：師子相無礙光燄菩薩問菩提心義，佛先以勝義諦答之，次明十度爲因，各依五法成就，次明波羅蜜義，次明十地先相，次釋十地名義，次明十地及佛地各有二無明爲障，次明十地行十波羅蜜，次説十呪護於十地。　蓮華喻讚品第七：佛爲菩提樹神，説過去金龍主王以蓮華喻讚於諸佛，今感金鼓妙夢。　金勝陀羅尼品第八：佛爲善住菩薩説呪，并持法。　重顯空性品第九：偈説二空境觀。　依空滿願品第十：寶光耀天女問修行法，佛示依於法界，修平等行。天女領解，轉成梵身。佛授道記，并五十億苾芻重發大心，皆得授記。　四天王觀察人天品第十一：發弘護願。　四天王護國品第十二：有多聞天王如意寶珠呪法。　無染著陀羅尼品第十三　如意寶珠品第十四：佛、觀世音、金剛祕密主各說一呪，梵天王、帝釋各說一呪，四天王共說一呪，龍王說一呪。　大辯才天女品第十五　大吉祥天女品第十六　大吉祥天女增長財物品第十七　堅牢地神品第十八　僧慎爾耶藥叉大將品第十九　王法正論品第二十　善生王品第二十一：佛昔爲王請寶積法師說此經王。　諸天藥叉護持品第二十二　授記品第二十三：授妙幢并二子及十千天子記。　除病品第二十四：說流水長者子作醫本事。　長者子流水品第二十五：說救十千魚，得生天事。　捨身品第二十六：說往昔薩埵王子捨身濟餓虎事。　十方菩薩讚歎品第二十七　妙幢菩薩讚歎品第二十八　菩提樹神讚歎品第二十九　大辯才天女讚歎品第三十　付囑品第三十一

此經於三譯中最在後，而文義周足，亦猶華嚴之有唐譯也，最宜流通。

○**金光明經**四卷　前有釋宗頤序。　南食北化　北凉中天竺沙門曇無讖譯

有十八品。按：此經同前，而來未盡，但因智者依此譯說玄義及文句，故舉世流通。

合部金光明經八卷　南食北被　隋大興善寺沙門釋寶貴對，志德等合入

共二十四品，彦悰序云：此經有三本，初，涼世曇無讖譯爲四卷，止十八品。今存。次，周世耶舍崛多譯爲五卷，成二十品。今亡。後逮梁世，真諦三藏譯三身分別、業障滅、陀羅

尼最浄地、依空滿願等四品，足前出没爲二十二品。重尋梵本，得囑累品及銀主陀羅尼品。

莊嚴菩提心經六紙欠　南邇北壹　姚秦天竺沙門鳩摩羅什譯

大方廣菩薩十地經六紙半　南邇北壹　元魏西域沙門吉迦夜共曇曜譯

二經皆與浄地陀羅尼品同。

○**毗沙門天王經**四紙半　南不北清　唐北天竺沙門大廣智不空譯

與前經第十二品多聞天王如意寶珠呪法同。

◎**菩薩投身飼餓虎起塔因緣經**十紙餘　南賢北悲　北涼高昌沙門釋法盛譯

佛遊乾陀越國，説法垂畢，微笑放光。阿難請問，乃説往古栴檀摩提太子廣行布施，賣身爲奴，得栴檀，醫他國王病，及出家山中，以身飼虎，餘骨起塔事。與捨身品事義相類，故附於此。

無所有菩薩經四卷　絲　隋北天竺沙門闍那崛多譯

佛在毗富羅山，與百千比丘、百千菩薩及四衆八部俱。無所有菩薩爲斷衆疑，隱身不現，種種問法，令難調怨讎害人者信佛神通，乃至得記。次爲女人現身，令得成男。佛爲波斯匿王等説此菩薩大方便力。

諸佛要集經二卷　南彼北靡　西晉月支國沙門竺法護譯

佛遊柰叢樹間，與五千比丘、二萬菩薩俱。因諸四部弟子不能專心聽法，乃囑阿難宣傳法教。於石室中布蒻草坐，晏坐三月，變身往詣東方普光世界天王佛所，與諸如來說要集法。文殊勸諸菩薩同往，諸菩薩皆不往，文殊獨往。天王如來移置鐵圍山頂，文殊即於山頂修四意止。四萬二千天子來觀聽法，各證無生法忍，直俟諸佛說要集竟，各還本土。天王如來放右掌光，入文殊頂。文殊與諸天子同到佛所，見離意女在佛前坐，入於普月離垢光明三昧，因問何故移我而不移女，並問此女本末。佛言：待女出定，汝自問之。文殊盡其神力，不能令女出定，因問誰能令出定者，佛言：唯有如來及棄諸陰蓋菩薩能令出定。說此語已，世界六種震動。文殊求佛，請此菩薩從下方來，敕令出女子定。菩薩謙讓於佛，佛乃令女出定，與文殊酬唱法要。佛遂發明文殊本從此女發心，此女又從棄諸陰蓋菩薩發心。假使滿世界文殊，不及此女所得三昧；假使滿世界此女，不及棄諸陰蓋所得三昧；假使滿世界棄諸陰蓋，不及如來舉足下足事。然而天王如來亦此菩薩之所開化，十方無量諸佛從其開化，已滅度者不可計，現成佛者不可計。說此法時，普光世界獲益無量，此土遙聞亦獲大益。釋迦佛敕彌勒受持流通。

不思議光菩薩所說經 一卷 南岡北短 姚秦天竺沙門鳩摩羅什譯

佛在祇陀林中，婬女棄一小兒於路空處，衆皆往觀。佛至其所，種種問答，次令現通。

諸天蒙光，皆悉來集，因名爲不思議光。佛爲波斯匿王説其往因，并授其記。

央掘魔[一]羅經四卷　悲　劉宋中天竺沙門求那跋陀羅譯

佛在祇園，説執劍大方廣經。有婆羅門孤子，名一切世間現，順惡師教，取千指作鬘，將欲害母。佛往度之，説種種偈。欲殺佛指，佛亦説種種偈答之，遂令降伏。帝釋、梵王、四王獻與衣鉢，各受訶斥，魔及樹神亦皆被訶，大弟子等皆悉被難，亦與文殊菩薩論不空義。佛爲授三皈、五戒，央掘答以一皈無三，及殺煩惱、盜菩提等義。佛又問以一學之義，央掘偈答，增一至十，具明大乘與聲聞異。佛唱善來，示成羅漢，同入祇洹。十方菩薩悉皆雲集。央掘問佛：云何住無生際而復住此？佛勑與文殊同往北方問於他佛，乃至十方各問十佛，十佛皆言釋迦即是我身，彼當爲汝解説。央掘仍來問佛，佛爲廣釋百句生因，次明持經之難，須成就五八四十功德。次有波斯匿王興四種兵共來佛所，佛爲發迹，央掘即是一切世間樂見上大精進佛化身，文殊是歡喜藏摩尼寶積佛化身。

[一]「魔」，原作「摩」，康熙本、乾隆本同，據總目和南藏、北藏改。

閱藏知津卷第七

北天目沙門釋智旭　彙輯

大乘經藏　方等部第二之六

思益梵天所問經四卷　南五北傷　姚秦天竺沙門鳩摩羅什譯

如來光明品第一：佛在迦蘭陀竹林，與六萬四千比丘、七萬二千菩薩，及天龍八部俱。網明菩薩讚佛光明，佛爲説種種光明之名，能利衆生，并放光明：召東方思益梵天同萬二千菩薩來會。日月光佛囑以十法遊於娑婆國土：於毁於譽，心無增減；一。聞善聞惡，心無分別；二。於諸愚智，等以悲心；三。於上中下衆生之類，意常平等；四。於輕毁供養，心無有二；五。於他闕失，莫見其過；六。見種種乘，皆是一乘；七。聞三惡道，亦勿驚畏；八。於諸菩薩，生如來想；九。佛出五濁世，生希有想。十。四法品第二：思益菩薩問二十事，佛一一答以四法。菩薩正問品第三：網明菩薩問：何謂正問？思益菩薩具答邪問、正問不同。五百比丘不解，網明重啓，思益説：涅槃者，但有名字，猶如虚空，不可得取。五百比丘漏盡解脱。思益復問種種名義，佛具答之。四諦品第四：佛爲思益説真聖諦，不得一法是實是虚。歎功德品第五：思益廣歎信解此法功德。如來五力説品第六：謂一者言説，二者隨宜，三者方便，四者法門，五者大悲。如來大悲品第七：説如來以三十二種大悲救護衆生。幻化品第八：網明問，思益答，佛讚印之，舍利弗歎仰之。普華菩薩及網明菩薩皆與舍利弗問答，令舍利弗默然。菩薩光明品第九：佛因大迦葉問，勅網明放爪指光普照十方，令諸大衆與佛無異。下方四菩薩來，不知何是真佛，發誠實語，佛乃昇空，令得作禮。菩薩受記品第十：因迦葉問，授網明菩薩記。因思益問授記義，具明過去不得記及得記因緣，謂依止所行，故不得記，出過一切諸行，具足六波羅蜜，故得受記。若菩薩能捨諸相，名爲檀波羅蜜；能滅諸受持，名爲尸波羅蜜；不爲六塵所傷，名爲羼提波羅蜜；離諸所行，名爲毗梨耶波羅蜜；不憶念一切法，名爲禪波羅蜜；能忍諸法無生性，名爲般若波羅蜜。薩婆若品第十一：爲思益梵天説薩婆若義，答網明菩薩家清淨義。菩薩無二品第十二：思益梵天與文殊問答，又有等行天子與文殊問答。名字義品第十三：一切菩薩各各説菩薩名義。論寂品第十四：思益問等行，及問文殊正行正位義。如來二事品第十五：謂聖説法及聖默然，惟如來有此二法。得聖道品第十六：文殊問，等行答。文殊問，思益答。志大乘品第十七：等行問發行大乘，佛以偈答。發菩提心品第十八：文殊白佛：若菩薩起二相發菩提心，是不行菩提道。思益問行菩提行，文殊答：行一切法，而於法無所行。釋、梵、四王散華讚護。佛言：惟有如説修行，是名能報師恩。師子吼品第十九：釋提桓因讚歎菩薩能師子吼，不退轉天子復説師子吼義。梵行牢强精進品第二十：授不退轉天子記，及説牢强精進法，謂於諸法不起精進相。海喻品第二十一：以大海喻諸菩薩有十二事。建立法品第二十二：明一切法無説無示，無有護念，是法終不可滅，不可護念。又明不求菩提，不願、不貪、不樂、不念、不分別菩提，乃得授記。如來神呪品第二十三。囑累品第二十四。

持心梵天所問經四卷　一名莊嚴佛法，又名等御諸法〔一〕。　南五北慕　西晉月支國沙門竺法護譯

與上經同，而品數稍減。

△**勝思惟梵天所問經**六卷　南大北傷　元魏北天竺沙門菩提留支譯

亦同上經，而不列品。

〔一〕夾注依南藏著録，其中「又」字，原誤作「義」，康熙本、乾隆本同，據南藏改。北藏作「一名莊嚴佛法經，又名等御諸法經」。

佛説大乘同性經二卷　南大北慕　宇文周中天竺沙門闍那耶舍譯

佛住大摩羅耶精妙山頂，與千二百五十比丘及大菩薩、天龍衆俱。楞伽大城毗毗沙那羅刹王供佛問法，得菩提記。海龍王問其往因，佛爲説之。次有海妙深持自在智通菩薩從東方來，以大寶殿供佛問法，佛爲説如來十地名，及聲聞十地名、辟支佛十地名、菩薩十地名，復爲現如來初地相及二地相。

△**佛説證契大乘經**二〔一〕卷　有御製序。　南常北慕　唐中印度沙門地婆訶羅譯

與上經同。

諸法無行經二卷　南傷北常　姚秦天竺沙門鳩摩羅什譯

佛在耆闍崛山，與五百比丘、九萬二千菩薩俱。師子遊步菩薩偈問一相之法，佛先止，次答，大衆獲益。次説往古高須彌山王佛滅後，淨威儀比丘守護正法，有威儀比丘不能信解，生不善心，受地獄苦。於是文殊請問滅業障法，及問觀四諦、四念處、八正道、五根、七覺支等，佛一一答之。又請説陀羅尼，佛爲説一切法皆不動相種性法門。文殊亦説種種不動相，乃至答諸天子云：我是貪欲尸利、瞋恚尸利等。次有華戲慧菩薩請問入音聲慧法

〔一〕「二」，原作「一」，總目、康熙本、乾隆本、南藏、北藏皆作「二」，據改。

門，佛亦先止，次答。次勑文殊自說往因，過去師子吼鼓音王佛滅後，喜根比丘善說諸法實相，勝意比丘持戒得定，行頭陀行，不信深法，墮大地獄。喜根今於東方寶莊嚴國成勝光明威德王佛，勝意今爲文殊。

諸法本無經三卷　南傷北五　隋北天竺沙門闍那崛多譯

與上經同。

佛說大乘隨轉宣諸法經三卷，今作一卷〔一〕　南言北之　宋譯經院沙門紹德等譯

亦同上經，而敘事不甚明白。

大乘理趣六波羅蜜多經十卷　前有代宗序。　南若北馨　唐罽賓國沙門般若譯

歸依三寶品第一：佛在竹林，與衆多菩薩、衆多苾蒭及阿僧企耶發心諸有情俱。慈氏菩薩爲衆請問三寶及歸依義，佛言：佛寶有二：一者佛身，二者佛德。法寶有三：一者涅槃常樂我浄般若解脱法身，二者戒定智慧諸妙功德，三者八萬四千諸妙法蘊；攝爲五分：一、素呾纜，二、毗奈〔二〕耶，三、阿毗達磨，四、般若波羅蜜多，五、陀羅尼門；譬如乳、酪、生

〔一〕「三卷，今作一卷」，南、北藏仍標上、中、下卷，分别合爲一册，故稱一卷。

〔二〕「奈」，原作「柰」，據康熙本、乾隆本和北藏改。

酥、熟酥及妙醍醐。僧寶有三：一者第一義僧，所謂諸佛；二者聖僧，謂四果、四向及辟支佛、三賢、十聖；三者福田僧，謂苾蒭、苾蒭尼等。爲脱苦故，懺悔，隨喜，發大誓願，修行大乘，是名歸依。　陀羅尼護持國界品第二：東方不眴世界無盡藏菩薩放大光明，現大神變，偈讚來會，以第一義答阿難問。佛爲阿難説彼國土種種勝事。文殊請問持經之福，佛較答之。文殊菩薩説六真言，普賢菩薩、觀自在菩薩、曼荼羅諸天菩薩、六波羅蜜多菩薩、四大天王、執金剛菩薩、鈴鐸耳微那夜迦、閻摩羅王、訶哩底愛子母、摩利支天、迦嚕拏王、迦嚕囉王、大自在天王各説一呪。　發菩提心品第三：彌勒菩薩請問，佛答以先發五種勝心，次説入海取珠，發三勝心不退之喻。　不退轉品第四：彌勒菩薩復問，佛爲細釋：一、大悲心，緣五道苦而起；二、大精進心，如入海求如意珠。更發三種勝心，誓不退轉。　布施波羅蜜多品第五　浄戒波羅蜜多品第六　安忍波羅蜜多品第七　精進波羅蜜多品第八　静慮波羅蜜多品第九　般若波羅蜜多品第十：俱彌勒菩薩問，如來答也。事理詳明，發菩提心者，急宜受持。復有微末底外道，説自在天常及説神我能生諸法，佛以正量委細破之。次復偈説八識熏習及轉顯義，外道發菩提心。佛又爲慈氏説八善巧及智慧方便，解絡掖衣授之。四天、釋、魔發願護持。

大乘本生心地觀經八卷　有御製序。　南之北興　唐罽賓國沙門般若等譯序品第一：佛住耆闍崛山，與三萬二千比丘、八萬四千菩薩，及一切天龍八部、他方輪王、十六國王、夫人、眷屬、四衆、四姓、外道、餓鬼、畜生、琰王諸大衆俱。坐寶蓮華師子座上，入心瓔珞寶莊嚴王三昧，天雨華香。復入師子奮迅三昧，大千世界六種震動，惡趣離苦，詣佛供養。如來於胸臆間及諸毛孔放金色光，普現十方五趣苦樂之相，及現三大阿僧祇劫因果本末之相。於是師子吼菩薩爲衆説偈，歎佛功德，請佛出定。

報恩品第二：從三昧起，告彌勒菩薩，稱歎心地妙法。五百長者不愛苦行，讚二乘道。佛爲廣説世間四恩：一、父母恩，二、衆生恩，三、國王恩，四、三寶恩。佛有三身，一、自性身，二、受用身，三、變化身。受用又二：一、自，二、他。法有四種，教、理、行、果。僧有三種，一、菩薩，二、聲聞，三、凡夫。凡夫又二：一、具戒，二、正見。具足十義，得名爲寶。爲求菩提，有三種十波羅蜜。若修十種真實波羅蜜多，乃名能報四恩。次有智光長者與不順子遠來聽法，佛爲重宣，令發大心。

厭捨品第三：智光長者問出家不及在家，佛爲廣説出家最勝，訶在家過。

無垢性品第四：廣明羸衣、乞食、陳藥、蘭若，四依知足，功德各十勝利。

阿蘭若品第五：爲常精進菩薩説阿蘭若功德。

離世間品第六：樂遠離行菩薩承佛威力，爲諸菩薩説阿蘭若行，佛讚印之。

厭身品第七：爲彌勒菩薩説三十七觀，訶身不淨。

波羅蜜多品第八：爲彌勒菩薩説阿蘭若能滿十波羅蜜。

功德莊嚴品第九：爲彌勒菩薩説有一德應住阿蘭若處，謂觀一切煩惱根源即是自心。又有二種法及兩番二種人，不堪住阿蘭若。次明十一種四法、五種八法。觀心品第十：爲文殊師利説觀心法，并説觀心陀羅尼。發菩提心品第十一：爲文殊説自覺悟心，有四種義，及説初觀菩提心相，并説真言。成佛品第十二：爲文殊説三種大祕密法，謂心祕密、語祕密、身祕密。欲修習者，當著菩薩三十二種大金剛甲。囑累品第十三：明受持者得三業各十種清淨。

大乘徧照光明藏無字法門經五紙餘　南男北潔　唐中印度沙門地婆訶羅再譯

佛住耆闍崛山，與無量菩薩及比丘僧，乃至十方恒沙世界諸天、龍俱。勝思惟菩薩請問二字之義，佛言：菩薩有九種一法應除滅，謂欲貪、瞋恚、愚癡、我執、懈怠、睡眠、染愛、疑惑、無明。有一法應守護，謂己所不欲，勿勸他人，如自愛命，則不應殺等。次明無有一法是如來所覺所證，以一切法本無有實，從因緣生，因緣亦如電光，念念不住故。次明持此經者得生淨土，見阿彌陀及諸聖衆，亦見靈山聖會。

無字寶篋經五紙　潔　元魏北天竺沙門菩提留支初譯

與前經同。

○**大乘離文字普光明藏經**四紙　潔　唐中印度沙門地婆訶羅譯

亦同前經，而文稍異。

佛説大乘入諸佛境界智光明莊嚴經五卷，南作三卷，北作二卷〔一〕　南言北之　宋中印土沙門法護等譯

佛在鷲峰法界殿中，與二萬五千比丘、七百二十萬俱胝那庾多菩薩俱。放光集十方衆，有師子座出偈讚佛，佛昇師子〔二〕座。妙吉祥菩薩請問：不生不滅，是何增語？佛言：不生不滅，即是如來增語。因爲廣説瑠璃地映帝釋宫影喻，忉利天大法鼓喻，空中風雲水喻，大梵王喻，日光照喻，摩尼寶喻，響喻，地喻，虚空喻等，及説種種法句，種種菩薩勝行。於是妙吉祥偈讚禮佛，佛爲較顯持經功德。

△**如來莊嚴智慧光明入一切佛境界經**二卷　南慕北男　元魏南天竺沙門曇摩流支譯

度一切諸佛境界智嚴經半卷　南慕北推　蕭梁扶南國沙門僧伽婆羅譯

二經並與前同。

大方等如來藏經九紙半　南忘北彼　東晉迦維羅衛國沙門佛陀跋陀羅譯

佛在耆闍崛山，成佛十年，與百千比丘、六十恒河沙菩薩，及天龍八部俱。以三昧力，現衆蓮華，皆未開敷，華内皆有化佛。須臾昇空舒榮，須臾萎變，化佛各放無數光明。金剛

〔一〕「五卷，南作三卷，北作二卷」，南、北藏皆標五卷，分别合爲三册、二册，故稱三卷、二卷。

〔二〕「子」，原無，康熙本、乾隆本同，據北藏補。

慧菩薩問何因緣，佛爲説一切衆生皆有如來藏性，共説九喻：一、萎花中佛，二、巖樹蜂蜜，三、穭中秔粱，四、不浄處金，五、貧家寶藏，六、菴羅果種，七、弊物中金像，八、貧女貴胎，九、模中金像。

十住斷結經十四卷，今作十二卷〔一〕　談彼　姚秦涼州沙門竺佛念譯

導引品第一：佛於榛園，放舌相光，照十方界。東方執志通慧菩薩與五萬菩薩來集，佛歎其德。次有菩薩名曰最勝，請問法要，佛具答之。先明初住法。　留化品第二：明二住法。　空觀品第三：明三住法。　色入品第四：明四住法。　了空品第五：明五住法。　童真根門品第六：明六住法。　廣受品第七：明七住法。座上諸大聲聞皆悉號泣。　菩薩成道品第八：明八住法，授最勝記，勅令現相。　定意品第九：明九住法。　碎身品第十：明十住法。　滅心品第十一　神足品第十二　恭敬品第十三　勇猛品第十四　化品第十五：大意與華嚴十定品同。　身入品第十六　辯才品第十七　權智品第十八　衆生品第十九　三道滅度品第二十　乘無相品第二十一　等慈品第二十二　法界品第二十三　道智品第二十四：授九萬衆生、十一那術天人皆於中陰成佛。　身口意品第二十

〔一〕「十四卷，今作十二卷」，南、北藏皆標十四卷，分别合爲十二册，故稱十二卷。

五：一切菩薩各各説菩薩慧。　夢中成道品第二十六　菩薩證品第二十七　解慧品第二十八　三毒品第二十九　問泥洹品第三十　四梵堂品第三十一　梵天請品第三十二　梵天囑累品第三十三

菩薩瓔珞經十三卷，今作二十卷〔一〕　一名現在報經。　南短靡北詩讚　姚秦涼州沙門竺佛念譯

普稱品第一：普照菩薩問菩薩法，凡二十二句，佛答：當以十德瓔珞其體。　識定品第二：寶王菩薩請問瓔珞戒品，佛答：以具戒、施、忍，由達唯識。　莊嚴道樹品第三　龍王浴太子品第四　法門品第五：略説瓔珞八萬法門中數十名，持者當得十無礙功德。次廣明六根瓔珞法門。　識界品第六：豪賢菩薩問識境界，次勅諸菩薩各説空慧無著行，次感十方佛各説空慧偈已，忽然不現，以決衆疑。　諸佛勸助品第七：説十無盡藏法門，十方諸佛同聲説頌印之。　如來品第八：説十地各各四神足法。　音響品第九　因緣品第十　心品第十一　四聖諦品第十二：一、無量聖諦，二、行盡聖諦，三、速疾聖諦，四、等聖諦。　成道品第十三：料簡三世各三種成道。　生佛品第十四　本末品第十五：分別五陰

〔一〕「十三卷，今作二十卷」，此指北藏而言，南藏標十三卷，作十三册；北藏目録標十三卷，正文標二十卷，分二十册。

本末空。　非有識非無識品第十六　無量品第十七：説佛三昧所知無量。次明月光照〔一〕菩薩四果，乃至九地中所修三世禪行。次佛自説有情於無情、無情於有情法。　隨行品第十八：尊復尊梵天請問，佛答以偈，廣明諸度無極。　光明品第十九　無想品第二十　無識品第二十一　受迦葉勸行品第二十二：佛放舌光，十方諸佛各遣菩薩來會。佛揀聲聞不在聖例，迦葉等脱衣號泣，佛慰喻之。　有行無行品第二十三：諸菩薩各説有行無行。大迦葉亦説有行無行，佛不許可。阿若拘鄰亦説有行無行，佛許可之。舍利弗問答料簡。次目連等亦各説有行無行。　有受品第二十四　無著品第二十五：説無著行，授明觀菩薩記，并説八種記法，次授帝釋記。次令目連除魔心垢，懸記在彌勒時得決。　淨智除垢品第二十六：爲淨一切地菩薩説種種知他心三昧，廣至知億佛世界。　無斷品第二十七：明種種五法，及六度互具六度。　賢聖集品第二十八：一切菩薩各説六度清淨具足法。慧眼菩薩與文殊菩薩更相酬唱，演種種法門。　三道三乘品第二十九：佛爲舍利弗分別三道各有三〔二〕乘。　供養舍利品第三十：佛爲須菩提説供舍利、供色身、供法身優

〔一〕「光照」，原作「照光」，康熙本、乾隆本同，據北藏改。
〔二〕「三」，康熙本作「二」，乾隆本與底本改爲「三」。

劣不同。　譬喻品第三十一：因退席人，説師子、木雀喻。　三世法相品第三十二：佛爲劫賓㝹説三世受化差別，大衆有疑，十方佛各來説偈，令衆悟解。　清淨品第三十三：爲邠耨文陀尼子分別清淨不清淨法。　釋提桓因問品第三十四　本末行品第三十五：爲衆首瓔珞菩薩説退不退、超不超法。　聞法品第三十六：文殊問有轉無轉法，佛分別答之。　淨居天品第三十七：佛爲淨居天説三世常無常義，及説菩薩總持賢聖辯才，并授其記。　十方法界品第三十八：佛述初成道時，一切菩薩勸轉法輪。　十智品第三十九：爲彌勒菩薩説十無量智門。　應時品第四十：爲法妙菩薩説十種應時之行。　十不思議品第四十一：爲道勝子説十法。　無我品第四十二：爲心智菩薩説十無我行。　等乘品第四十三：偈答淨眼。　三界品第四十四：淨施王與佛酬唱，菩薩受記，及六十二見皆空平等。次有究竟菩薩問淨施王，淨施王答而不悟，更令問文殊師利，乃決其疑。

佛説華手經十卷　一名攝諸善根經。　南欲難北欲　姚秦三藏法師鳩摩羅什譯〔一〕

序品第一：大衆雲集，大迦葉亦來，佛分半座令坐，大千震動。　迦葉謙讓，并説法要讚佛。　神力品第二：佛又命迦葉坐，以神力普集大衆，令目連敷座，目連化作大座，佛言：

〔一〕「姚秦三藏法師鳩摩羅什譯」，原無，康熙本、乾隆本同，據南藏、北藏補。

如來不於變化座上説法。復命無量緣菩薩敷座，一切菩薩各以上衣積成高座。佛現神力，令諸菩薩各於衣中見將來成佛之事。華德藏法王子請問大法，佛放口光，舉身謦欬，徧至十方世界。　綱明品第三：東方菩薩見光聞聲，承佛命來，以華作佛事。　如相品第四：東方不虛行力菩薩持華來會，乃至佛與跋陀婆羅菩薩論如來義。　不信品第五：佛與跋陀婆羅菩薩論末世不信法事。　念處品第六：佛爲跋陀菩薩説末世宜修四念處觀。　發心即轉法輪品第七：此東方菩薩名也，亦因光聲而來，佛乃説其往因。　現變品第八：此菩薩擿十方世界，俱置本國。佛更以神力，令諸世界互相擊碎，以警諸天計有常者。　如來力品第九　功德品第十：爲堅意菩薩説持經功德。　發心品第十一：東方光明威德聚菩薩持須彌肩佛之命亦來集會，獻華供養。佛以華付彌勒，彌勒轉付七萬七千菩薩。菩薩俱發大願，仍奉於佛，佛乃廣讚發心功德。　無憂品第十二：佛爲彌勒説真菩薩心，當如往昔無憂太子。　中説品第十三：敘東方諸菩薩見光聞聲而來集者。　總相品第十四：廣敘東方佛、菩薩名。　上清淨品第十五：亦廣敘東方佛、菩薩名。　散華品第十六：東方觀佛定善根莊嚴菩薩聞此世界佛名，遥散華來。　衆相品第十七：亦廣敘東方佛、菩薩。　諸方品第十八：廣敘餘九方佛、菩薩見光聞聲而來集會。　三昧品第十九：佛次第入五十七種三昧，諸天偈讚。　求法品第二十：佛從三昧起，爲舍利弗説菩薩求法之要，舍利弗更請法要。　歎德品第二十一：佛爲舍利弗説菩薩難事。　驗行品第二十二：佛爲舍利弗説二種三事，驗菩薩心。　得念品第二十三：説往昔得念王子不被失念魔所惑。　正見品第二十四：佛爲舍利弗説菩薩正見。　歎教品第二十五：亦説如來本生。　毁壞品第二十六：説毁壞菩薩心之罪報。　衆雜品第二十七：選擇居士及其愛妻聞法證果。　衆妙品第二十八　逆順品第二十九　不退行品第三十　爲法品第三十一　歎會品第三十二　上堅德品第三十三：堅意比丘以衣供佛，發大誓願，衣中見諸神變。阿難問其因緣，佛言：且待須臾。堅意比丘請問法門，佛先説其昔爲上堅德王，曾問是法。法門品第三十四：正答堅意之問。　囑累品第三十五：以法門囑菩薩，菩薩發願弘通。次付囑阿難、迦葉，皆辭不堪。

閲藏知津卷第八

北天目沙門釋智旭　彙輯

大乘經藏　方等部第二之七

佛説寶雨經十卷　一名顯授不退轉菩薩記。　南身北此　唐南印度沙門達摩流支譯

佛於伽耶山，放頂光明，徧照十方，攝入面門。授月光天子記，當於支那國作女主。東方蓮華眼佛世界，止一切蓋菩薩來問一百一事，佛每事答以十法。答竟，世界六種震動，無情、有情同興供養，十方諸佛放眉間光，入如來頂。長壽天女得記流通。

△**佛説寶雲經**七卷　南此北身　蕭梁扶南國沙門曼陀羅仙共僧伽婆羅譯

與上經同，但缺卷首月光天子作女主事。

△**佛説除蓋障菩薩所問經**二十卷，南作十卷，北作八卷〔一〕　南盛北温　宋中印土沙門法護等譯

亦同上經，無月光天子事。

佛在虚空界、法界差别住處。最勝樓閣妙寶臺上，與千二百五十阿羅漢及菩薩、天、龍等，説入一切修行次第法門經。時無所發菩薩、奮迅慧菩薩與諸眷屬於别樓閣寶堂上座。奮迅慧發十八問，無所發答以各有十種法行，七萬六千菩薩得無生法忍。奮迅慧又問諸波羅蜜相應法集，無所發又答之，乃至種種問答，又令六萬二千菩薩得無生法忍，八千天子得法眼浄。無所發又言：菩薩應修行實諦法集，不捨菩提心，不捨諸衆生等。六萬菩薩得不退轉地，無量天女得法眼浄。奮迅慧又問菩薩心念處智，無所發答以無生智業及十種念處，所謂身、受、心、法、佛、法、僧、戒、捨、天〔二〕。一一釋竟，二大菩薩與諸眷屬俱詣佛所，佛讚印之。舍利弗問：以何義故名無所發？無所發答之。八萬菩薩得無生法忍，六萬天

法集經六卷　難　元魏北天竺沙門菩提留支譯

〔一〕「二十卷，南作十卷，北作八卷」，南、北藏皆標二十卷，分别合爲十册、八册，故稱十卷、八卷。

〔二〕十種念處，原文爲「身念處、受念處、心念處、法念處、念佛念處，念法、念僧、念戒、念捨、念天心念處」，文中有兩「法」字，意義不同。

子得法眼浄，五千比丘轉發大心，佛與授記。無所發問佛善知可取能取法，佛答以見一切法如夢、幻等，乃至成就柔和、恭敬、質直等心，則能得彼如來妙法。無所發又復申述如實修行不放逸義，名爲微妙法集。次有舍利弗、目犍連、富樓那、迦旃延、大迦葉、須菩提、阿那律、羅睺羅、優波離、阿難陀各説勝妙法集，佛各印之。次有彌勒菩薩、見者愛樂菩薩、善目菩薩、善生菩薩、大導師菩薩、光明幢菩薩、解脱月菩薩、大海慧菩薩、觀世音菩薩、堅意菩薩、善護菩薩、虚空菩薩、文殊師利菩薩各説勝妙法集，佛總印讚：若人聞此法門，能信能忍，不生於謗，我授是人無上道記。於是無所發脱頸上寶瓔珞，奉散如來，住虚空中，作大寶帳，并説偈讚佛，佛爲授記。須菩提復與無所發問答，説甚深法。七萬六千衆生發菩提心，二百比丘心得解脱。復有善思惟天子問佛，佛答以成就深直之心，發無上意，名爲根本住處，六度、止觀、三十七品等，名爲菩薩境界，及菩薩行，菩薩安隱，菩薩寂静，菩薩常在三昧，菩薩到一切處，菩薩調伏，菩薩得滅，一一答竟，善思惟復申述最上妙法，佛讚印之，唱募流通。於是無所發、觀世音、彌勒、見愛樂、導師、文殊師利各任護持，佛更讚印結勸，兼記法門所行之處。

觀察諸法行經四卷　器　隋北天竺沙門闍那崛多譯

無邊善方便行品第一：佛更遊鷲鳥〔一〕丘，與千比丘、八十俱致菩薩及天龍八部俱。喜王菩薩七日斷食不卧，精進求法，請問三摩地。佛爲説決定觀察諸法行，共五百三十五句。先世勤相應品第二：佛又爲説六十句法，及説十六字門，并説過去辯才瓔珞莊嚴雲鳴出吼顯音佛時，有説法菩薩，名無邊功德辨幢遊戲鳴音，復有王子，名福報清淨多人所愛鳴聲自在，從彼菩薩聞此三摩地寶，今成無量壽佛。又説過去淨面無垢月妙威藏佛時，有顯妙廣身長者子供佛聞法，捨家修道，十千歲中不坐不卧，今於南方成善意喜樂如來。又復偈説末世過患，喜王等三千菩薩立誓護持正法，佛讚印之。更説過去廣淨厚金普無疑光威王佛滅度後，有説法者，名無邊寶振聲淨行聚，被衆驅出，住大林中，勸化多人。無憂普欲喜音轉輪聖王得信樂已，弘此三摩地，今皆成佛。説法者即無量壽佛，轉輪王即不動佛。

受記品第三：佛爲喜王説增一至十法具足，得此三摩地。七千衆法眼清淨，七千衆生發無上心，皆得不退轉記，三萬菩薩得無生忍。佛放身光，徧十方界，皆有蓮華，見佛坐上。喜王問法，既攝神力，遂明一切諸法皆無來去，如餤幻等。佛又告喜王：過去寶光威輪王佛時，寶月轉輪王生一童子，名曰法上，同王覲佛問法，佛以伽陀説此三摩地，得不退轉。

〔一〕「鳥」，原無，康熙本、乾隆本同，據南藏、北藏補。

法上童子即今喜王，輪王寶月即今慈氏。喜王又問：菩薩何法有，何法無？佛答以無一百五十惡法等，又總略説一切不善法，諸菩薩無；一切善法，諸菩薩有。

佛説未曾有正法經六卷，今作三卷〔一〕　南清北深　宋中印土沙門法天譯

佛在鷲峰山，與萬二千五百比丘俱，復有八萬四千菩薩從諸佛刹來集，及天龍八部來集。二十五菩薩及四兜率天子各説趣證佛智之法，妙吉祥菩薩最後廣説已，辨積菩薩欲問於佛，妙吉祥即變身爲佛答之。舍利子遥聞法音，稱歎希有。光嚴菩薩問佛，求見妙吉祥菩薩，佛警悟，令來法會。二百天子欲退大心，佛以放鉢因緣而發起之，并説昔緣因，勸舍利子等發菩提心。次有摩竭國王見佛決疑，請妙吉祥入宫供養説法。妙吉祥於東方常聲世界請得八萬大士，初、中、後夜爲説法已，次日同迦葉等共受王請。既受食竟，以氎奉施，菩薩、聲聞各皆隱身不現，乃至後宫及王自身亦不復見，如是令王悟無生忍，同來佛會。中路又化一殺人者，令其見佛，得證涅槃。次爲國王及四王子授記作佛，囑累流通。

佛説阿闍世王經二卷　惟　後漢月支國沙門支婁迦讖譯

與上經同。

〔一〕「六卷，今作三卷」，南、北藏仍標六卷，分别合爲三册，故稱三卷。

普超三昧經四卷　毀　西晉月支國沙門竺法護譯

亦同前經，分爲十三品，第十二品月首，即世王太子也。

佛説放鉢經一卷　毀　西晉録失譯人名

即普超經奉鉢品别譯。

大樹緊那羅王所問經四卷　南恭北五　姚秦天竺沙門鳩摩羅什譯

佛住耆闍崛山，與六萬二千比丘、七萬二千菩薩及天龍八部俱。天冠菩薩偈讚問法，佛以三十二種四法答之。大樹緊那羅王與其眷屬彈琴詣佛，令大衆及山川等，乃至大阿羅漢，皆悉起舞，唯除不退菩薩。天冠菩薩問大樹緊那羅王何不成佛，大樹語以菩薩十二無滿足法。大樹請問寶住三昧，佛答以修習生起八十種寶，於世間寶、出世間寶皆得自在。天冠問佛：大樹云何以伎樂音教化衆生？佛具答之。大衆以佛神力，各有天華，供散大樹。大樹以右手接，無一墮地，即以供佛。佛令成一寶蓋，覆千世界，現諸華臺、釋迦佛像，讚大樹德。大樹復入莊嚴寶蓋三昧，以妙寶蓋，各覆諸如來像。復請佛及大衆至彼香山，受七日供。演説淨六度及方便法，各三十二。又爲大樹之子於樂音中演諸問答，又爲大樹之妻并諸女輩，説增一至十，捨女身成無上道之法。又許大樹之子無垢眼，當於樂音中出六十四護菩提音，令不放逸。次乘大樹所作寶車還靈鷲山。爲阿闍世王等説三十二種菩薩法器，并説菩薩有憂悒、無憂悒法，各四四種。次以偈答阿闍世王菩提行問，乃遣大樹還其所居。又爲瞿夷天子説四四法，能得無生法忍。又爲阿難説菩薩法施，有三十二功德名稱。次四天王説呪護持。

伅真陀羅所問寶如來三昧經三卷　南場北五　後漢月支國沙門支婁迦讖譯

與前經同。

三昧弘道廣顯定意經四卷　一名入金剛問定意。絲　西晉月支國沙門竺法護譯

得普智心品第一：佛遊鷲山頂，與千二百五十比丘、八千菩薩俱。阿耨達龍王問法。清淨道品第二　道無習品第三　請如來品第四：請入龍宮半月。無欲行品第五　信值法品第六　轉法輪品第七　決諸疑難品第八：文殊與諸菩薩從下方來，與迦葉議論，次與龍王説觀如來義。不起法忍品第九：龍王問，文殊答。衆要法品第十　受封拜品第十一：授龍王大菩提記。囑累法藏品第十二：靈山重囑流通。

佛説海龍王經四卷　南彼北景　西晉月支國沙門竺法護譯

行品第一：佛遊靈鷲山，與八千比丘、萬二千菩薩及天龍八部俱。龍王問菩薩法，共四十九句，佛一一廣答之。分別品第二：大衆獲益，龍王獻珠。六度品第三　無盡藏品第四　總持品第五　總持身品第六：以法門爲身也。總持門呪品第七：呪作華言翻

譯，諷誦者得三十二無畏。分别名品第八　授決品第九：説汙戒比丘多生龍中，威首龍子得受佛記。請佛品第十　十德六度品第十一：與十善業道經同。燕居阿須倫受決品第十二　無焚龍王受決品第十三　寶錦受決品第十四：龍王女也，與迦葉尊者論義。天帝釋品第十五：爲勸阿須倫，使不相戰。金翅鳥品第十六：佛以皂衣護諸龍等，有四金翅鳥惶怖趨佛。佛誨令持戒，令識宿命，不復爲惡。舍利品第十七：龍欲供佛全身舍利，須菩提謂其不可。諸龍子歎佛境界非聲聞所知。法供養品第十八：佛出龍宫，爲海神説十德莊嚴大海。龍子名受現，化作宫殿，送佛還靈鷲山。空浄品第十九：阿闍世王與龍王辨受決實義。囑累受持品第二十：諸菩薩各説受持之法，佛皆印之，并説神呪。亦翻作華言

佛説轉女身經一卷　男　劉宋罽賓國沙門曇摩蜜多譯

佛住耆闍崛山，有婆羅門名須達多，妻名浄日，懷一女胎，其胎合掌聽法，欲有所問。佛放光明，普照大千，令此衆會皆見此女在胎問法。問已，從右脇出，立蓮華臺。釋提桓因奉以天衣瓔珞，女報之曰：菩薩有十種衣服瓔珞而自莊嚴，所謂不失菩提心，不忘深心，大慈、大悲等，不受此，願求小智之衣。於是東南方浄住世界無垢稱王如來遣衣與之。女著衣已，即具五通，放光動地，禮佛問法。佛爲説三十種四法，三萬二千天人發菩提心。次與

舍利弗問答名字之義，佛與命名爲無垢光。又與舍利弗問答女身之義，次問得離女身之法，佛以增一至十法答之，兼明女身種種苦惱。五百比丘尼發菩提心，願離女身。七十五居士婦瓔珞供佛，化爲寶臺，各有佛坐，大衆圍繞。婦見神變，發菩提心，堅修梵行。即禮佛足，不轉女身誓不起地。佛爲説十六法，大地震動。七十五居士亦來，先以善來得度，諸女遂成男子，昇空説偈，復勸居士發菩提心，自乃請從彌勒菩薩如法出家。次無垢光勸母發菩提心，自亦發誠實語，轉成男子。

佛説無垢賢女經 三紙欠　潔　西晉月支國沙門竺法護譯

佛説腹中女聽經 二紙半　潔　北涼中天竺沙門曇無讖譯

二經並與前同。

大方廣如來祕密〔一〕**藏經** 二卷，北作一卷〔二〕　染　二〔三〕秦録

佛住耆闍崛山，與八千比丘、三萬二千菩薩及大千天衆俱。東方寶杖佛所，有無量志

〔一〕「密」，原無，據南藏、北藏補。

〔二〕「二卷，北作一卷」，北藏標上、下二卷，合爲一册，故稱一卷。

〔三〕「二」，原作「三」，據康熙本、乾隆本和南藏、北藏改。

莊嚴王菩薩，來問如來祕密藏法。佛答以發一切智心爲首，次明十六種四法、六種二法，又明九種四法、六種二法，是名初入如來密藏根本句也。於是菩薩投身作供。迦葉更請佛説祕密藏法，佛言：往昔逼惱於菩薩者，皆不墮落，以菩薩願力清浄故。喻如良藥、寶珠、油燈，又如墜地，還依地起，如打栴檀，亦得香氣。次説煩惱從虚妄生，不應堅著，如芥子火，吹長則漸燒，如大火聚，無依則漸滅。當知妄想煩惱，是不真實，對治法門，如不實藥。解知煩惱從因緣生，無性無生，名得菩提。次明設有極重十惡，若解如來説因緣法，如百千歲極大闇室，當然燈時，是闇已去。

持世經四卷　一名佛説法印品經。　南四北常　姚秦天竺沙門鳩摩羅什譯

四利品第一：佛在竹園，持世菩薩問法，佛答以八種四利，勤修諸法實相，亦善分别諸法之相；三種四利，能求念力；四種四法，名得念力；七種四利，能修習一切法，分别章句慧；四種四法，轉身常得不斷念，乃至得大菩提。復有七種五浄智力，復有三法：一、欲，二、精進，三、不放逸。　五陰品第二：明菩薩正觀五陰方便。　十八性品第三：明菩薩正觀十八界方便。　十二入品第四：明菩薩正觀十二入。　十二因緣品第五：明菩薩善觀十二因緣。　四念處品第六：明菩薩觀擇四念處。　五根品第七：明菩薩善知諸根。

八聖道分品第八：明菩薩善能知道。　世間出世間品第九：明菩薩善知世間出世間

法，得世間出世間法方便。有爲無爲法品第十：明菩薩善知有爲無爲法，得有爲無爲法方便。本事品第十一：説過去閻浮檀金須彌山王佛時，寶光菩薩精進持經，成一切義決定莊嚴佛。又無量光德高王佛法欲盡時，無量意菩薩精進持法，成無量光莊嚴王佛。於是跋陀婆羅伽羅訶達多菩薩等發願持經，佛讚印之。囑累品第十二：佛以神力護念，令大千界香氣偏滿，授持經記。

持人菩薩所問經四卷　南四北常　西晉月支國沙門竺法護譯

與上經同。

大方廣寶篋經二卷　南敢北恭　劉宋中天竺沙門求那跋陀羅譯

佛在祇園，先演説法，文殊菩薩後到，與須菩提酬唱，令須菩提默然。於是舍利弗、目犍連、阿難陀、大迦葉、富樓那各述文殊智慧、辨才、神力之事。

佛説文殊師利現寶藏經二卷　南敢北恭　西晉月支國沙門竺法護譯

與上經同。

佛説樂瓔珞莊嚴方便經一卷　亦名轉女身菩薩問答經。潔　姚秦罽賓國沙門曇摩耶舍譯

佛在耆闍崛山，須菩提夢佛爲説當聞未曾有法。次日白佛已，乞食，遇一女人，酬唱佛法。此女稱揚佛以二十事而行乞，又明菩薩以樂欲調伏衆生，又爲須菩提現男子身，又現

諸餘佛土食時差别，又説應供之義，令常隨天發大道心，次施須菩提食。須菩提轉施不汙一切法菩薩。其日須菩提不食，晡時至佛所，佛爲説此女人名，及爲女人授記。

順權方便經二卷　潔　西晉月支國沙門竺法護譯

與上經同，而分四品：一、沙門法品，二、見諦品，三、分衛品，四、假號品。

大莊嚴法門經二卷　南慕北毁　隋烏萇國沙門那連提黎耶舍譯

佛在耆闍崛山，與五百比丘、八千菩薩俱。文殊化現殊勝身色衣服，度婬女勝金色光明德，令得順忍。此女化現死壞惡相，使上威德長者恐怖，詣佛聞法，亦得順忍。佛爲二人次第授記。

佛説大浄法門品經一卷　南慕北毁　西晉月支國沙門竺法護譯

與上經同。

佛説大威燈光仙人問疑經一卷　貞　隋北天竺沙門闍那崛多譯

佛成道未久，大衆雲集。佛入寶捨三昧，出無量化身，十方化佛皆集，十方世界猶如一會。勝分菩薩説偈問法，大威光仙人止之，自問所疑。佛爲決疑，遂發大願，求一切智，一切仙人亦同發願，佛悉授菩提記。復出舌相，説持經功德，仍以此經囑累文殊菩薩。

佛説第一義法勝經一卷　貞　元魏中天竺婆羅門瞿曇般若流支譯

與上經同。

有德女所問大乘經三紙半　南賢北莫　唐南印度沙門菩提流志譯

佛在鹿林〔一〕，與彌勒入城乞食。有德女問佛所轉法輪，佛以十二緣生答之。仍致問難，佛乃爲説第一義諦無有諸業，亦無諸有而從業生，及以種種衆苦惱事；譬如諸佛所作化人，化人復更化作種種諸物。於是有德女稱歎供養，佛爲授菩提記。

梵女首意經四紙餘　莫　西晉月支國沙門竺法護譯

與上經同。

佛説大乘流轉諸有經二紙　維　唐大薦福寺沙門釋義淨譯

佛在竹林，影勝王問：云何有情先所造業，久已滅壞，臨命終時，皆悉現前？又復諸法體悉空無，所造業報而不散失？佛以夢見美女，覺後憶現影像答之。智者當觀察，眼不見於色，意亦不知法，是名勝義諦。

丶大方等脩多羅王經二紙半〔二〕　南才北良　元魏北天竺沙門菩提留支譯

〔一〕「鹿林」，經文爲「波羅奈國仙人住處施鹿林」。

〔二〕「二紙半」，康熙本、乾隆本正文作「二紙半餘」，其總目作「二紙欠」。

佛説轉有經一紙半　南效北良　元魏北天竺沙門佛陀扇多譯

二經並與前同。

佛説長者女庵提遮師子吼了義經六紙欠　南賢北信　附梁録

佛在祇園，應供於長者婆私膩迦家。其女不出，佛遣化女以殘食與之。女念其夫，其夫即至，乃同見佛。與舍利弗及文殊師利菩薩問答，明生以不生生爲生義等法。

外道問聖大乘法無我義經二紙半　南盡北則　宋中印土沙門法天譯

因外道問，爲説一切法如夢如幻，菩提心相自性清浄。

佛説大乘智印經五卷，今作二卷〔一〕　南言北之　宋西夏沙門智吉祥等譯

佛在迦蘭陀林，入城乞食而還，眉間放光，勸諸大衆安住如來所知境界，愍一切有情受差别相。乃入如來智印三昧，放光徧照，妙香莊嚴。釋迦十方分身佛示同一身，各各入城乞食，至林中同入三昧。所有菩薩及他方佛各遣菩薩與諸大衆普集。諸聲聞入定觀察，不知如來所在。佛出三昧，震動世界。舍利弗請開導悟入，佛以離一切分别答之。舍利弗重問色身三昧，佛宣偈重答，因廣勸修，大衆獲益、得記。先獨囑文殊守護此經，次囑彌勒，以

〔一〕「五卷，今作二卷」，南、北藏仍標五卷，合爲二册，故稱二卷。

七種發心、兩番五種不退轉法答彌勒修習之問，五種覆障法答彌勒不愛樂之問。又記王夫人及修此法者同生安樂國。又料簡善根多少，以判信心差别而勗修行。

佛説慧印三昧經一卷　南傷北才　吴月支國優婆塞支謙譯

△**佛説如來智印經**一卷　一名諸佛法身經。　南傷北才　附劉宋録

此二譯皆同上經，雖後譯稍勝，而皆不及上經之尤爲詳明，且缺乞食及分身佛來集二事。

佛説不增不減經五紙半　維　元魏北天竺沙門菩提留支譯

佛在耆闍崛山，舍利弗問：衆生界爲有增減，爲無增減？佛爲廣訶增減邪見，次示如來藏不思議三無差别義。

佛説入無分别法門經四紙　南斯北夙　宋北印土沙門施護譯

佛自説大乘無分别法，而爲發起，加無分别光菩薩問入無分别法門，佛爲答之，亦説一喻。

力莊嚴三昧經三卷，今作卷半〔一〕　南長北信　隋烏萇國沙門那連提黎〔二〕耶舍譯

〔一〕「三卷，今作卷半」，此指北藏而言，北藏標三卷，作一册半，第二册中合入佛説八部佛名經、百佛名經。南藏則標三卷，作三册。

〔二〕「黎」，南藏、北藏等此處皆無。

佛在祇園，於後夜入力莊嚴三昧。文殊師利等二十童子各禮佛足，分往十方佛土，各同十方菩薩來集。佛從定起，坐師子座。文殊先問佛十種智難信，佛以六喻明之。智輪菩薩問十智義，佛爲釋十智因緣，得成十力。次明三世諸佛皆觀菩提樹七日七夜，如此方便，即是不可思議諸佛如來甚深境界。次種種問答，明諸佛不思議境界，即一切衆生境界，是一境界，無二無別，依六根六塵，而示平等無差別義。

佛說無極寶三昧經二卷　南傷北才　西晉月支國沙門竺法護譯

佛在竹園，與千二百五十比丘、九十億菩薩俱。竹園四面周帀地生文陀般華，華上各有佛坐，各有菩薩，皆如文殊問法，百日之中六道受樂。佛入寶如來三昧，感動十方諸佛各遣菩薩來會，及天龍八部皆來集會。舍利弗與寶來菩薩及文殊、彌勒等種種問答法要。羅閱祇王請諸菩薩受供說法，與佛遥相酬唱。

寶如來三昧經二卷　南慕北才〔一〕　東晉西域沙門祇多蜜譯

與上經同。

佛說金剛三昧本性清淨不壞不滅經七紙欠　一名金剛清淨經。　南賢北信　新附三秦録

〔一〕「才」，原作「方」，康熙本、乾隆本同，據北藏改。

佛在毗耶離大林精舍，與五千比丘、萬八千菩薩及天龍八部俱。自詣法座，敷尼師壇，次第入十三三昧而起，放徧身光，入面出頂。彌勒問法，佛言：入首楞嚴三昧，修百三昧，乃入金剛三昧成佛。

寂照神變三摩地經一卷 維 唐大慈恩寺沙門釋玄奘譯

佛在靈山，海衆駢集。賢護菩薩問法，佛答以寂照三摩地，能令菩薩一切諸法皆得圓滿。經來未盡。

閱藏知津卷第九

北天目沙門釋智旭　彙輯

大乘經藏　方等部第二之八

大方廣師子吼經四紙餘　南男北良　唐中印度沙門地婆訶羅譯

佛在日月宫中，與九十百千俱胝比丘、無量菩薩俱。遣勝積菩薩往北方歡樂世界法起佛所聽法。勝積至彼，禮佛足已，卻住一面。法起如來故問：汝從何來？勝積默無言説，大衆生疑。法起如來微笑放光，十方雲集。電鬘菩薩問笑因緣，法起如來略説諸法實相本無言説。淨身菩薩問言：若無所説是真説者，瘖默不言皆應説法。佛言：瘂默不瘂默，亦皆説法，而不知法。如生盲人處日光中，而不見日。衆生所有音聲語言，皆入四無礙智。欲求法者，於自身求，欲求菩提，以五藴求。於是大千震動。佛更出廣長舌相已，普告大衆：釋迦牟尼即我法起。

佛説如來師子吼經五紙　南男北良　元魏北天竺沙門佛陀扇多譯

與上經同。

出生菩提心經十一紙半　南行北羊　隋北天竺沙門闍那崛多譯

佛在竹林精舍，迦葉大婆羅門夢大蓮華中有月輪，又見丈夫放光普照，次日問佛。佛爲説一切智利，及説偈勸發菩提心，次分別三種菩提，次示四攝法，次示天行、梵行、聖行，次説破魔衆會陀羅尼。

○**佛説發菩提心破諸魔經**上下合卷　南清北薄　宋北印土沙門施護譯

與上經同。

文殊師利問菩提經六紙餘　男　姚秦天竺沙門鳩摩羅什譯

佛初得道，在伽耶山，與千比丘、萬菩薩俱。入諸佛甚深三昧，諦觀諸法性相。文殊知之，即問云何發心，佛以無發是發義答之。月淨光德天子問言：緣何事故行菩薩道？文殊答以大悲爲本，大悲以直心爲本，直心以等心爲本，等心以無別異行爲本，乃至正觀以堅念不忘爲本，共十六句。又四心能攝因能攝果：一者初發心，二者行道心，三者不退轉心，四者一生補處心；廣作種種譬喻。次有定光明主天子問菩薩略道，文殊答言：一者方便，二者智慧；又一者助道，二者斷道等。次有隨智勇行菩薩問菩薩義、菩薩智，文殊答言：義名無用，智名有用。復語天子：菩薩有十智、十發、十行、十思惟、十治法、十善地、二隨法行。

伽耶山頂經九紙　男　元魏北天竺沙門菩提留支譯

佛說象頭精舍經八紙餘　男　隋北天竺沙門毗尼多流支譯

〇**大乘伽耶山頂經**七紙餘　男　唐南印度沙門菩提流志譯

三經並與前同本。

佛說文殊尸利行經七紙半　南效北良　隋北天竺沙門闍那崛多譯

文殊巡行諸比丘房，見舍利弗坐禪。後至佛前，互相問難，顯示阿羅漢義。五百比丘不忍，起座而去。文殊更說法要，五百還來，四百證果，一百墮獄。佛言：此百比丘若不聞此法，應墮地獄一劫，今聞法故，暫墮即出，生兜率天，至彌勒成佛時，初會便得證果。是故不聞此法，雖得四禪四定，不能解脱煩惱生死。聞已疑惑，猶勝不聞。

△**佛說文殊師利巡行經**七紙欠　南效北良　元魏北天竺沙門菩提留支譯

與前經同，文義小異。

佛說大乘善見變化文殊師利問法經五紙餘　南力北忠　宋中印土沙門天息災譯

佛爲文殊說大乘四諦及三十七品法。

佛説大乘不思議神通境界經三卷，今作二卷〔一〕　南清北薄　宋北印土沙門施護譯

佛住法界光明菩薩宫，與五十萬苾芻衆、萬二千菩薩及諸天子俱。佛入普徧光明三摩地，放大光明，普照十方，各有殑伽沙數菩薩雲集。妙吉祥菩薩在東方寶幢佛刹，勸慈氏菩薩同來聽法。慈氏不來，辯積幢亦不來。妙吉祥乃入無垢普光三摩地，現大神變而來佛所。普華幢天子問修何法，得如妙吉祥神通事業，佛以四種四法答之。又問妙吉祥發心久近，佛舉過去本事答之。次有徧照藏菩薩現瑞入會，與大迦葉互相問答。次普華幢再問妙吉祥最初發心之事，佛具答其最初發心轉女成男因緣。普華幢又問菩薩行法，佛令問妙吉祥，廣爲解説四念處、八正道、五根、五力、七覺支法門。

商主天子所問經一卷　維　隋北天竺沙門闍那崛多譯

佛在耆闍崛山，商主天子請文殊師利説法。文殊爲説一百十九智，又作種種問答，又説種種菩薩行。又問佛無生忍義，佛爲授菩提記。

佛説魔逆經一卷　維　西晉月支國沙門竺法護譯

佛在祇園，大光天子問文殊師利曰：云何爲菩薩魔事？文殊具答之。又問善哉無善

〔一〕「三卷，今作二卷」，此指南藏而言，南藏標三卷，合爲二册，故稱二卷。北藏則上、中、下卷合爲一册，應稱一卷。

哉法，亦具答之。魔來亂法，文殊令其身被五縛，又令變像如佛，説諸妙法，開示五百弟子。次有須深天子與文殊問答。

超日明三昧經二卷　南罔北短　西晉清信士聶承遠譯

佛遊柰園〔一〕，與二萬八千比丘、八萬菩薩衆俱，講大乘業無極之慧。善寶長者與千人俱，以七寶華供佛。佛令成蓋，光照十方，集諸大衆。普明菩薩偈讚佛已，問三昧法。佛言：行八十事，逮得超日明定。離垢目菩薩問三乘學，佛分别答之。淨教長者子問菩薩行，佛以增一至十法答之，唱十三昧名字。正見居士請問法要，佛答以有四事法，常不離佛。離垢目菩薩廣問十三昧義，佛一一細答，每一三昧各一嘉瑞，各與一波羅蜜相應，即是十地之義。慧施長者女共五百人發無上心，轉成男子，授菩提記。慧英菩薩與文殊菩薩及佛問答深義。阿難問佛菩薩道本，及問遲疾，佛言：亦有亦無。因述本生，精進不懈，致先得佛。日天子請佛次日受供，佛還柰園，解法長者、調意菩薩、蓮華淨菩薩、解縛菩薩、寶事菩薩、恩施菩薩、帝天菩薩、水天菩薩、大導師菩薩、龍施菩薩、大光菩薩各各問法，佛各答之。

〔一〕「柰園」，北藏原文爲「維耶離柰氏樹園」。

須真天子經二卷　南罔北短　西晉月支國沙門竺法護譯

問四事品第一：佛遊祇園，與千二百五十比丘、一萬菩薩，及諸天、四衆人俱。須真天子共發三十二問，佛一一答以四事。　答法義品第二：須真復以三十二事問於文殊，文殊一一答之。　法純淑品第三：亦須真問，文殊答。　聲聞品第四：須真勸諸大弟子各與文殊問答。　無畏品第五：亦須真問，文殊答，明菩薩得無所畏。　住道品第六：亦須真問，文殊答，明菩薩得住於道。　菩薩行品第七：亦須真問，文殊答。　分別品第八：亦須真問，文殊答，明菩薩得持法要，得入四果、三乘，亦得入凡夫〔一〕、三毒等法，亦得入生死、入滅度法。　頌偈品第九：亦須真問，文殊偈答智慧相、善權相。　道類品第十：亦須真問，文殊答，答竟，佛囑彌勒、阿難受持流通。

成具光明定意經一卷　南忘北彼　後漢西域沙門支曜譯

佛在迦維羅衛國，勅阿難集一切衆。有貴姓子善明與同輩五百人見佛，發心請佛，佛受其請。次問佛之妙德從何致之，佛言：有定意法，名成具光明，當浄行百三十五事。及爲説往因，爲授道記。

〔一〕「夫」，南藏、北藏等皆作「人」。

悲華經十卷　及　北涼中天竺沙門曇無讖譯

轉法輪品第一：佛在王城崛山〔一〕，與大比丘僧六萬二千人俱，菩薩四百四十萬，及梵天、六欲天等。時彌勒等上首菩薩，向東南方稱蓮華尊佛功德。寶日光明菩薩問佛因緣，佛答其故，謂蓮華尊佛昨夜初成正覺，作大佛事。　陀羅尼品第二：説彼東南世界相貌，及説過去日月尊佛授現佛記，授與解了一切陀羅尼門。説此事已，十方菩薩同來崛山〔二〕，聽受陀羅尼門，皆得見彼蓮華佛刹。次有解脱怨憎菩薩問修集陀羅尼法，佛答以四法、五法、六法，七歲中修。彌勒自言，於十恒沙劫前，已從娑羅王如來處得聞得修，以本願故，久在生死，待時成道，求佛授職。佛爲説諸章句，令衆獲益。又入偏一切功德三昧，度三惡道衆生，令生天人，爲諸天人示宿世因緣。　大施品第三：寂意菩薩問佛出此濁世因緣，佛備述恒沙阿僧祇劫前事，謂刪提嵐世界，善持劫中，無諍念輪王有大臣，名爲寶海，生寶藏佛。王及千子諸小王等皆悉供養，未發大心。寶海求夢，知彼志劣，以夢白佛，勸彼諸人發無上心，各取净土。　諸菩薩本受記品第四：寶藏如來授輪王記，即無量壽佛，第一太子即觀

〔一〕「王城崛山」，經文原作「王舍城耆闍崛山」。
〔二〕「崛山」，經文作「耆闍崛山」。

世音，第二王子即得大勢，第三王子即文殊師利，第四王子即普賢佛，第五王子即今蓮華尊佛，第六王子即法自在豐王佛，第七王子即光明無垢堅香豐王佛，第八王子即普賢菩薩。次授十千懈怠人記，次記第九王子即阿閦佛，第十王子即香手菩薩，第十一王子即寶相菩薩。又授五百王子記，又授四百王子記，又授八十九王子記，又授八萬四千小王記，又授寶海八十子記，又授寶海三億弟子記、千童子記、侍者五人記。最後寶海發大悲願，諸菩薩等皆悉讚歎。六方諸佛送華供養寶藏如來，摩頂授記，并説菩薩四法懈怠、四法精進。一者願取清淨世界，二者願於善心調伏白淨衆中施作佛事，三者願成佛已不説聲聞、辟支佛法，四者願成佛已壽命無量；是名四法懈怠。一者願取不淨世界，二者於不淨人中施作佛事，三者成佛已説三乘法，四者成佛已得中壽命，不長不短；是名四法精進。檀波羅蜜品第五：寶藏如來爲大悲菩薩説諸三昧門助菩提法清淨門經，大悲菩薩歷劫行諸難行苦行。入定三昧門品第六：十方諸佛皆我釋迦所化度者，皆遣菩薩來會供養。佛入三昧，令諸大衆皆入身毛孔中。復説十專心發於菩提，能入一切行門，乃至結名、結益、勸持，無怨沸宿大仙夜叉發願流通。

大乘大悲芬[一]**陀利經**八卷　南賴北敢　附三[二]秦録

與前經同，而分作三十品。

方廣大莊嚴經十二卷　亦名神通遊戲，前有御製序文。　南化北四大　唐中印度沙門地婆訶羅譯

序品第一：佛在祇洹，於中夜分入佛莊嚴三昧，放頂髻光，照浄居天，説偈開發。浄居天子遂來問法，佛受其請，晨朝爲衆宣説。　兜率天宫品第二　勝族品第三　法門品第四：將下生時，爲諸天説衆法門有一百八。　降生品第五　處胎品第六　誕生品第七　入天祠品第八　寶莊嚴具品第九　示書品第十　觀農務品第十一　現藝品第十二　樂音發悟品第十三　感夢品第十四　出家品第十五　頻婆娑羅王勸受俗利品第十六　苦行品第十七　往尼連河品第十八　詣菩提場品第十九　嚴菩提場品第二十　降魔品第二十一　成正覺品第二十二　讚歎品第二十三　商人蒙記品第二十四：成道十七日，始受商人供。　大梵天王勸請品第二十五　轉法輪品第二十六　囑累品第二十七

普曜經八卷　南被北大　西晉月支國沙門竺法護譯

[一]「芬」，康熙本、乾隆本同，南藏、北藏作「分」。

[二]「三」，北藏等諸藏皆無。

與上經同，而品有開合。

大方便佛報恩經 七卷　墨　出後漢録

序品第一：佛住耆闍崛山，阿難聞外道譏佛非孝，以是白佛。佛放面門光明，照十方界，集諸菩薩。　孝養品第二：佛坐寶華，現浄身中五道色相，明一切衆生互爲親屬，如來皆念報其恩德，并説須闍提太子以身肉濟父母難。　對治品第三：説轉輪聖王身剜千燈，以求半偈。　發菩提心品第四：佛爲喜王菩薩説發心乃名知恩，勸人發心乃名報恩，及説昔於地獄初發心事。　論議品第五：佛昇忉利爲母説法，外道造諸誹謗，佛從天下，現往昔忍辱太子寶塔，并説摩耶夫人得爲佛母本緣，又説沙彌均提本緣。　惡友品第六：佛以光照地獄，并説調達諸事，亦爲發其巧便。　慈品第七：説舍利弗先入涅槃本緣，及説如來種種慈善化力。　優波離品第八：佛勑尊者問戒中義，半與薩婆多毗婆沙〔一〕初卷同。　親近品第九：説佛往昔殺一惡賊，救五百人，現在救惡瘡比丘，并説知恩報恩種種法要，亦説三十二相，亦説相好之因。　然後囑累一切菩薩，一切菩薩各各發願。　係結集家手筆。

菩薩本行經 三卷　墨　附東晉録

〔一〕「薩婆多毗婆沙」，全稱薩婆多毗尼毗婆沙，八卷，見本書第三十三卷。

一、説往昔精進之行以策懈怠。一、爲波斯匿王説檀度事。一、授婆羅門辟支佛記。一、授牧羊人辟支佛記。一、舍利弗度師質大臣出家，被弟遣賊斷臂，證果夙世因緣。一、婆多竭梨尊者自説夙因。一、佛説往昔剜身求法事。一、爲貧士須達説施田差別。一、説如來降毒龍除國疫事，并説三千寶蓋夙因。一、説讚佛有大功德。一、度輔相婆羅門夫婦證果，并説其往因。共十一節。

○**佛説金色王經**七紙　南忘北短　元魏中天竺婆羅門瞿曇般若流支譯

説佛昔爲金色王，遇十二年大旱，僅存一食，轉供辟支佛。天即雨飲食、衆寶，以濟閻浮提。出菩薩本行〔一〕經第二段。

六度集經八卷　萬　吴天竺沙門康僧會譯

皆如來往昔行菩薩道時六波羅蜜行也。

太子須大拏經一卷　出六度集經第二卷。　南潔北才　乞伏秦沙門釋聖堅譯

菩薩睒子經六紙欠　潔　附西晉録

説佛往昔孝奉瞽親之事，被箭重甦。

〔一〕「行」下，原有「集」字，南藏、北藏等諸藏皆無，據删。

佛説睒子經五紙　潔　乞伏秦沙門釋聖堅譯

與上經同。

太子慕魄經五紙欠　潔　後漢安息國沙門安世高譯

佛説太子沐魄經二紙半　潔　西晉月支國沙門竺法護譯

二經説佛昔爲沐魄，十三歲不語事。

佛説九色鹿經二紙欠　潔　吴月支國優婆塞支謙譯

亦如來往昔行忍辱事。

已上六經，並出六度集經。

佛説長壽王經四紙餘　南賢北羊　附西晉録第二出

説佛昔爲長壽王，廣行布施。貪王伐之，誓不與戰，同子長生逃出。後愍貧人來乞，隨之而見貪王，王即殺之。殺時，誡子慎勿報怨。子奉遺命，欲報仍止。

佛説鹿母經七紙　維　西晉月支國沙門竺法護譯

説佛因地爲鹿母，誤墮弶中，求出見子，全信赴死事。

佛説大意經四紙半　維　劉宋中天竺沙門求那跋陀羅譯

佛在祇園，自説因地抒海求珠事。

佛説前世三轉經六紙　南效北良　西晉沙門釋法炬譯

佛在祇園，笑而放光。阿難問其因緣，佛爲説本生事；初爲上色女，割二乳救食子者；次轉成男子，作國王，正法治國，復以身普施禽獸；後轉生爲婆羅門子，絶食以求出家，捨身以救乳虎。

佛説銀色女經六紙餘　南效北良　元魏北天竺沙門佛陀扇多譯

與上經同，而事迹小異。

過去佛分衛經一紙餘　南賢北景　西晉月支國沙門竺法護譯

説佛因地，其母見佛乞食，發願生子出家，得授記事。

佛説妙色王因緣經三紙欠　南賢北景　唐大薦福寺沙門釋義净譯

佛在祇園，大衆諸根不動，聽聞法要。苾芻請問其故，佛説往昔求法，捨子捨妻，并捨自身奉夜叉食，今獲此報。

佛説月明菩薩經三紙欠　維　吴月支國優婆塞支謙譯

佛在耆闍崛山，爲月明童男説法施、飯食施，常當發四願，及説過去智止太子以身肉療比丘病，即是世尊往昔施行。

佛説頂生王因緣經六卷，今作二卷〔一〕　南言北之　宋北印土沙門施護等譯

佛在祇園，因勝軍王請問，爲説往昔修布施行，從王頂生，乃至統四大洲，詣忉利天，總經一百十四帝釋謝滅。

佛説賴吒和羅所問德光太子經一卷　維　西晉月支國沙門竺法護譯

佛在靈山〔二〕，爲賴吒和羅比丘説菩薩七種四法、五種四非法。次説往古吉義佛時，德光太子遠離放逸，見佛供養，護佛法藏事。

如來獨證自誓三昧經六紙餘　南才北良　西晉月支國沙門竺法護譯

佛遊句潭彌國，十方菩薩見靈瑞華，各承佛旨，來詣此土，以華供養。佛笑放光，爲賢儒菩薩説笑三緣，又爲明見光賢菩薩説出家法。梵王爲佛三證，迦葉自誓得戒等。

佛説自誓三昧經七紙欠　南效北良　後漢安息國沙門安世高譯

獨證品第四，出比丘浄行中，與上經同。

〔一〕「六卷，今作二卷」，語出南藏目録，南、北藏皆標六卷，合爲二册，故稱二卷。

〔二〕「靈山」，藏經原文爲「靈鳥頂王」。

佛昇忉利天爲母説法經三卷　身　西晉月支國沙門竺法護譯

佛遊忉利，止夏三月，與八千比丘、七萬二千菩薩俱。月氏天子問法得記。大目犍連勸發諸天供養世尊。佛爲略説十方現身施化之事，非聲聞、緣覺所知。又明一切佛身皆同幻化，有供養者福祐亦等。

道神足無極變化經四卷　南蓋北方　西晉安息國沙門安法欽譯

與上經同，而有目連普見一切處佛，疑怪請問之事。

佛説盂蘭盆經一紙半　南才北知　西晉月支國沙門竺法護譯

佛爲目連説七月十五日供自恣僧法，度其母脱餓鬼苦。

佛説報恩奉盆經一紙欠　亦云報像功德經。　南才北知　附東晉録

與上經同，而甚簡略。

佛説巨力長者所問大乘經上中下同卷　南取北斯　宋西夏沙門智吉祥等譯

佛在祇園，巨力長者心生覺悟，爲五百長者説世無常及三乘法，五百長者咸皆有疑，同來見佛。佛爲略説三乘方便。長者願聞大乘深法，佛爲廣説六度妙行，并説生死過患。長者得無上忍，以偈讚佛，求得出家，佛爲授記。

佛説德護長者經二卷　南男北潔　隋烏萇國沙門那連提黎耶舍譯

佛住耆闍崛山，外道嫉妒，勸德護長者於七種門各作火坑，復以毒藥置飲食中，請佛應供。月光童子向母月雲歎佛功德，母亦爲子歎佛功德，一千綵女聞皆歡歎。長者勅語家人營辦火坑、毒食，月光廣說佛不受害。佛將受請，放光普召十方無數菩薩同來應供。月光童子、月上童女及德生女、智堅童子又來向父說偈讚佛。佛至其家，長者見大神力，慚愧懺悔。佛以實語滅諸毒藥，授月光及長者等大菩提記。內云：月光於末法時，脂那國內作大國王，名曰大行，令諸衆生信於佛法。又以大信心威德力，供養我鉢，受持一切佛法，造無量法塔。

△佛說月光童子經七紙半　一名申日經。　潔　西晉月支國沙門竺法護譯

與上經同。

佛說申日兒本經二紙欠　潔　劉宋中天竺沙門求那跋陀羅譯

亦與上經同，而事稍略。疑是小機所見，與根本律部中同。

佛說勝軍王所問經五紙半　南淵北斯　宋北印土沙門施護譯

佛在祇園，爲勝光王說王法，應以正治國，勿貪欲樂，應以四攝法攝取衆生，應觀欲樂無常、苦、空，并爲說十二因緣。但較說王法經少付囑王臣語及勝旛陀羅尼；而四山一喻，後三經皆以老、病、死、衰合，此以邪行、老、病、死合，名爲四怖。

佛說諫王經三紙餘　才　劉宋居士沮渠京聲譯

○如來示教勝軍王經六紙餘　才　唐大慈恩寺沙門釋玄奘譯

○佛爲勝光天子説王法經五紙半　才　唐大薦福寺沙門釋義浄譯

三經並與前同。

佛爲優填王説王法政〔一〕論經七紙餘　南思北之　唐北天竺沙門大廣智不空譯

説帝王十種過失、十種功德及五種衰損法、五種可愛樂法。

佛説薩羅國經三紙　南賢北信　開元附東晉録

佛從祇園往化，王及國人知苦，發菩提心。

佛説阿闍世王受決經三紙半欠　南效北良　西晉沙門釋法炬譯

佛在耆闍崛山，王然多燈供佛，貧母亦然一燈，先得受決。王又取華供佛，採華人先以華供，又得受決。王乃於九十日中，同夫人、太子等自作寶華供具，華成，聞佛已入涅槃。王甚悲泣，耆婆諭以佛無生滅，至誠能至。王因持華到山，依然見佛，散華供養。佛爲授決，便不復見。

採華違王上佛授決經二紙欠　南效北良　東晉西域沙門竺曇無蘭譯

〔一〕「政」，原作「正」。康熙本、乾隆本正文作「正」，總目作「政」，南藏、北藏作「政」，據以修改。

即前經中采華人受決一事。

佛説差摩婆帝受〔一〕**記經**三紙　南賢北景　元魏北天竺沙門菩提留支譯

佛住耆闍崛山，與彌勒入城乞食。至頻婆娑羅王宫，其夫人差摩婆帝以名衣爲座，而請佛坐。佛與夫人互問樹莊嚴義，而授道記。

佛説賢首經二紙半　維　乞伏秦沙門釋聖堅譯

佛在摩竭提國清浄法座處，大會説經。洴沙國王夫人颰陀師利此云賢首。願聞十方佛、菩薩、刹土名，佛爲説之。缺上方名。次問離女身法，佛答以十事。增一至十。

佛説堅固女經五紙餘　維　隋烏萇國沙門那連提黎〔二〕耶舍譯

佛在祇園，説女人應離諸過而發大心，堅固優婆夷即於佛前發大菩提。舍利弗與之問答，佛授道記。

佛説心明經二紙半　維　西晉月支國沙門竺法護譯

〔一〕「受」，原作「授」，據南藏、北藏和總目改。
〔二〕「黎」，南藏、北藏皆無。

佛在靈山〔一〕行分衛，梵志婦畏其夫，僅以一杓飯汁施佛。佛爲授記作佛，并其夫亦出家證果。

佛説金耀童子經七紙欠　力　宋中印土沙門天息災譯

舍衛國婆羅門生一童子，有諸吉祥，佛往視之。後來見佛，佛授道記，并説夙緣。

佛説逝童子經二紙半　潔　西晉沙門支法度譯

逝年十六，佛詣其門。逝勸母行施，母慳，佛現威神。逝勸母與其自分飲食及衣，持用供佛，求無上道。佛與授記。

△佛説長者子制經三紙餘　潔　後漢安息國沙門安世高譯

佛説菩薩逝經三紙餘　南男北潔　西晉河内沙門白法祖譯

二經並與前同。

佛説龍施女經二紙欠　南效北知　吴月支國優婆塞支謙譯

佛遊柰園。須福長者女名龍施，浴時，遥見佛相，發菩提心。魔變作父相，勸令修小乘，心堅不動。魔教令從樓投身而下，彼即如命投下，變成男子，得受道記。

〔一〕「靈山」，藏經原文作「靈鷲山」。

△佛説龍施菩薩本起經三紙半　南效北知　西晉月支國沙門竺法護譯

與上經同，而皆龍施自説。初説昔爲毒蛇，供事道人，因道人去，悲哀登樹，投身命過，生兜率天。從天來下，作須福女。

佛説長者法志妻經三紙欠　南賢北信　出安公涼土録

佛在祇園，入城分衛，化法志妻及一切下使，皆轉男，得授道記。

佛説乳光佛經五紙半　潔　西晉月支國沙門竺法護譯

佛示有風疾，命阿難乞乳於梵志家。梵志譏嫌，維摩説法而開悟之。帝釋化作童子穀乳，牛母牛子歡喜布施。阿難以此白佛，佛説牛往因，授以道記。

佛説犢子經一紙半　潔　吴月支國優婆塞支謙譯

即前經乞乳事，而無維摩説法。

佛説樹提伽經二紙半　南賢北羊　劉宋中天竺沙門求那跋陀羅譯

佛説樹提伽長者往昔供病道人，今享天福，王不能奪。

寶授菩薩菩提行經十紙欠　南興北深　宋中印土沙門法賢譯

佛乞食廣嚴城，現大神變。寶授童子年始三歲，以金蓮供佛，遂與目連、舍利弗互相問答，深明大乘法義。又與妙吉祥菩薩問答。有八苾芻吐血命終，墮阿鼻獄。佛記彼後從地獄出，當得授記。寶授次以一器飲食，徧供佛、僧而無有盡，佛爲授記。

演道俗業經九紙　南忘北信　乞伏秦沙門釋聖堅譯

佛爲給孤獨〔一〕長者說在家有三財，出家有三業，即三乘法也。

優婆夷淨行法門經二卷　南賢北行　出安公涼土録

修行品第一：佛住舍衛國歡喜殿中，毗舍佉母與千五百清信女來問優婆夷淨行。佛先說其往昔常樂聞法因緣，次答示十九淨行，又答十行法、五十八法、三大行、四取佛地行、四安住觀、三十二不淨觀、七縛著、三善行、八大人念。修學品第二：答示五十修學，六種光明修學，三十二相有二十行，并示八十種好。瑞應品第三：答示菩薩生時十六種奇特瑞相，又有三十二瑞相，一時俱現。

菩薩道樹經十二紙　或云私呵昧經，亦名道樹三昧，亦名私呵三昧經。　南忘北彼　吴月支國優婆塞支謙譯

佛在竹園，長者子私呵昧與五百弟子遥見佛相，因問：云何起菩薩意？有幾意喜？有幾功德休息？行何等法？何以致無生忍？用幾事得一切智？用幾法住？用幾法滅度？滅後有幾功德？云何爲諦？佛一一答以六法。私呵昧發大願，佛爲授記。

〔一〕「獨」，原無，康熙本、乾隆本同。北藏中稱給孤獨氏、給孤獨居士，據補。

菩薩生地經 二紙半　南忘北彼　吴月支國優婆塞支謙譯

差摩竭，釋種長者子，問云何疾得佛，佛答以二種四事。即解珠寶、瓔珞供佛，化成寶蓋，出五百化人，亦興供養。長者子得受記。

閱藏知津卷第十

北天目沙門釋智旭　彙輯

大乘經藏　方等部第二之九

佛説緣起聖道經四紙欠　南效北良　唐大慈恩寺沙門釋玄奘譯

説佛初坐樹下，觀十二因緣流轉還滅道理，而成正覺。

佛説貝多樹下思惟十二因緣經三紙半　南效北良　亦名聞城十二因緣。　吴月支國優婆塞支謙譯

○**佛説舊城喻經**四紙餘　南興北臨　宋中印土沙門法賢譯

二經並與前同，謂逆順觀十二因緣，如行舊道而達舊城。

分別緣起初勝法門經上下合卷　南敢北賴　唐大慈恩寺沙門釋玄奘譯

以十一種殊勝事故，於緣起初，説無明以爲緣性：一、所緣殊勝，二、行相殊勝，三、因緣殊勝，四、等起殊勝，五、轉異殊勝，六、邪行殊勝，七、相狀殊勝，八、作業殊勝，九、障礙殊

勝，十、隨縛殊勝，十一、對治殊勝。

佛説緣生初勝分法本經上下合卷　南敢北賴　隋南天竺沙門達摩笈多譯

與上經同。

大乘舍黎娑擔摩經六〔一〕紙　南履北臨　宋北印土沙門施護譯

佛在鷲峰，告諸苾蒭：若於十二緣生而能見了，是名見法、見佛。舍利子以問慈氏菩薩，慈氏細爲解釋十二因緣甚深之義。乃性、相二宗要典。

佛説了本生死經四紙　南效北良　吴月支國優婆塞支謙譯

與上經同，而是舍利弗爲比丘説。

○**佛説稻稈經**六紙欠　南效北良　附東晉録

○**慈氏菩薩所説大乘緣生稻稈喻經**六紙半〔二〕　南流北興　唐北天竺沙門大廣智不空譯

二經亦並與前同。

佛説法身經三紙半　南興北深　宋中印土沙門法賢譯

〔一〕「六」，康熙本、乾隆本正文作「五」，總目作「六」。

〔二〕「六紙半」，康熙本、乾隆本正文作「七紙」，總目作「六紙半」。

説化身及法身二種功德，法身中具明增一法數。

佛説十號經二紙　南命北盡　宋中印土沙門天息災譯

阿難一一致問，佛爲一一解説。

稱讚大乘功德經四紙餘　南效北良　唐大慈恩寺沙門釋玄奘譯

佛住法界藏殿，德嚴華菩薩問：何等是新學菩薩惡友，應須遠離？佛言：無如樂二乘人，乃至寧墮地獄，不應起二乘作意。次明謗大乘罪，及釋大乘名義。

△妙法決定業障經三紙　南效北良　唐于闐國沙門釋智嚴譯

與上經同。

佛説大乘四法經一紙欠　南效北良　唐中印度沙門地婆訶羅初譯

佛在祇園，爲苾芻説：一、不捨菩提心，二、不捨善知識，三、不捨堪忍愛樂，四、不捨阿練若。

佛説菩薩修行四法經一紙欠　南效北良　唐中印度沙門地婆訶羅譯

與上經義同，而文小異。

大乘四法經七紙半　維　唐于闐國沙門實叉難陀譯

佛在祇園，文殊師利菩薩以寶蓋供佛，明菩薩供養無有厭足，及説種種四法。又説三十五住菩提法，應離十慢。

佛說大乘百福相經六紙餘　南男北良　唐中印度沙門地婆訶羅譯

佛在舍衛國普妙宮中，文殊師利請問如來福德之量，佛爲明十善福、輪王福、帝釋福、自在天福、初禪福、二禪福、摩醯首羅福、辟支福、後身菩薩福、如來毛孔福、八十隨好福、八十隨相文福、三十二相福、大法言音福，展轉增勝。又明有二種法生如來身：一者勝願力，二者方便力。

佛說大乘百福莊嚴相經七紙半　南效北良　唐中印度沙門地婆訶羅譯

與上經同，而字稍增減。

○**佛說妙吉祥菩薩所問大乘法螺經**五紙餘〔一〕　南思北斯　宋中印土沙門法賢譯

亦同前經，但「初禪」作「魔王」，「後身」作「初發心」。

大乘造像功德經上下合卷　南羔北知　唐于闐國沙門提雲般若譯

佛往忉利天上，優填王初造佛像。佛從天下，王問功德，佛深讚之。彌勒因問滅業障事，佛一一細答。

〔一〕「餘」，康熙本、乾隆本正文無，總目有。

佛説造立形像福報經三紙餘　南才北知　附東晉録

佛在拘羅瞿國，爲優填王説。

佛説作佛形像經二紙　南效北知　附後漢録

與上經同。

佛説造塔功德經有釋圓測序。共二紙　維　唐中印度沙門地婆訶羅譯

佛在忉利天，爲觀世音菩薩説内分别一四句偈義：諸法因緣生，我説是因緣。因緣盡故滅，我作如是説。如是偈義，名佛法身。汝當書寫置彼塔内。何以故？一切因緣及所生法性空寂故，是故我説名爲法身。

佛説右遶佛塔功德經二紙餘　南賢北景　唐于闐國沙門實叉難陀譯

佛在祇園，舍利弗請問，佛以偈答。

佛説樓閣正法甘露鼓經三紙半　南力北忠　宋中印土沙門天息災譯

阿難問：云何種清浄善根？云何作曼拏羅乃至作如來像？云何功德？佛爲廣説曼拏羅，乃至作像功德極大。

無上依經二卷　南效北良　蕭梁優禪尼國沙門真諦譯

校量造佛功德品第一：佛住竹林，與比丘、菩薩、優婆塞、優婆夷諸大衆俱。阿難問造

佛功德，佛廣爲校量顯勝。　如來界品第二：明如來界性不可思議，煩惱所隱，名衆生界；修菩提道，説名菩薩；出離煩惱，過一切苦，洗除垢穢，究竟清淨，説名爲佛。於三位中，一切處等，悉無罣礙，本來寂靜，依如實知，依如量修，正覺衆法，悉平等如，住無餘涅槃，不捨衆生利益事。　菩提品第三：明如來最極清淨轉依，常樂我淨功德，超過聲聞、緣覺、大地菩薩三種意生身，是名菩提不可思議。　如來功德品第四：明如來一百八十不共之法，謂三十二相、八十種好、六十八法。十力、四無所畏、三念處、大悲、十八不共法、三十二種如來獨得。如來事品第五：明如來有十八事最妙最上，因百八十法而成。　讚歎品第六：阿難偈讚如來功德。　付囑品第七：明以十法受持此經，一、書寫，二、供養，乃至十、修行。

佛説未曾有經三紙欠　南男北良　後漢失譯人名

佛説甚希有經四紙半　南男北良　唐大慈恩寺沙門釋玄奘譯

二經皆即上造佛功德品及付囑品。

佛説諸法勇王經一卷　潔　劉宋罽賓國沙門曇摩蜜多譯

佛在竹林，有新出家比丘問畢報施恩事，佛以入僧數、修僧業、得僧善利三法答之。次問：發大乘心而出家者，具三法否？　佛言：不在三法。　比丘三致疑問，佛三止之。　次放白毫相光，照大千界，集諸大衆。　舍利弗復致三請，佛爲説阿耨達池喻，廣顯發心功德，謂無人能報恩者，唯除漏盡及發大心耳。次較持經功德，及爲發心者説性空法。魔軍落地，佛亦勅其持經。

一切法高王經一卷　貞　元魏中天竺婆羅門瞿曇般若流支譯

諸法最上王經一卷　南維北行　隋北天竺沙門闍那崛多等譯

二經並與上同。

佛説施燈功德經一卷　難　高齊烏萇國沙門那連提黎耶舍譯

佛在舍衛給孤獨園，告舍利弗：佛有四種勝妙善法，爲一切衆生無上福田。若七衆以燈供養，其福不可思議，於現在世得三種淨心，於臨終時得三種明。又復得見四種光明，便生三十三天，於五種事而得清淨。還生人中，出家持戒，又得四種可樂之法，得四種清淨。又若住於大乘施燈明者，世世得八種可樂勝法，得八種無量勝法。又以燈施説法者，得於八種無量資糧。又見他施如來燈生隨喜心者，得八種增上之法。次歎五種法最爲難得：一、得人身，二、信樂法，三、得出家，四、具淨戒，五、得漏盡。次説偈較施燈福德，唯發大菩提心者爲最。

浴像功德經三紙餘　南才北知　唐大薦福寺沙門釋義淨譯

佛在鷲峰山頂，清淨慧菩薩請問：佛涅槃後，宜作何供養？佛言：供舍利如芥子，得十五功德。浴佛形像，應用香水，作壇沐浴，功德無量。

佛説灌佛經一紙半　一名灌洗佛形像經。　南才北知　西晉沙門釋法炬譯

、**佛説灌洗佛經**三紙餘　一名摩訶剎頭經〔一〕。　南才北知　乞伏秦沙門釋聖堅譯

○**佛説浴像功德經**二紙半　南才北知　唐迦濕蜜羅國沙門寶思惟譯〔二〕

三經並與前同，而聖堅所譯，云四月八日宜如佛初生時，以香水浴像。

佛説菩薩行五十緣身經四紙半　南忘北短　西晉月支國沙門竺法護譯

佛在耆闍崛山，爲文殊菩薩説前世功德，今致相好。

佛説内藏百寶經六紙餘　南莫北短　後漢月支國沙門支婁迦讖譯

文殊問漚和拘舍羅所入事，佛答以隨世間習俗而入，示現若干種種諸事，其實佛無種種事也。

佛説最無比經八紙欠　南效北良　唐大慈恩寺沙門釋玄奘譯

佛爲阿難較量三歸功德不可思議，次及十善、八關、五戒、十戒、式叉摩那戒、尼戒、比

〔一〕「經」，原無，康熙本、乾隆本同，據北藏補。

〔二〕「唐迦濕蜜羅國沙門寶思惟譯」，南藏、北藏皆作「唐天竺三藏法師寶思惟譯」。

丘戒，乃至發菩提心功德，以次轉勝，不可思議。

△**佛説希有校量功德經**五紙　南效北良　隋北天竺沙門闍那崛多譯

與上經同，而缺發菩提心一節。

文殊師利問菩薩署經一卷　南詩北率　後漢月支國沙門支婁迦讖譯

舍利弗欲問法，佛言：若從文殊師利但問怛薩阿竭署因緣法名，未悉得其事，今爲汝説之。舍利弗及目犍連等作禮，請問菩薩摩訶僧那僧涅。佛言：怛薩阿竭署者有四事：一者發意，二者阿惟越致，三者菩薩坐於樹下，四者具足佛法。及種種問答以顯其義。次有迦葉等各呈學署法門，次有五百婆羅門來問法，各各述己瑞應。

佛説明度五十校計經二卷　絲　後漢安息國沙門安世高譯

十方菩薩問何因緣，菩薩有癡有黠，乃至智慧有厚薄。佛言：知校計爲黠，不修校計爲癡。因廣説五十校計法。

入定不定印經一卷　有武周新翻三藏聖教序。　南髮北被　唐大薦福寺沙門釋義凈譯

佛在鷲峰，妙吉祥問菩薩退不退行，佛言：有五種行：一、羊車行，二、象車行，三、日月神力行，四、聲聞神力行，五、如來神力行。前二有退，名不定；後三不退，名定。

△**不必定入定入印經**一卷　南髮北被　元魏中天竺婆羅門瞿曇般若流支譯

與上經同。

佛説謗佛經六紙欠　男　元魏北天竺沙門菩提留支譯

佛在耆闍崛山，時有十菩薩，曾七年勤修陀羅尼，心苦不静，捨戒還家。不畏行菩薩爲彼請佛開化，佛説其過去謗法師，久受種種惡報，并七百世勤修無剋因緣等；次爲説陀羅尼，令仍出家。七日住於慈悲無常念佛三昧，一心持之，得見十方千佛，惡障盡滅，獲陀羅尼，得不退轉。次重誡人於善惡法師，失命身死，不應見其過，而以應具四種凈法釋之。末略示修此陀羅尼法。

△**佛説決定總持經**七紙半　男　西晉月支國沙門竺法護譯

與上經同。總持譯作華言。

佛説象腋經一卷　慕　劉宋罽賓國沙門曇摩蜜多譯

佛在靈山，與五百比丘、六萬菩薩俱。舍利弗説偈歎安樂德。佛放身光集衆，觀文殊而微笑。文殊啓問，佛唱經名。阿難請説，佛讚許之。文殊啓問。佛爲説六度及六三昧，次明欲入此經，如入虚空。六十增上慢比丘欲從座去，舍利弗留之，更請問佛，佛爲解釋，令大衆獲益，增上慢者得證。於是文殊重問：云何學？云何行？云何住？云何修進？佛以偈答，次明信解者得二十功德，并説往古金剛幢菩薩以呪療衆生病。

佛説無所希望經一卷　一名象步經。　慕　西晉月支國沙門竺法護譯

與上經同。

佛説甚深大迴向經四紙欠　南賢北景　劉宋失譯師名〔一〕，出祐公録

佛在祇園，明天菩薩問曰：云何少修善本而獲大果？佛言：應於去、來、現在佛所，修慈身、口、心行，所謂隨喜歎善。又於去、來、現在諸衆生所，修慈身、口、心行，所謂持十善戒。以此功德，共一切衆生迴向無上菩提。

佛説大方廣未曾有經善巧方便品四紙欠　南淵北斯　宋北印土沙門施護譯

大意菩薩問：修菩薩行者，於五欲境作何方便，取而不著，雖復常行，無所障礙？佛答：以於諸佛所深種善根，名爲善巧方便，即得諸佛共所建立，所謂行少分施，起增上心，迴向一切，一香、一華、一燈、一衣，乃至園林飲食，皆爲衆生普發大願。又於所見一切境界，皆爲衆生普發大願。略與華嚴淨行品同。

佛説十二頭陀經四紙半　一名沙門頭陀經〔二〕。南賢北羊　劉宋中天竺沙門求那跋陀羅譯

〔一〕「失譯師名」，原無，據南藏、北藏補。
〔二〕「經」，原無，據北藏補。

佛在給孤獨園，食已，至阿蘭若處，趺坐微笑。摩訶迦葉請問笑緣，佛言：阿蘭若處，十方諸佛皆讚歎，無量功德皆由此生，三乘聖道皆由此得。行此法者有十二事：一、在阿蘭若處遠離二著，二、常行乞食，三、次第乞食，四、受一食法，五、節量食，六、中後不飲果蜜等漿，七、著弊衲〔一〕衣，八、但三衣，九、塚間住，修止觀，十、樹下止，十一、露地坐，十二、但坐不臥。更宜繫心一處，觀五蘊空。比丘、菩薩依教諦觀身相，各獲果證。帝釋、文殊發願護持。

佛說四輩經二紙半　南賢北景　西晉月支國沙門竺法護譯

佛在祇園，自說末世弟子能壞佛道。於是舍利弗作當機，聽佛說四輩弟子法非法事。

佛說三品弟子經二紙餘　一名弟子學有三輩經〔二〕。　南賢北景　吳月支國優婆塞支謙譯

佛在祇園，爲阿難說在家弟子，有上、中、下輩，功德罪業不同。

佛說四不可得經四紙餘　南莫北短　西晉月支國沙門竺法護譯

因四仙人避無常而不能免，佛爲比丘說四不可得，及說菩薩初、中、竟善。

佛說佛印三昧經二紙半　南行北羊　後漢安息國沙門安世高譯

〔一〕「衲」，康熙本及北藏作「納」。

〔二〕「經」，原無，據北藏補。

佛在耆闍崛山，入於三昧，光照十方。大衆雲集，彌勒、舍利弗向文殊問佛身所在，文殊令入三昧觀之，皆不能見。須臾佛現，乃問其義，佛言：住深般若佛印故也。

佛語法門經三紙　南忘北短　元魏北天竺沙門菩提留支譯

佛住毗耶離大林，龍威德上王菩薩請問，佛爲分别是佛語非佛語門。龍威德上王悟無生忍，衆並獲益。

佛説法常住經一紙餘　南賢北羊　附西晉録

佛在祇園，爲比丘説有佛無佛，法性如故，如來出世，爲衆生故，分别演説四諦、十二因緣、六度等法。若行者與合，無彼無此，猶如衆流合海。

佛説罪業報應教化地獄經五紙餘　南尺北敬　後漢安息國沙門安世高譯

佛在耆闍崛山，因信相菩薩請，放眉間光，照於地獄，尋光見佛。信相問二十種惡報罪因，佛一一答，誡令修行報恩，大衆獲益。即慈悲道場懺法中所引。

佛説辯意長者子所問經八紙餘　當　元魏沙門釋法場譯

答生天乃至佛會，各有五事，共説五十法要。次於請食時，一乞人發惡意，即感惡報。一乞人發善意，即得善報，爲國王，還供佛、僧。

佛説大自在天子因地經六紙半　南命北盡　宋北印土沙門施護譯

目犍連於大自在天宫乞食，大自在天先爲天后讚佛功德，次以食施，兼語目連過去無數劫事。目連食竟，入定思惟，不能得知。舍利弗、大迦葉亦不能知，共往問佛，佛乃説其往因。

佛説尊那經五紙半　南夙北臨　宋中印土沙門法賢譯

佛在憍睒彌國瞿師羅林，尊那尊者問無盡功德，佛答以七種布施、七緣發心。

佛説弟子死復生經五紙　當　劉宋居士沮渠京聲譯

優婆塞先事外道，後奉佛戒，死去十日復生，述冥中所見之事，化一家皆見佛得果。

佛説七女經五紙半　南尺北敬　吴月支國優婆塞支謙譯

拘留國婆羅門七女，喜自貢高。有分儒達居士爲之問佛，訶其不好，并説往昔國王七女因緣。

佛説懈怠耕者經一紙　當　劉宋居士沮渠京聲譯

耕人遥見佛來，發心欲見，尋退，欲俟閒時。佛放光集衆，説其已過六佛，今又懈怠。彼人聞已，乃趨見佛，悔過聞法，得不退轉。

大法炬陀羅尼經二十卷　使可　隋北天竺沙門闍那崛多譯

緣起品第一：善威光天子請問陀羅尼門，佛入大力莊嚴三昧，令過去境界一切現前，次爲阿難説過去放光如來説此經事。　伏魔品第二　授魔記品第三　三乘行品第四

問法性品第五　菩薩行品第六　相好品第七　四念處品第八　四聖諦品第九　忍校量品第十　三乘教品第十一　三法藏品第十二　法師相品第十三　謗法果報品第十四　勸受持品第十五　智成就品第十六　忍成就品第十七　證涅槃品第十八　勸證品第十九　法師行相品第二十　遮謗品第二十一　功德品第二十二　爲他悔過品第二十三　六度品第二十四　求證品第二十五　諸菩薩證三昧品第二十六　召諸菩薩品第二十七　問等覺品第二十八　三昧因緣品第二十九　供養法師品第三十　入海神變品第三十一　佛昇須彌山頂品第三十二　天伏阿脩羅品第三十三　阿脩羅本業品第三十四　雜類本業品第三十五　説無相品第三十六　勸修行品第三十七　三字法門品第三十八　將護法師品第三十九　放光佛本事品第四十　教證法品第四十一　説無住品第四十二　説聽功德品第四十三　諸菩薩證相品第四十四　如化品第四十五　緣生法品第四十六　信解品第四十七　離惡友品第四十八　辨田讚施品第四十九　付菩薩品第五十　付天帝釋品第五十一　法師弘護品第五十二　以上五十二品，皆述昔時放光如來所説法也。

大威德陀羅尼經二十卷，北作十六卷〔一〕　覆器　隋北天竺沙門闍那崛多譯

〔一〕「二十卷，北作十六卷」，北藏仍標二十卷，合爲十六册，故稱十六卷。

佛爲阿難説陀羅尼法本，先列種種根數，次一一法中示多種名、多種義，亦廣説末世惡比丘事，及示菩薩住母胎中樓閣莊嚴。

尊勝菩薩所問一切諸法入無量法門陀羅尼經一卷　南莫北罔　高齊河南居士萬天懿譯

東方菩薩興無量供養，利益羣生，見佛入一真諦法，請問此陀羅尼門。

佛説無崖際總持法門經一卷　南莫北罔　乞伏秦沙門釋聖堅譯

與上經同。呪作華言。

金剛場陀羅尼經一卷　南莫北罔　隋北天竺沙門闍那崛多譯

佛於靈山妙色聚落，入一切法平等相三昧。諸比丘皆不見佛所在，諸天亦爾。次見在金窟，以神通力使諸菩薩去地而坐。其大菩薩各入三昧，令衆獲益。佛騰空微笑放光，文殊請問，佛乃説金剛場陀羅尼法，無一切善不善、有爲無爲，乃至一切諸法一切平等同故。欲是陀羅尼，惱是陀羅尼，癡是陀羅尼，乃至天龍八部、女相男相、地獄等，皆是陀羅尼。又説入無二法門，無明乃至生是陀羅尼。

金剛上味陀羅尼經一卷　南莫北罔　元魏北天竺沙門佛陀扇多譯

與上經同。

閱藏知津卷第十一

北天目沙門釋智旭彙輯

大乘經藏　方等部第二之十已下密部

述曰：梵語陀羅尼，此云總持，亦云遮持，本通顯密二説，亦復徧於五時。但密壇儀軌，須有師承，設或輒自結印持明，便名盜法，招愆不小。今此道失傳久矣，典籍僅存，何容僭議？僅列經題品目如左。

大佛頂如來密因修證了義諸菩薩萬行首楞嚴經十卷　羔　唐中天竺沙門般刺密帝譯

阿難示墮摩登伽難，佛放頂光説呪，勅文殊將呪往護，提獎來歸，啓請大法。佛爲先開圓解，次示圓行，次明圓位，乃至精研七趣，詳辨陰魔。此宗教司南，性相總要，一代法門之精髓，成佛作祖之正印也。

佛説一切如來真實攝大乘現證三昧大教王經三十卷，南作十九卷，北作十七卷〔一〕　南如松北盛川

宋北印土沙門施護等譯

金剛界大曼拏羅廣大儀軌分第一：大毗盧遮那如来在色究竟天王宫與九十九俱胝大菩薩衆俱。爲坐菩提場一切義成菩薩示現受用身，告以觀察自心三摩地是真實智忍，次説四大明，又以金剛大灌頂法而爲灌頂，乃成正覺。詣須彌山頂金剛摩尼寶峰樓閣中，次第入諸三昧，出生金剛手、金剛鉤、金剛弓、金剛喜、金剛藏、金剛光、金剛喜、金剛喜、金剛眼、金剛慧、金剛場、金剛語、金剛尾濕嚩、金剛慈友、金剛暴怒、金剛拳等諸大菩薩〔二〕。阿閦如來、寶生如來、觀自在王如來、不空成就如來亦各説大明，出金剛像。大毗盧遮那如來復入四三昧，出生四大明妃，四如來亦出四大明妃。大毗盧遮那如來復入四三昧，出生金剛鉤、金剛索、金剛鎖、金剛鈴四菩薩身，次以彈指相普徧召集一切如來，以百八名勸請稱讚具德一切如來增上主宰自金剛薩埵無始無終大持金剛者。持金剛者聞勸請已，説金剛界大曼拏羅頌，次説弟子入壇法等。　金剛祕密曼拏羅廣大儀軌分第二　金剛智法曼拏羅

〔一〕「三十卷，南作十九卷，北作十七卷」，南、北藏皆標三十卷，分别合爲十九册、十七册，故稱十九卷、十七卷。

〔二〕此句中「金剛喜」出現三次，係藏經原文重複。

廣大儀軌分第三　金剛事業曼拏羅廣大儀軌分第四　現證三昧大儀軌分第五　降三世曼拏羅廣大儀軌分第六：謂降大自在天、那羅延天等。　忿怒祕密印曼拏羅廣大儀軌分第七　金剛部法智三昧曼拏羅廣大儀軌分第八　金剛部羯磨曼拏羅廣大儀軌分第九　大金剛部廣大儀軌分第十　三世輪大曼拏羅廣大儀軌分第十一　一切金剛部金剛曼拏羅廣大儀軌分第十二　一切金剛部法三昧曼拏羅廣大儀軌分第十三　一切金剛部羯磨曼拏羅廣大儀軌分第十四　調伏一切世間大曼拏羅廣大儀軌分第十五　蓮華祕密印曼拏羅廣大儀軌分第十六　智曼拏羅廣大儀軌分第十七　大曼拏羅廣大儀軌分第十八　一切義成就大曼拏羅廣大儀軌分第十九　寶祕密印曼拏羅廣大儀軌分第二十　智曼拏羅廣大儀軌分第二十一　羯磨曼拏羅廣大儀軌分第二十二　一切如來真實攝一切儀軌隨應方便廣大教理分第二十三　一切如來真實攝諸部儀軌祕密法用廣大教理分第二十四　一切如來真實攝一切儀軌最上祕密廣大教理分第二十五　一切如來真實攝一切儀軌勝上教理分第二十六

金剛手菩薩說法儀竟，以百八名稱讚勸請一切如來，於是一切如來及金剛手、降三世、觀自在、虛空藏、金剛手各說一頌。　一切如來及金剛手皆從大毗盧遮那心入已，如理而住。爾時世尊從須彌山頂詣菩提場，執吉祥草，敷草而坐，乃至轉處諸天所獻微妙勝座，以百八名讚歎金剛手菩薩。　譯師跋云：此經一部，梵本四千頌，譯成三十卷，總二十六分：自

第一分至第五分終，並大乘現證三昧攝；第六分至第十四分終，並金剛三昧攝；第十五分至十八分終，並法三昧攝；第十九分至第二十二分終，並羯磨三昧攝；自下四分，並諸部祕密教理所攝起。

金剛頂一切如來真實攝大乘現證大教王經三卷　南之北流　唐北天竺沙門大廣智不空譯

即前經第一分也。

大乘金剛髻珠菩薩修行分經一卷　南遐北殷　唐南印度沙門菩提流志譯

普思義菩薩請問：云何修行悟入此三摩地？佛爲說往昔金剛髻珠王化生悉陀太子，於法界摩尼山日光明王佛所，聞此法界繒髻與金剛如來心品三摩地已，經無量劫，常憶念之，未曾忘失。次明聞經之福，次答外道苦行所招惡果，檢校人錯用僧物所招惡果，不敬師長所招惡果，十惡所招惡果，不從師受三摩耶法，自作法呪所招惡果。普思義以偈重宣其義。

大乘瑜伽金剛性海曼殊室利千臂千鉢大教王經十卷　有序有頌。　容　唐北天竺沙門大廣智不空譯

釋迦牟尼佛在摩醯首羅天王宮，與毗盧遮那如來於金剛性海蓮華藏會同說此經。有大聖曼殊室利菩薩現金色身，出千臂、千手、千鉢，鉢中現千釋迦，千釋迦復現千百億化釋迦。毗盧遮那告牟尼世尊等：吾從往昔修持金剛祕密菩提教法，大聖曼殊室利是吾先師。

一、「阿」字觀，本寂無生義，是毗盧遮那如來；二、「囉」字觀，本空離塵義，是阿閦如來；三、「跛」字觀，本真無染著離垢義，是寶生如來；四、「左」字觀，本淨妙行義，是觀自在王如來；五、「曩」字觀，本空無自性義，是不空成就如來。曼殊室利有十種大願。釋迦從摩醯首羅天下降祇園，入定放光，出定微笑。十六大菩薩、曼殊室利等問何因緣，佛爲說金剛三摩地，有十種甚深奇特法，命曼殊室利現大神通，爲師子勇猛説其將來成普見佛。説此經清淨實相爲宗，真如法界爲體。宗本有三：一、法身金剛三摩地，二、報身普賢願行力，三、化現曼殊般若母。聖體有五：一、本源金剛聖性，二、大圓鏡智，三、平等性智，四、妙觀察智，五、成所作智。

説諸佛出現證修金剛菩提殊勝第二品：佛令曼殊室利與一切菩薩、一切衆生作導首，曼殊説一切法即是一切有情心，有情心煩惱種性即是菩提性，即是本性真淨，即是四智菩提。

次説十六大士修菩提觀，東普賢、不空王、摩羅、極喜王，南虚空藏、大威德光、寶幢摩尼、常喜悦，西觀自在王、曼殊室利、妙慧法輪、聖意無言，北毗首羯磨、難敵精進力、摧一切魔怨、金剛拳法界王。

次明六大力士金剛助護佛法：一、大樂，二、大笑，三、一髻尊，四、降三世，五、四足尊，六、閻曼德。

十方大菩薩出助證悟聖力第三品：上方上意，下方持世，東方普明，東南不思議，南方廣意，西南無邊智，西方無邊音聲吼手，西北殊勝益意，北方無盡慧眼，東北方賢護。

次明求證無上菩提，當修如來大慈心十種觀門。

次令十大菩薩各自陳説所修觀門。演一切賢聖入法見道顯教修持第四品：普眼不見普賢菩薩，佛言：普賢三密境界，唯佛能知，譬如虚空不可得見。次問普賢：往昔如來，是誰爲師？普賢答言：曼殊室利教化，令發菩提，又五丈夫同曼殊願，即今五佛。次曼殊室利明三種重障，不得遇此諸佛正法三摩地教：一者我慢貢高，二者妬賢嫉能，三者多貪、懶惰、昏掉、破戒。次如來分别三時之教：一、有，二、空，三、不空不有。次明曼殊室利夏安居時，往去龍宫教化。自恣解夏，大迦葉擬欲擯之，曼殊室利現千臂、千手、千鉢，鉢中各現化千釋迦，令大迦葉觀見，於是一切聲聞求哀悔過，盡皆迴向修習大乘。佛爲説大乘十重，所謂不壞毗尼、無過毗尼、最勝實性毗尼、真如毗尼、不思議毗尼、性浄毗尼、法眼毗尼、三世平等毗尼、無染解脱清浄毗尼、究竟毗尼。祕密歸止觀照法性決擇心地第五品：合於道場内祕授心地法，不應於此經顯説。一切菩薩修學如來三摩地聖性潛通加被第六品：説身密、口密、意密各十支觀門，及説道場教授有四種義。不思議法界聖道如來真如法藏自在聖智第七品：略説外凡、内凡、十聖、等、妙之相，及標十發趣、十長養、十金剛、十地、等覺地、妙覺地名，與梵網經同。三賢菩薩入法位次第修行迴向菩提第八品：廣釋十發趣、十長養、十金剛、十地義，與梵網同而較詳。次於祇園説末劫濁亂之相，應當迴心歸依三寶，訶斥外道六師，廣明三塗苦報，勅諸大衆禮敬曼殊，稱爲師首。

佛説一切如來金剛三業最上祕密大教王經七卷　息　宋北印土沙門施護譯

一切如來金剛三業最上甚深祕密中祕密諸佛大集會安住一切如來三摩地大曼拏羅分第一　菩提心分第二：一切如來及五如來各説堅固住菩提心義，慈氏偈歎。　金剛莊嚴三摩地分第三　一切如來心曼拏羅分第四　一切明句行分第五　身語心加持分第六　祕密精妙行分第七　甘露三昧分第八　最上清浄真實三昧分第九　觀察一切如來心分第十　一切如來真實三昧最上持明大士分第十一　一切如來金剛相應三昧最上成就分第十二　金剛相應莊嚴三昧真實觀想正智三摩地分第十三　身語心未曾有大明〔一〕句召尾日林毗多王最勝三摩地分第十四　一切心真實金剛出生三昧分第十五　一切曼拏羅成就金剛現證菩提分第十六　一切如來三昧法金剛加持王分第十七　宣説一切秘密行金剛加持分第十八

佛説最上根本大樂金剛不空三昧大教王經七卷　前有聖教序。　南温北澄　宋中印土沙門法賢譯

大三昧金剛真實理儀軌分第一：毗盧遮那佛在他化自在天宫説「吽」字心明，及勅金剛手説曼拏羅法。　一切如來真實理金剛三昧儀軌分第二：説「阿」字心明，及説曼拏羅

〔一〕「大明」，原無，康熙本、乾隆本同，據北藏補。

法。　降伏三界金剛三昧大儀軌分第三：金剛手菩薩説「吽」字心明，及説曼拏羅法。　一切寶清浄諸煩惱三昧大儀軌分第四：觀自在菩薩説「紇哩」字心明，及説曼拏羅法。　一切拳印三昧灌頂大三昧儀軌分第五：虚空藏菩薩説「怛囕」字心明，及説曼拏羅法。　金剛字輪三昧大儀軌分第大儀軌分第六：金剛拳菩薩説「惡」字心明，及説曼拏羅法。　一切曼拏羅金剛輪三昧大儀軌分第七：妙吉祥菩薩説「阿」字心明，及説曼拏羅法。　一切曼拏羅金剛輪三昧大儀軌分第八：同心生轉法輪菩薩説「吽」字心明，及説曼拏羅法。　衆金剛三昧大儀軌分第九：誐誐那巘惹菩薩説「唵」字心明，及説曼拏羅法。　金剛忿怒三昧大儀軌分第十：降諸魔金剛藥刹菩薩説「郝」字心明，及説曼拏羅法。　一切樂三昧大儀軌分第十一：金剛手菩薩説「吽」字心明，及説曼拏羅法。　外金剛部儀軌分第十二：外金剛部衆説「訥哩」字心明，摩怛哩衆説「毗踰」字心明，摩度迦羅衆説「莎」字心明，四賢聖説「鍐」字心明，及各説成就法。　般若波羅蜜多教稱讚分第十三：一切如來雲集，讚金剛手菩薩。　金剛手菩薩最上祕密大曼拏羅儀軌分第十四　大樂金剛不空三昧大明印相成就儀軌分第十五　一切如來金剛菩提大儀軌分第十六　大金剛火焰〔一〕日輪儀軌分第十七　除諸業障一切智金剛

〔一〕「焰」，原作「炎」，據北藏改。

儀軌分第十八　圓滿一切願金剛寶儀軌分第十九　一切儀軌中最上成就儀軌分第二十　一切相應諸佛三昧曼拏羅儀軌分第二十一　一切如來大三昧曼拏羅儀軌分第二十二　一切相應儀軌分第二十三　最上成就印相分第二十四　最上祕密儀軌分第二十五

內多入理深談，不可不閲。

◯**大樂金剛不空真實三麽耶般若波羅蜜多理趣經**七紙欠　南川北澄　唐北天竺沙門大廣智不空譯

即前經從第一分至第十三分，但有心明，而無曼拏羅法。

◎**金剛頂瑜伽理趣般若經**九紙餘　南思北澄　唐南天竺沙門金剛智依梵本於中天譯

◯**實相般若波羅蜜經**六紙餘　翔　唐南印度沙門菩提流志等譯

二經並與前同，而諸心明皆佛自説。

佛説祕密相經上中下合卷　南馨北不　宋北印土沙門施護譯

世尊住一切如來三昧界中，金剛手菩薩請問要略修法，佛爲説之。

佛説金剛場莊嚴般若波羅蜜多教中一分八〔一〕紙　此於大部支流別行。　南斯北夙　宋北印土沙門施護譯

〔一〕「八」，康熙本、乾隆本正文作「七」，總目作「八」。

十方如來雲集，勸請大毗盧遮那如來説根本無性般若波羅密門〔一〕，妙吉祥亦現神通，化十六大菩薩，圍繞世尊，勸請説法。佛遂爲説四念處、四正勤、四神足、五根、五力、七覺支、八正道、三三摩地、八解脱、九次第定、六念、十分位、十自在、十波羅蜜多、十地、四梵行、十力、四無所畏、四無礙辯、十八不共法一切入法空性平等般若波羅蜜多教，及説諸大明句。

佛説幻化網大瑜伽教十忿怒明王大明觀想儀軌經一卷　南履北思　宋中印土沙門法賢譯

佛在浄光天，放大光明，金剛手菩薩請説。

佛説大悲空智金剛大教王儀軌經五卷，今作三卷〔二〕　思　宋中印土沙門法護譯

金剛部序品第一大幻化普通儀軌三十一分中，略出二無我法。　拏吉尼熾盛威儀真言品第二　一切如來身語心聖賢品第三　賢聖灌頂部品第四　大真實品第五　行品第六　説密印品第七　大相應輪品第八　清浄品第九　灌頂品第十　金剛藏菩薩現證儀軌王品第十一　熾盛拏吉尼所説成就品第十二　説方便品第十三　集一切儀軌部品第十四　金剛王出現

〔一〕「門」，康熙本、乾隆本同，北藏作「法門」。

〔二〕「五卷，今作三卷」，語出南藏目録，南、北藏仍標五卷，合爲三册，故稱三卷。

品第十五　金剛空智熾盛拏吉尼畫像儀式品第十六　飲食品第十七　教授品第十八　持念品第十九　俱生義品第二十

一切如來大祕密王未曾有最上微妙大曼拏羅〔一〕**經**五卷，今作三卷〔二〕　南命北川　宋中印土沙門天息災譯

相應行曼拏羅儀則品第一：佛在忉利天善法堂，入於三昧，放三處光。金剛手菩薩請問密法。　灌頂品第二　阿闍棃品第三　護摩法品第四　先法攝受弟子品第五　鈴杵相分出生儀則品第六　造塔功德品第七

大毗盧遮那成佛神變加持經七卷　南讚北賢　唐中印度沙門輸波迦羅共一行譯

入真言門住心品第一：祕密主問得一切智方便，佛言：菩提心爲因，悲爲根本，方便爲究竟。及廣釋其義。　入漫荼〔三〕羅具緣真言品第二　息障品第三　普通真言藏品第四：一切菩薩各說真言。　世間成就品第五　悉地出現品第六　成就悉地品第七　轉字輪漫荼羅行品第八　密印品第九　字輪品第十　祕密漫荼羅品第十一　入祕密漫荼羅法

〔一〕「羅」，原無，康熙本、乾隆本同，據南藏、北藏補。南藏目録則作「大曼羅經」，缺「拏」字。

〔二〕「五卷，今作三卷」，語出南藏目録，南、北藏仍標五卷，合爲五册，故稱三卷。

〔三〕「荼」，北藏作「茶」。本段以下四處同。

品第十二　入祕密漫荼羅位品第十三　祕密八印品第十四　持明禁戒品第十五　阿闍梨真實智品第十六　布字品第十七　受方便學處品第十八：明十善戒法。　説百字生品第十九　百字果相應品第二十　百字位成品第二十一　百字成就持誦品第二十二　百字真言法品第二十三　説菩提性品第二十四　三三昧耶品第二十五　説如來品第二十六　世出世護摩法品第二十七　説本尊三昧品第二十八　説無相三昧品第二十九　世出世持誦品第三十　囑累品第三十一右六卷畢。　供養念誦三昧耶法門真言行學處品第一　增益守護清淨行品第二　供養儀式品第三　持誦法則品第四　真言事業品第五右第七卷。

佛説無二平等最上瑜伽大教王經六卷　南斯北淵　宋北印土沙門施護譯

無二平等最勝大儀軌王影像分第一：佛在他化自在天宮，十方諸佛雲集，不見金剛手菩薩。佛同説偈，菩薩現身，諸佛皆向作禮，勸請説法，菩薩乃説法要。於是普賢菩薩雨一切供養，供金剛手菩薩，一切如來復雨一切供養，供普賢菩薩。普賢即現佛身，説三摩地法門。　智部三摩地分第二　真實攝部三摩地分第三　法部三摩地分第四　迦摩部三摩地分第五　三昧最上智一切成就分第六　一切佛甚深祕密供養分第七　一切如來智證最上祕密分第八　金剛薩埵一切祕密三昧分第九　一切三昧成就禪定曼拏羅分第十　大禪定分第十一　出生大禪定分第十二　勝大明教最初事業分第十三　辦事分第十四　大徧照如來一切大明金剛出生分第十五　一切大明三昧分第十六　一切如來一切大明遣魔分第十七　一切如來祕密金剛薩埵承事分第十八　一切如來大明如意寶分第十九　集一切大明三摩地分第二十　一切如來身語心清淨自性金剛大智分第二十一

佛説瑜伽大教王經五卷　南興北流　宋中印土沙門法賢譯

序品第一：大徧照金剛如來在浄光天大樓閣中，與阿閦等四佛，及菩薩、賢聖、天龍八部圍繞。世尊顧視金剛手菩薩，放光普照，還入佛身。金剛手菩薩請問因緣，世尊入大智變化瑜伽大教王三摩地，從三摩地出已，説瑜伽大教王經。　曼拏羅品第二　真言品第三　三摩地品第四　真言大智變化品第五　印相大供養儀品第六　觀想菩提心大智品第七　相應方便成就品第八　護摩品第九　囑累品第十

金剛峰樓閣一切瑜伽瑜祇經二卷　南澄北取　唐南天竺沙門金剛智譯

序品第一：金剛界徧照如來於金剛光明心殿中，與十六大菩薩等各説一字真言。　一切如來金剛最勝王義利堅固染愛王心品第二　攝一切如來大阿闍梨位品第三　金剛薩埵冒地心品第四　愛染王品第五　一切佛頂最上徧照王勝義難摧摧邪一切處瑜伽四行攝法品第六　一切如來大勝金剛心瑜伽成就品第七　一切如來大勝金剛頂最勝真實大三昧耶品第八　金剛吉祥大成就品第九　一切如來内護摩金剛軌儀品第十　金剛薩埵菩提心

内作業灌頂悉地品第十一　大金剛皺口降伏一切魔怨品第十二

一字佛頂輪王經六卷　一名五佛頂經。　南詩北克　唐南印度沙門菩提流志譯

序品第一：佛在菩提樹下，與大苾蒭、大菩薩、天仙神鬼等俱。金剛密迹主菩薩請佛説呪。佛入大三摩地，放大光明，徧照十方佛刹，及諸五趣三界，現大轉輪王相，説一字佛頂輪王呪已，大千震動，魔宫火起，地獄苦息，觀世音、金剛主二大菩薩悶絶躃地。佛復説一切佛眼大明母呪，觀世音、金剛主即醒起身。次説白傘蓋頂輪王呪，次説光聚頂輪王呪，次説高頂輪王呪，次説勝頂輪王呪。　畫像法品第二　分別成〔一〕法品第三　分別密儀品第四　分別祕相品第五　成像法品第六　印成就品第七：共説五十四印呪。　大法壇品第八　供養成就品第九　世成就品第十　護法品第十一：説大難勝奮怒王呪，又説難勝奮怒王心呪。　證學法品第十二　護摩壇品第十三

○**菩提場所説一字頂輪王經**五卷　南流北不　唐北天竺沙門大廣智不空譯

與上經同。

一字奇特佛頂經三卷　南川北不　唐北天竺沙門大廣智不空譯

〔一〕「成」下，原有「就」字，據北藏删。

現威德品第一：佛住三十三天，與四萬比丘、八萬四千菩薩，及天、釋、梵、魔八部衆俱。說真言曰：南莫三漫多勃馱南，引，一。步林吽。二合，二。印契品第二。曼荼羅儀軌品第三　先行品第四　成就頻〔一〕那夜迦品第五　說法品第六：金剛手菩薩之弟，名寂靜慧，以偈讚佛，并問幾法成就，佛以偈答。　調伏一切障頻那夜迦天王品第七　最成就品第八　菩薩藏品第九　後附一字頂輪王念誦儀軌，依忉利天宫所說經譯。

妙吉祥平等秘密最上觀門大教王經五卷，北作四卷〔二〕　取　宋中印土沙門慈賢譯

世尊在舍衛國，彌勒菩薩等請問：三乘妙法門外，更有法否？佛言：有摩訶三昧耶秘密内法，修者速得成佛。於是入金剛定，放眉間五色光，青光化阿閦佛，白光化毗盧遮那佛，黄光化寶生佛，紅光化無量壽佛，緑光化不空成就佛，復化佛、天、法、智、禪五眼菩薩〔三〕，復化眼、耳、鼻、舌、身、心、智、慧八金剛藏菩薩〔四〕，復有十二供養菩薩，燈、聲、香、甘

〔一〕「頻」，北藏作「毗」。本段下一處同。

〔二〕「五卷，北作四卷」，北藏仍標五卷，合爲四册，故稱四卷。

〔三〕藏經原文作金剛佛眼光明菩薩、金剛天眼光明菩薩、金剛法眼光明菩薩、金剛智眼光明菩薩、金剛禪眼光明菩薩。

〔四〕藏經原文作金剛光明眼藏菩薩、金剛光明耳藏菩薩、金剛光明鼻藏菩薩、金剛光明舌藏菩薩、金剛光明身藏菩薩、金剛光明心藏菩薩、金剛光明智藏菩薩、金剛光明慧藏菩薩。

露、衣、幢、舞、塗香、散華、貫花、寶蓋、善哉。復化鉤、索、鎖、鈴四金剛菩薩，復化十大明王：大慈、大悲、大喜、大捨、大愛、大威怒、大力、無動、降三世、頂輪。次説求授灌頂，加持五瓶、四寶末、五河水、五香末、五穀、五種子、五藏物、五色綵、五菩提葉、五時華、五吉祥草、五色線、五傘蓋、生飯三分法。次説曼拏羅觀想印呪等法，次爲金剛手菩薩説將來建壇場法，次爲無盡意菩薩復説功德無盡等真言。

閲藏知津卷第十二

北天目沙門釋智旭　彙輯

大乘經藏　方等部第二之十一

佛頂放無垢光明入普門觀察一切如來心陀羅尼經上下合卷　南力北忠　宋北印土沙門施護譯

佛在覩史天宮，説六波羅蜜法。有忉利摩尼藏無垢天子被炬口天藥叉所警，謂七日後必定無常，惶怖求救於帝釋。帝釋領彼見佛，佛爲説二呪，并説夙緣，亦説壇法。又説持此呪者，此界命盡，猶如蛇蜕，即便往生安樂世界，不受胞胎，於蓮花中自然化生。

佛説守護大千國土經三卷　力　宋北印土沙門施護譯

佛住鷲峰山南，時毗耶離城災難競起。乃以神力集一切天、龍等衆，先四天王各説一呪，次佛説一切明神呪，諸惡鬼神同来歸命。四天王復各説謫罰鬼神呪，大梵王亦説一謫罰鬼神呪。佛乃下至毗耶離城，爲大梵王現大明王身，説大明王陀羅尼，復説大明王心陀羅尼，及説密印。於是城中免離災難，飛鳥出聲讚佛功德。佛更説結界持呪之法。大梵王又説護諸童子之法。

佛説出生一切如來法眼徧照大力明王經上下全卷　南竭北流　宋中印土沙門法護譯

世尊在摩訶母質鄰那山大寶樓閣中，説一呪，又説一呪。魔王恐怖，欲興惱害，金剛手現身降之。復説一呪，又説無量勇猛力真言，次説壇法，次魔王歸命。次須菩提問受持法，佛又説一呪。次文殊師利問緣行無常之義，次觀世音及秘密主各問此經名義。

廣大寶樓閣善住祕密陀羅尼經三卷，今作二卷〔一〕　南讚北念　唐南印度沙門菩提流志譯

序品第一：佛初成道，華説神呪，祕密主〔二〕歡喜請問呪所從來。佛與大衆同往東方寶燈世界妙種種色寶善住清淨佛處，普集一切諸佛，現寶塔中三佛全身舍利，及説其往昔因緣，乃説大明呪王。　根本陀羅尼品第二　心隨心呪品第三　持心呪法品第四　誦隨心呪法品第五　雜呪品第六　結壇場法品第七　手印呪品第八　畫像品第九　火祭品第十　普光心印品第十一　手印品第十二

〔一〕「三卷，今作二卷」，此指北藏而言，北藏標三卷，合爲二册，南藏標三卷，作三册。

〔二〕「祕密主」，經文作「金剛密跡菩薩」。

牟棃〔一〕**曼陀羅呪經**二卷　南羊北念　開元附梁録第一出

⊙**大寶廣博樓閣善住祕密陀羅尼經**三卷　南不北息　唐北天竺沙門大廣智不空譯

二經並與上同，而梁録前欠序分，後具有分别木法、壇法等。

普徧光明燄鬘清浄熾盛如意寶印心無能勝大明王大隨求陀羅尼經二卷　南思北取　唐北天竺沙門大廣智不空譯

序品第一：佛住須彌峰樓閣，與八十四俱胝那庾多一生補處菩薩，及聲聞、天龍八部衆等俱。放頂毫光，照明十方一切佛刹，説大神呪，并説種種靈驗之事。得菩薩隨求大護大明王陀羅尼品第二〔二〕：佛復爲大梵説呪。

⊙**佛説隨求即得大自在陀羅尼神呪經**十四紙　行　唐迦濕蜜羅國沙門寶思惟譯〔三〕

大梵天王請佛説呪，佛爲説根本呪一，隨呪六，及説功驗，并説書寫結壇法。

彙門云：即上經同本。

佛説佛頂尊勝陀羅尼經一卷　南改北莫　唐大薦福寺沙門釋義浄譯

〔一〕「棃」，原作「黎」，康熙本、乾隆本同，據總目和南藏、北藏改。

〔二〕「第二」，原無，康熙本、乾隆本同，據北藏補。

〔三〕「唐迦濕蜜羅國沙門寶思惟譯」，南藏、北藏皆作「唐天竺三藏法師寶思惟譯」。

佛在給孤獨園，善住天子七日當命終，當七受傍生身，次墮地獄，怖懼，白天帝釋。帝釋爲其請救於佛，佛説陀羅尼令持，增益壽命，得菩提記。

佛頂尊勝陀羅尼經六紙　南改北莫　唐朝散郎杜行顗譯

佛頂最勝陀羅尼經有彦悰序。共六紙半　南得北莫　唐中印度沙門地婆訶羅譯

佛頂尊勝陀羅尼經有志静序。共八紙半　南得北莫　此呪最後别翻。　唐罽賓國沙門佛陀波利譯

◎最勝佛頂陀羅尼浄除業障經一卷　南改北莫　唐中印度沙門地婆訶羅重譯

四經並與前同，而地婆重譯，具出善住天子夙世因緣。

大方等陀羅尼經四卷　信　北涼高昌郡沙門釋法衆譯

初分第一：佛在祇林〔一〕，爲文殊師利唱摩訶祖持等諸陀羅尼名，大衆獲益。雷音比丘在林中入定，袒荼羅魔王擾之。東方寶王如來遣華聚菩薩將呪來護，魔皆發心護法，説十二神王名。華聚菩薩、雷音比丘與一切魔、一切天及婆藪仙人、地獄衆生，同來釋迦佛所。佛爲舍利弗説婆藪名義，及示現方便之事，亦説往昔本緣，今魔方便。授記分第二：授雷音比丘記及五百大弟子記，并諸天記。舍利弗與文殊師利反覆論授記義。佛爲

〔一〕「祇林」，藏經原文作「舍衛國祇陀林」。

五百比丘説治魔法。夢行分第三：爲文殊師利説十二夢王七日行法。華聚菩薩發大誓願，毗沙門天王亦發大願。護戒分第四：説七衆滅破戒罪，各有呪。不思議蓮華分第五：現優曇鉢羅華，華中有無量佛。舍利弗以神通遶至八十七日，百千萬分不周其一。佛從座起，以華奉供蓮華中佛，説一神呪，囑授八十萬恒河沙大士。華尋不見，大衆生疑，佛爲解釋，并説諸喻，付囑流通。

按：此經在法華後説，亦可收入法華部中，但以壇法尊重，故歸密部。南岳大師〔一〕行此三昧而證圓位，今有方等三昧行法垂世。

佛説大方等大雲請雨經一卷　南傷北毁　隋北天竺沙門闍那崛多等譯

佛在龍宫，龍興供養，并發大願，請問滅苦法要。佛説慈心爲最，并爲説呪及如來名，説請雨法。

大雲請雨經一卷　毁　宇文周中天竺沙門闍那耶舍等譯

〔一〕南岳大師即天台宗二祖慧思，於陳代光大二年（五六八）帶領徒衆四十餘人入住南岳，故世稱南岳大師。智者大師智顗依慧思修行證悟，述方等三昧行法，門人灌頂記。本書第四十二卷收録。

大雲輪請雨經二卷，北作一卷〔一〕　南傷北毀　隋烏萇國沙門那連提黎耶舍譯

○**大雲輪請雨經**二卷，北作一卷〔二〕　南不北清　唐北天竺沙門大廣智不空譯

已上三經，並與前同。

佛説一切如來烏瑟膩沙最勝總持經七紙餘　南履北臨　宋中印土沙門法天譯

無量壽佛於極樂國爲觀自在菩薩説呪，及説成就法，能令衆生生於極樂世界。

佛説大白傘蓋總持陀羅尼經一卷　南若北之　元天竺沙門啣嚓銘得哩連得囉磨寧及真智等譯

出有壞住三十三天，與大比丘并大菩提勇識及天主帝釋等集，入普觀頂髻三昧，從頂髻中出現如是總持密呪法行，後有讚歎禱祝偈。

佛説最勝妙吉祥根本智最上祕密一切名義三摩地分上下合卷　南竟北稾　宋北印土沙門施護譯

金剛手菩薩爲愚衆生類請問諸祕密名義，佛爲説之，及略説修行方法。

佛説徧照般若波羅蜜經七紙欠　南深北命　宋北印土沙門施護譯

佛在他化自在天，爲金剛手菩薩説諸字義門，并説神呪。

〔一〕「二卷，北作一卷」，北藏上、下二卷合訂一册，故稱一卷。

〔二〕「二卷，北作一卷」，北藏分上、下二卷，合訂一册，故稱一卷。

佛説佛母般若波羅蜜多大明觀想儀軌經三紙半　南斯北澄　宋北印土沙門施護譯

具明想諸字安布身輪。

仁王般若念誦法五紙餘　南竟北稾　唐北天竺沙門大廣智不空譯

佛爲波斯匿王説念誦仁王般若經持明之法。

佛説普賢曼拏羅經一卷　南臨北盡　宋北印土沙門施護譯

佛在鷲峰，説修金剛薩埵祕密相應法，有種種觀想。

佛説一切如來安像三昧儀軌經六紙餘　南取北止　宋北印土沙門施護譯

世尊入一切如來金剛安像三昧，從三昧起，説塑畫雕造安像慶讚儀軌。有一菩薩白言：佛身無相，猶若虛空，徧一切處，云何今説令安佛像？佛言：我爲久修行者説彼法身無相無爲，徧一切處，不生不滅。今爲初發心衆生，令彼得福，説安像慶讚結淨之法。先揀吉星吉日，於結界勝地清淨之處，陳設傘、蓋、幢、旛、香、華、燈、果，令阿闍梨依法儀軌，一心召請，觀想，沐浴，安耳、髮髻、指甲、髭鬚等，乃至香、花、燈、食等種種供養，並須如法。

無量壽如來修觀行供養儀軌一卷　南竟北稾　唐北天竺沙門大廣智不空譯

金剛手菩薩在毗盧遮那佛大集會中，爲當來衆生説無量壽如來陀羅尼，修三密門，證念佛三昧，得生淨土，入菩薩位。

佛説帝釋巖祕密成就儀軌四紙欠　南竟北杜　宋北印土沙門施護譯

佛告金剛手，説帝釋巖中得見慈氏菩薩之法。

底哩三昧耶不動尊威怒王使者念誦法一卷　南流北言　唐北天竺沙門大廣智不空譯

佛爲執金剛説念誦悉底哩真言成就事業法。

佛説大灌頂神呪經十二卷，北作六卷〔一〕　恭　東晉西域沙門帛尸梨蜜多羅譯

灌頂三歸五戒帶佩護身呪經第一：佛在祇園，爲鹿頭梵志説三歸三十六神、五戒二十五神。

灌頂七萬二千神王護比丘呪經第二：佛在天帝石室，因諸比丘馳走不安，爲説百七十二大鬼神王名字。

灌頂十二萬神王護比丘尼呪經第三：佛在祇園，爲脩陀利比丘尼等被惡鬼嬈，召須彌頂上七萬鬼神、大海中五萬鬼神護之。

灌頂百結神王護身呪經第四：佛在羅閱祇大精舍中，思爲滅後弟子辟除邪毒，帝釋遂請佛説百神王名。

〔一〕「十二卷，北作六卷」，北藏標十二卷，合爲六册，故稱六卷。

灌頂宫宅神王守鎮左右呪經第五：佛在摩竭國，勅目連以呪往救迦羅那村災難。佛亦随請，將諸大衆集其堂上，普觀菩薩請佛更演目連所説章句，佛爲説東方七千大神上首三七名，南方九千大神上首二十八名，西方六千大神上首三七名，北方九千大神上首三七名，中央三萬大神上首十二名。

灌頂塚墓因緣四方神呪經第六：佛臨欲滅，阿難請問云何殯葬，佛告以應如轉輪聖王法則。阿難又問：閻浮提界有幾葬法？佛言：有震旦國，我遣三聖在中化導，人民慈哀，禮義具足，葬法第一。阿難又問：若人命終，造立墳塔，是人精魂在中以不？佛言：亦在，亦不在。若人生時，無善惡，精魂未有去處，是以在塚塔中。若生時大修福，或生天上、人中，若生時造惡，墮在三塗，是以不在塚塔中也。并廣説舍利福德因緣，雖如麻米，有大威神，兼記當有阿育王起八萬四千塔事。次因釋種童子被鬼神所嬈，結四方灌頂章句以護塚塔。

灌頂伏魔封印大神呪經第七：佛在祇園，默然無説，念衆生愚。天帝請問文頭婁法，佛言：當先念自身猶如佛身相好光明，次念千二百五十弟子，次念諸菩薩僧。又念五方大神，以五方神王名字及其眷屬寫著圓木之上，縱廣七七分，名爲文頭婁法。此云神印。次許天帝演説四王名字，次説七佛灌頂無相神印章句。次因阿利陀請，勅諸弟子惠施少少飲食之餘。又行此神典，當造其形象，以酥油、𥻘果而施與之。

灌頂摩尼羅亶大神呪經第八：佛在祇園，愍念人民爲邪惡鬼神所惱，結是摩尼羅亶大神呪經。舉七佛名爲證，又舉八大菩薩、五百開士、十大弟子、三十三天、三十五龍王、三十三大神將、二十四鬼師，并説山海精魅，四十九鬼、四十九山精及諸魅鬼名。若急難之日，當齋戒，一心思念十方一切諸佛、過去七佛、八大菩薩、十大弟子、五百開士、三十三天、諸大龍王、善神將軍及鬼神等，正心正意，莫念東西南北之事，亦復莫念家室之事。

灌頂召五方龍王攝疫毒神呪經第九：佛遊竹林，阿難爲維耶離國疾疫，求佛救護。佛言：疫毒火殃，皆是殺獵所感。普慈一切，受持禁戒，行於十善，可得至道。遂説五方龍神王名，遣禪提比丘往救人民。二十九年之後，禪提命終，疫病復興。人民奔趣禪提精舍，見彼先時所嚼楊枝，擲地成樹，樹下有泉。禮拜此樹，折此樹枝，取下泉水，拂灑病人，百病除愈。

灌頂梵天神策經第十：佛在因沙崛山中，梵王請出梵結願一百偈頌以爲神策，佛讚許之，遂説九十九卦。每卦八句，神應異常，今特録出流通。

灌頂隨願往生十方浄土經第十一：亦名普廣菩薩所問品。佛將涅槃，普廣菩薩問：四輩弟子修何功德，得生十方國土？佛爲説十方佛國，隨願往生。普廣又問：何故經中讚歎阿彌陀刹？佛言：娑婆世界，人多貪濁，信向者少，習邪者多，不信正法，不能專一，心亂無志。令諸衆生專心有在，是故讚歎彼國土耳。次明爲亡者修福，如餉遠人，無不獲果。又明臨終歸依受戒，悔過修善，如人負債，依附王者。又明爲亡人修福，亡者七分獲一，若以亡者之物施於三寶，功德力强，可得拔地獄殃。又明逆修三〔一〕七，其福無量。又明請十方僧，不擇善惡、持戒、毁戒高下之行，次第供養，無别異想，其福最多。又爲大衆説那舍長者父母罪福因緣，又説諸佛無上章句。

灌頂章句拔除過罪生死得度經第十二：佛遊維耶離樂音樹下，文殊師利請問往昔諸佛名字，及國土清淨莊嚴之事。佛告以藥師瑠璃光如來十二上願，其國猶如無量壽國，有二菩薩，一名日曜，二名月淨，次補佛處。乃至願生西方彌陀國者，聞是佛名，有八菩薩迎令往生。此與流通藥師本願經同本，具出八菩薩名。

守護國界主陀羅尼經十卷　南止北蘭　唐罽賓國沙門般若譯

序品第一：佛在菩提樹下，與七千比丘、八萬四千菩薩、無量天龍八部衆俱。文殊師利菩薩伽陀讚佛。陀羅尼品第二：佛入普隨順衆生心行三昧，令諸衆生見聞各别。又於頂上放白色光，普照世間，口中放青色光，照東方界，右肩放金色光，照南方界，背上放紅色光，照西方界，左肩放五色光，照北方界，照已，各攝還歸本處。復入無有名字不可思議

〔一〕「三」，原作「生」，據北藏改。

諸佛境界三昧，令此大地六種震動。一切法自在王菩薩請問因緣，佛以有四因緣答之。復問：諸佛境界三昧，何法爲因？何爲根本？云何修習？云何究竟？佛言：此深三昧，以菩提心爲因，大慈悲爲根本，方便修習，無上菩提以爲究竟。又問：一切智體，當何所求？一切智者，當於何生？佛言：當於心求，從心而生。乃至此心同虚空相，此虚空性即心性故，如其心性，即菩提性，如菩提性，即陀羅尼性。是故此心、虚空、菩提、陀羅尼性，無二無二分，無別無斷。又問：是義甚深，難通達，難趣入。若滿足菩薩位人，則得利益；若未得成菩薩功德，則無利益。佛言：若欲成就無上菩提，應先發起大慈悲心，普爲衆生歸依三寶，受菩薩戒，至誠懺悔，運想供養，勸請諸佛，迴向隨喜，願滅諸障。并説迴向陀羅尼曰：唵一。娑麼二合囉娑麼二合囉二。微麼引曩三。娑引囉四。摩訶斫迦羅二合，引，五。嚩上，六。吽。長聲，七。佛又普告大衆，重爲未成就者，以善方便，隨順世諦，譬喻言辭，説一乘法，觀想此身，次第成就五如來身。而此不可思議三昧，或有衆生諸根不具，或具五無間業、旃陀羅，悉可修習趣入，除五種人：一者不信，二者斷見，三者常見，四者邪見，五者懷疑。如是五人，無慈悲故。若有暫修此三昧者，身心安輕，能生五種三昧：一、刹那三昧，二、微塵三昧，三、漸現三昧，四、起伏三昧，五、安住三昧；乃至無數三昧，無數陀羅尼門，皆悉現前。次明八陀羅尼，能令菩薩總持佛法，辯才無盡，衆生樂聞：一、大聲清淨自在陀羅尼門，二、無盡寶篋陀羅尼門，三、無邊漩澓陀羅尼門，四、海印陀羅尼門，略説四十二字印，五、蓮華莊嚴陀羅尼門，六、能入無著陀羅尼門，七、漸漸深入四無礙智陀羅尼門，八、一切諸佛護持莊嚴陀羅尼門。　大悲胎藏出生品第三：文殊師利問：大悲復以何法爲根本？佛言：以衆生受苦爲本，苦以煩惱爲本，煩惱以顛倒邪見爲本，邪見以虚妄分別爲本。虚妄分別非有根本，無有色相，難知難斷。菩薩爲是起大悲心，勞謙忘倦，復起十六大悲之心：一、斷身見，二、破邊見，三、除四倒，四、除我、我所計，五、裂蓋網，六、破六著，七、除七慢，八、遠邪徑，九、離貪愛，十、除瞋恨，十一、令捨惡友，近善知識，十二、令斷名利，十三、令除邪見，十四、令出三界生死牢獄，十五、令絶魔羂欲纏，十六、令閉三惡，入涅槃門。住是十六大悲，即能建立三十二種不共事業。　入如來大悲不思議品第四：爲文殊説如來大悲海門一滴之相，乃至二乘之悲如割皮膚，菩薩悲心如割脂肉，如來大悲深徹骨髓。因舉往古栴檀舍佛，爲調伏非非想天一衆生故，留身八萬四千大劫以度脱之，方入涅槃。入如來不思議甚深事業品第五：廣明三十二種正覺甚深事業，即十力、四無所畏、十八不共法也。　菩薩瓔珞莊嚴品第六：爲文殊師利説菩薩四種瓔珞：一、戒，二、定，三、慧，四、陀羅尼，各各增一至十。　大光普照莊嚴品第七：又説八種大光普照：一、念，二、意，三、解，四、法，五、智，六、諦，七、神通，八、修行。前七各有八種，修行有九種。　般若根本事業莊嚴品第八：爲般若峰菩薩廣説般若母及般若所生事業，爲無畏辯才菩薩説般若峰得名往因。陀羅尼功德軌儀品第九：爲金剛手菩薩説「唵」字三和合義，謂「婀烏莽」。金剛手問：諸佛等視衆生，云何但言守護國主？佛言：譬如醫嬰孩病，令母服藥。次説金剛城大曼荼羅軌儀法則。金剛手次説陀羅尼供養及念誦法，佛讚助之，兼明陀羅尼具六度。又明六年苦行，不得菩提，於月輪中作「唵」字觀，乃成菩提。阿闍世王受記品第十：王問：陀羅尼及曼荼羅既有無量功德，何以國中災難無量？佛出其過，兼説迦葉佛時訖哩枳王所得二夢，皆釋迦佛末法時兆。王又問曰：諸惡衆生入三塗等，云何得知？誰人曾見？佛言：當墮地獄，有十五相；當生餓鬼，有八種相；當生畜生，有五種相；當生人、天，各有十相。王竊思念是實是虚，忽見地獄種種惡相，方乃決定歸佛、法、僧，誓持五戒，以菩提心迴向衆生。佛讚慰言：譬如團鐵，投水沈没，若爲鉢器，置水則浮。有智慧人如彼鉢器，不沈苦海。如來囑累品第十一：文殊師利廣歎陀羅尼門，佛爲較量持經功德，唱募流通。七十俱胝菩薩、四天王、釋提桓因、大梵天王、兜率陀天子、商主天子、魔王波旬、蘇夜魔天王、慈氏菩薩、大迦葉波，各各發願，佛讚印之。文殊師利請問經名，佛言具千名字，略舉十名。文殊復問，乃決定説今一名。

按：此經所談法相義理，與大集經第二陀羅尼自在王菩薩品全同，但次第稍異耳。文理兼暢，最宜流通。

七佛所説神呪經四卷　一名廣濟衆生神呪。　南景北羊　開元附東晉録

七佛各説呪，菩薩各説呪，諸天、仙、星等各説呪。菩薩各説誓願，各説偈。金剛藏菩薩説五疑、五信、二十五王三昧。護戒歸神、護伽藍十八神并四天王所説大神呪經。

一切如來正法祕密篋印心陀羅尼經八紙　南力北忠　宋北印土沙門施護譯

佛在摩竭提國，應無垢妙光婆羅門請，中路見一舊塔，旋遶供養，悲泣雨淚。十方諸佛亦皆雨淚。金剛手菩薩請問其故，佛乃説此心呪，勸人造塔供養。

◎**一切如來心祕密全身舍利寶篋印陀羅尼經**五紙半　南流北興　唐北天竺沙門大廣智不空譯

與上經同本。

佛説聖曜母陀羅尼經三紙半　南臨北則　宋中印土沙門法天譯

佛在阿拏迦嚩帝大城，金剛手菩薩啓請説呪，擁護衆生不爲諸惡星宿所害。

聖無能勝金剛火陀羅尼經三紙半　南命北則　宋中印土沙門法天譯

佛在妙高山，勅金剛手菩薩説呪，安慰天、龍、夜叉等。

佛説大金剛香陀羅尼經三紙　南薄北臨　宋北印土沙門施護譯

但有一呪，降伏諸天宿曜，無餘儀軌。

佛説智光滅一切業障陀羅尼經三紙　南命北則　宋北印土沙門施護譯

佛在日月天子宫，説佛、菩薩名及呪。普賢菩薩言：二十一日六時持誦，至心懺悔，能破壞阿毗〔一〕地獄。復説一呪以擁護之。

○**佛説智炬陀羅尼經**三紙欠　行　唐于闐國沙門提雲般若等譯

佛在日月宫中，四方佛皆來集。日月天子請陀羅尼，諸佛菩薩同聲説呪，普賢菩薩讃勸受持。

與上經同。

諸佛集會陀羅尼經三紙餘　行　唐于闐國沙門提雲般若等譯

佛在恒伽河邊，爲衆生除死怖，彈指集十方佛，同聲説呪。金剛密跡及四天王亦各説呪。次説壇法。

⊙**佛説一切如來金剛壽命陀羅尼經**二紙　南流北興　唐南天竺沙門金剛智與智藏譯

與上經同，而無壇法。

○**息除中夭陀羅尼經**二紙餘　南力北忠　宋北印土沙門施護譯

〔一〕「毗」，康熙本、乾隆本同，北藏作「鼻」。

亦同上經。

十二佛名神呪校量功德除障滅罪經五紙餘　南必北能　隋〔一〕北天竺沙門闍那崛多譯

佛爲彌勒説東方三佛，餘九方各一佛名，及陀羅尼。

佛説稱讚如來功德神呪經二紙餘　南必北能　唐大薦福寺沙門釋義淨譯

與上經同，而文稍略。

東方最勝燈王如來助護持世間神呪經十一紙半　南莫北罔　隋北天竺沙門闍那崛多譯

佛在祇園，東方最勝燈王如來遣二菩薩來此説呪，次阿逸多菩薩、文殊師利童子、釋迦牟尼佛〔二〕及四天王亦各説呪。

佛説持句神呪經二紙餘　亦云陀羅尼句經。　南莫北罔　吴月支國優婆塞支謙譯

佛説陀鄰尼鉢經二紙　南莫北罔　東晉西域沙門竺曇無蘭譯

○**聖最上燈明如來陀羅尼經**六紙　忠　宋北印土沙門施護譯

三經並與前同。

〔一〕「隋」，原作「唐」，據南藏、北藏改。

〔二〕「文殊師利童子釋迦牟尼佛」，原作「文殊釋迦菩薩」，據北藏改。

閱藏知津卷第十三

北天目沙門釋智旭　彙輯

大乘經藏　方等部第二之十二

佛説華積樓閣陀羅尼經三紙欠　南臨北命　宋北印土沙門施護譯

佛在阿耨達龍王宫，師子遊戲菩薩問佛功德及供養佛功德，佛爲分别，并説呪勸持。

華積陀羅尼神呪經二紙餘　南莫北能　吴月支國優婆塞支謙譯

師子奮迅菩薩所問經二紙　南莫北能　附東晉録

佛説華聚陀羅尼呪經二紙餘　南莫北能　附東晉録

三經並與前同。

拔濟苦難陀羅尼經 一〔一〕紙半　一名勝福往生淨土經。　行　唐大慈恩寺沙門釋玄奘譯

佛在逝多林，不可説莊嚴菩薩請問救濟苦衆生法，佛爲説不動如來、滅惡趣王如來二呪。

佛母大孔雀明王經 三卷　南改北知　唐北天竺沙門大廣智不空譯

佛在祇園，莎底苾蒭爲衆破薪，被黑蛇螫，苦痛之極。阿難白佛求救，佛爲説大孔雀呪，并諸神、諸天、諸佛、菩薩名及神呪，救之。與今流通本同。

佛説孔雀王呪經 二卷　南必北過　蕭梁扶南國沙門僧伽婆羅譯

與前經同，而稍略。

◯佛説大孔雀呪王經 三卷　南改北知　唐大薦福寺沙門釋義淨譯

亦與前同，而華、梵音聲稍別。

佛説大孔雀王神呪經 四紙欠　南必北過　東晉西域沙門帛尸梨蜜多羅譯

佛説大孔雀王雜神呪經 十二紙半　南必北過　東晉西域沙門帛尸梨蜜多羅重譯

大金色孔雀王呪經 一卷　南必北過　姚秦北天竺沙門鳩摩羅什譯

〔一〕「一」，康熙本、乾隆本無。

已上三經，皆即前經中之少分。

佛説大孔雀明王畫像壇場儀軌〔一〕四紙餘　南學北杜　唐北天竺沙門大廣智不空譯

應與前經並流通。

菩提場莊嚴陀羅尼經一卷　不　唐北天竺沙門大廣智不空譯

佛住廣博大園，因毗鈕達多婆羅門求子，爲説陀羅尼，種植一切善根，能滿一切意願。

佛説大乘聖無量壽決定光明王如來陀羅尼經五紙　南竭北力　宋中印土沙門法天譯

佛向妙吉祥菩薩説西方無量壽佛陀羅尼，能增壽命，得大利益。

佛説無能勝旛王如來莊嚴陀羅尼經三紙　南竭北忠　宋北印土沙門施護譯

佛在忉利天宫，帝釋與脩羅戰敗，請問於佛。佛爲説呪，書此陀羅尼置旌旗上，一切怨敵無能勝者。

佛説聖莊嚴陀羅尼經上下合卷　南臨北命　宋北印土沙門施護譯

佛在迦毗羅城，羅睺童子卧時，被惡羅刹所嬈，佛爲説呪護之，又説結界陀羅尼。慈氏、梵王亦各説呪。佛更勑一切天、龍、鬼、神各説自明。

〔一〕經名據南藏正文著録，南藏目録和北藏目録、正文皆無「佛説」二字。

○**佛說寶帶陀羅尼經**八紙欠　南斯北夙　宋北印土沙門施護譯

與上經同。

大吉義神呪經二卷　行　元魏昭玄統沙門釋曇曜譯

先說歸命、燒香、請三寶及天、龍，各各呪法。次明天、阿脩羅共戰，帝釋軍敗，請救於佛，佛爲說大結界呪。次有一切天、龍、鬼、神次第助佛說呪。既說呪已，佛乃說持呪所辦之法。

金剛光燄止風雨陀羅尼經一卷　南羊北維　唐南印度沙門菩提流志譯

佛及大身孽嚕荼并諸天王，各說調伏惡龍止風雨法。

佛說聖多羅菩薩經五紙欠　南興北深　宋中印土沙門法賢譯

佛在香醉山，爲五髻乾闥婆王說聖多羅菩薩呪，及頌讚持者得生極樂國。

聖觀自在菩薩一百八名經四紙餘　南盡北則　宋中印土沙門天息災譯

佛在補怛洛迦山說，持者亦生極樂世界。

毗俱胝菩薩一百八名經三紙餘　南盡北則　宋中印土沙門法天譯

佛說菩薩一百八名呪，持者得生極樂世界。

佛說大吉祥陀羅尼經一紙　南興北深　宋中印土沙門法賢譯

佛在蘇珂嚩帝佛刹，觀自在菩薩請說神呪，令衆生獲大富貴。

佛説大吉祥天女十二契一百八名無垢大乘經六紙餘　南流北興　唐北天竺沙門大廣智不空譯

佛住安樂世界，向無畏觀自在菩薩説三十八吉祥如來名號，及十二契一百八名無垢讚歎真言。

佛説大吉祥天女十二名號經一紙餘　南流北興　唐北天竺沙門大廣智不空譯

佛住極樂世界，爲觀自在菩薩説此呪，能除貧窮一切不祥。

大乘八大曼拏〔一〕**羅經**一紙半　南夙北臨　宋中印土沙門法賢譯

佛在補陀落迦山，寶藏月光菩薩請説，先於中心安佛，次安八大菩薩，所謂觀自在、慈氏、虚空藏、普賢、金剛手、曼殊室哩、除蓋障、地藏，共有九呪。

○**佛説八大菩薩曼荼羅經**二紙半　南淵北斯　唐北天竺沙門大廣智不空譯

與上經同，而後有八大菩薩讚。

無垢浄光大陀羅尼經一卷　南莫北彼　唐覩貨邏國沙門彌陀山等譯

佛在迦毗羅城精舍，劫比羅戰荼婆羅門七日後當命終，有善相師答之，因恐懼來見佛。佛勅令修理古塔，念誦神咒，增長命根，生極樂國，乃至成佛。遂廣説造塔及呪法。

〔一〕「拏」，康熙本、乾隆本作「荼」，南藏、北藏皆作「拏」。

聖佛母小字般若波羅蜜多經三紙欠　南竭北忠　宋中印土沙門天息災譯

佛在鷲峰山，聖觀自在菩薩請佛説此小字般若真言，復説勝妙般若波羅蜜多陀羅尼。

諸佛心印陀羅尼經一紙半　南盡北則　宋中印土沙門法天譯

佛在兜率天，説二呪。聞者不生魔界，速證菩提。

○諸佛心陀羅尼經二紙餘　行　唐大慈恩寺沙門釋玄奘譯

佛於如來境，爲菩薩説。

彙門云：與上經同。

消除一切閃電障難隨求如意陀羅尼經三紙半　忠　宋北印土沙門施護譯

佛在舍衛國，向阿難説四方電名，並説神呪，觀自在、金剛手、梵王、帝釋、四王亦各説呪。佛又勅龍王等而説一呪。

○佛説如意摩尼陀羅尼經三紙　南盡北則　宋北印土沙門施護譯

與上經同。

虚空藏菩薩問七佛陀羅尼〔一〕**經**一卷　南莫北罔　附梁録

〔一〕「尼」下，總目、北藏和南藏正文有「咒」字，南藏目録無。

佛在雞羅莎山頂，一比丘爲惡病所持，一比丘爲惡鬼所持，虚空藏菩薩請佛哀救。佛現神力，七佛皆於空中，各説一呪。

如來方便善巧呪經八紙半　南莫北罔　隋北天竺沙門闍那崛多譯

與上經同。

⊙**聖虚空藏菩薩陀羅尼經**六紙餘　南力北忠　宋中印土沙門法天譯

二比丘裸形叫喚，虚空藏問佛。佛召七佛各説一呪，虚空藏亦説一呪。亦與上經同。

佛説救拔燄口餓鬼陀羅尼經三紙餘　南淵北斯　唐北天竺沙門大廣智不空譯

佛在尼拘律園，阿難獨居，念所受法，於夜三更見燄口餓鬼，怖而問佛。佛爲説無量威德自在光明勝妙力陀羅尼，即今變食真言，并説多寶、妙色身、廣博身、離怖畏四如來名。若施鬼等，持七徧；施仙等，持二七徧；供三寶，持二十一徧。燄口法始於此。

○**佛説救面然餓鬼陀羅尼神咒經**三紙半　南行北念　唐于闐國沙門實叉難陀譯

與上經同，而無四佛名號。

佛説甘露經陀羅尼七行　南行北念　唐于闐國沙門實叉難陀譯

即今施甘露真言。

瑜伽集要救阿難陀羅尼燄口儀軌經一卷　南止北斯　唐北天竺沙門大廣智不空譯

有啓請法，破地獄印、呪各一，召餓鬼印、呪各一，召罪印、呪各一，摧罪印、呪各一，淨業印、呪各一，懺悔印、呪各一，甘露印、呪各一，開咽喉印、呪各一，七如來名號、歸依三寶、發菩提心印、呪各一，受三昧耶戒印、呪各一，施食印一、呪二，普供養印、呪各一，奉送印、呪各一，今時施食，決宜依此行持。

佛説延壽妙門陀羅尼經六紙餘　南興北深　宋中印土沙門法賢譯

佛在成正覺地，金剛手菩薩請説妙呪。佛放眉光，集十方佛讚助，及明二十功德。

○**護命法門神呪經**九紙半　南莫北罔　唐南印度沙門菩提流志譯

與上經同，而明二十功德之後，金剛手菩薩、梵王、帝釋、四王、鬼子母藥叉、金剛手、大自在天子、童子軍將、月光天子、聖觀自在、慈氏菩薩、雪山大藥叉、金剛商羯羅天女、金剛軍、金剛使者各説神呪〔一〕，佛普伸右手而讚印之。

善法方便陀羅尼經五紙餘　南莫北罔　附東晉録

金剛祕密善門陀羅尼經四紙半　南莫北罔　附東晉録

二經並與上同，而助呪少。

〔一〕此句中金剛手出現兩次，係因經文中金剛手先後兩次説咒。

佛説七倶胝佛母準提大明陀羅尼經并念誦、觀行等法，共十四紙　南改北莫　唐南天竺沙門金剛智譯

佛在祇園，愍念未來衆生，説過去七倶胝準提如來等佛母準提陀羅尼。

⊙**佛説七倶胝佛母心大準提陀羅尼經**三紙　南改北莫　唐中印度沙門地婆訶羅譯

○**七倶胝佛母所説準提陀羅尼經**一卷　南淵北莫　唐北天竺沙門大廣智不空譯

二經並與上同，而地婆譯缺觀行法。

佛説慈氏菩薩誓願陀羅尼經一紙欠　南夙北臨　宋中印土沙門法天〔一〕譯

佛爲慈氏説呪，慈氏立誓拔苦，受記。

百千印陀羅尼經一紙餘　行　唐于闐國沙門實叉難陀譯

共有三呪，應書供塔中。

六字大陀羅尼呪經一紙欠　行　附梁録

亦是爲救阿難故説。

六字呪王經四紙餘　南莫北能　附東晉録

因旃陀羅女厭惑阿難，説此破之。

〔一〕「天」，康熙本、乾隆本同，南藏、北藏作「賢」。

六字神咒王經六紙　南莫北能　附梁録

與上經同，而呪稍多。

佛説聖六字大明王陀羅尼經一紙半　南臨北命　宋北印土沙門施護譯

佛在給孤獨園，爲阿難説二呪。

佛説大護明大陀羅尼經五紙　南力北忠　宋中印土沙門法天譯

佛在没哩際疏聚落，往吠舍離城説呪，爲除災難。

聖六字增壽大明陀羅尼經一紙半　南履北臨　宋北印土沙門施護譯

佛在祇園，阿難有病，佛詣彼説呪救之。

佛説療痔病經一紙　當　唐大薦福寺沙門釋義浄譯

共有二呪。

佛説善樂長者經二紙半　南興北深　宋中印土沙門法賢譯

佛在迦毗羅城，爲長者説清浄眼秘密大神呪，治其眼病。

佛説能浄一切眼疾病陀羅尼經一紙餘　南淵北斯　唐北天竺沙門大廣智不空譯

與上經同。

佛説蓮華眼陀羅尼經一紙欠　南盡北則　宋北印土沙門施護譯

能除六根病，得六根清浄。

佛説寶生陀羅尼經一紙欠　南命北盡　宋北印土沙門施護譯

持誦者滅一切罪，得天眼清浄。

佛説尊勝大明王經三紙欠　南命北則　宋北印土沙門施護譯

佛爲阿難説呪，亦是過去七倶胝佛所説。

佛説金身陀羅尼經二紙　南斯北夙　宋北印土沙門施護譯

説呪，亦説功用。

佛説持世陀羅尼經三紙餘　行　唐大慈恩寺沙門釋玄奘譯

佛在建礫迦林，妙月長者請問除貧、愈病、滅罪、安危之法，佛爲説陀羅尼。

⊙**佛説雨寶陀羅尼經**四紙欠　南流北興　唐北天竺沙門大廣智不空譯

△**佛説大乘聖吉祥持世陀羅尼經**七紙　南竭北力　宋中印土沙門法天譯

二經並與上同。

聖持世陀羅尼經六紙半　南忠北則　宋北印土沙門施護譯

先説持法，次説諸呪、諸印。

佛説聖大總持王經三紙半　南命北則　宋北印土沙門施護譯

佛在祇園，爲阿難説四呪，能知七生、十四生、二十一生及倍倍生事。

佛説宿命智陀羅尼經半紙　南夙北臨　宋中印土沙門法賢譯

持者能知宿命。

佛説鉢蘭那賒嚩哩大陀羅尼經二紙　南夙北臨　宋中印土沙門法賢譯

除惡魔鬼神，及消除災害疾疫。

佛説俱枳羅陀羅尼經一紙餘　南夙北臨　宋中印土沙門法賢譯

佛在祇園，爲阿難説。

佛説妙色陀羅尼經一紙欠　南夙北臨　宋中印土沙門法賢譯

可誦之，出生飲食，施鬼神。

佛説大七寶陀羅尼經半紙　行　附梁録

以七佛功德令衆生除怖畏。

佛説栴檀香身陀羅尼經一紙餘　南夙北臨　宋中印土沙門〔一〕法賢譯

誦者得見觀自在菩薩，亦治惡癩瘡癬。

〔一〕「中印土沙門」，康熙本、乾隆本無。

佛説無畏陀羅尼經二紙欠　南思北之　宋中印土沙門法賢譯

佛爲比丘衆説。

佛説施一切無畏陀羅尼經二紙欠　南思北斯　宋北印土沙門施護等譯

佛爲帝釋天主説。

佛説熾盛光大威德消災吉祥陀羅尼經一紙半　南思北之　唐北天竺沙門大廣智不空譯

即流通消災經本。

佛説大威德金輪佛頂熾盛光如來消除一切災難陀羅尼經二紙餘　南思北斯　唐代失譯人名

與上經同，而有九曜真言。

佛説持明藏八大總持王經五紙餘　南命北則　宋北印土沙門施護譯

共説十呪。

佛説六門陀羅尼經一紙　行　唐大慈恩寺沙門釋玄奘譯

佛在浄居天上説呪，持者速證菩提。

佛説善夜經三紙　行　唐大薦福寺沙門釋義浄譯

栴檀天子覺悟比丘，令其問佛，佛爲説經，並三呪。

勝幢臂印陀羅尼經一紙半〔一〕 南得北莫 唐大慈恩寺沙門釋玄奘譯

因大梵王及觀世音請問，故說此呪，持者更不受惡趣生。

妙臂印幢陀羅尼經一紙餘 南得北莫 唐于闐國沙門實叉難陀譯

與上經同。

佛說普賢菩薩陀羅尼經二紙餘 南命北盡 宋中印土沙門法天譯

普賢菩薩入三昧，一切佛摩頂讚之，乃放光說呪。

佛說十八臂陀羅尼經一紙 南夙北臨 宋中印土沙門法賢譯

爲阿難說，持者消滅根本罪業，積集無量功德。

佛說勝旛瓔珞陀羅尼經二紙 南臨北命 宋北印土沙門施護譯

佛在喜樂山頂天宮，不遠仙人住處，因大梵王啓請，說呪拔罪。

佛說滅除五逆罪大陀羅尼經一紙欠 南夙北臨 宋中印土沙門法賢譯

爲阿難說。

佛說洛叉陀羅尼經一紙餘 南夙北臨 宋中印土沙門法賢譯

〔一〕「一」，康熙本、乾隆本無。

持此呪，如持洛叉佛無異。

佛説無量功德陀羅尼經一紙欠　南夙北臨　宋中印土沙門法賢譯

持一洛叉得見慈氏，持二洛叉得見觀自在，持三洛叉得見無量壽佛。

佛説拔除罪障呪王經二紙欠　行　唐大薦福寺沙門釋義浄譯

佛於浄居天上，説諸呪法。曼殊菩薩曲爲不信之人求救濟法，佛爲説此一大呪王。

佛説一切法功德莊嚴王經十三紙餘　行　唐大薦福寺沙門釋義浄譯

佛在竹林，入能斷惑離垢三昧，大地震動。大衆雲集，執金剛請説此經，三止之後，乃説二種四法。觀世音菩薩讚此法門，法師及供養者當生極樂。次説勝妙陀羅尼，及説壇儀。

莊嚴王陀羅尼〔一〕**經**三紙　行　唐大薦福寺沙門釋義浄譯

佛在布怛落迦山，爲觀世音、妙吉祥二大菩薩説往昔所持妙呪，持者當生極樂國，及得無量功德。即時大地震動。佛乃説呪，并説持法。

八名普密陀羅尼經一紙半　行　唐大慈恩寺沙門釋玄奘譯

〔一〕「尼」，南藏、北藏於此字下有「咒」字。

佛爲金剛手菩薩説易成無損之呪。

佛説祕密八名陀羅尼經一紙半　南興北深　宋中印土沙門法賢譯

與上經同。

佛説如意寶總持王經二紙餘　南命北則　宋北印土沙門施護譯

佛在覩史多天宫，妙住菩薩請問：有善男子一心受持此如意寶總持章句，何因不見不聞去、來、現在世尊？佛言：以住福業故，又疑未斷故，此雖受持，而非受持，住有爲心，無善巧智，無方便故。若能心無疑惑，决定專注，是則名爲真實持者。

此經雖不説神呪，乃持神呪者之總訣也。

佛説一向出生菩薩經一卷　南改北莫　隋北天竺沙門闍那崛多譯

佛將入涅槃，勑目連集一切聲聞、緣覺，又勑菩薩集十方菩薩。舍利弗請説法，佛爲説陀羅尼及修行種種四法，亦説過去然燈佛、阿彌陀佛聞法得菩提事。

、**佛説無量門微密持經**半卷　南罔北莫　吴月支國優婆塞支謙譯

呪譯作華言。

△**佛説出生無量門持經**半卷　南罔北莫　東晉迦維羅衛國沙門佛陀跋陀羅譯

呪亦譯做華言。

阿難陀目佉尼訶離陀鄰尼經九紙餘　南得北莫　元魏北天竺沙門佛陀扇多譯

華梵雙具，止有四十八句。

阿難陀目佉尼訶離陀經九紙　南得北莫　劉宋中天竺沙門求那跋陀羅譯

止有華言四十八句。

佛説無量門破魔陀羅尼經十紙欠　南得北莫　劉宋天竺沙門功德直共玄暢譯

舍利弗陀羅尼經七紙半　南得北莫　蕭梁扶南國沙門僧伽婆羅譯

○**出生無邊門陀羅尼經**十三〔一〕紙餘　南得北莫　唐于闐國沙門釋智嚴譯

呪有八十九句。

○**佛説出生無邊門陀羅尼經**十紙　南流北興　唐北天竺沙門大廣智不空譯

已上八經，並與前同本。

〔一〕「三」，康熙本、乾隆本作「二」。

閱藏知津卷第十四

北天目沙門釋智旭　彙輯

大乘經藏　方等部第二之十三

大方廣菩薩藏文殊師利根本儀軌經二十卷，南作十二卷，北作十卷〔一〕　南則盡北若　宋中印土沙門天息災譯

序品第一：佛住淨光天上，放眉間光，照於開華世界開華主佛所妙吉祥童子，令來會中。彼佛先爲説三真言，次來至釋迦佛會，入於三昧，普召一切佛、菩薩等同來集會。妙吉祥略説真言行義法句，從一法乃至八法。　菩薩變化儀軌品第二　曼拏羅儀則品第三　上品㡧像儀則品第四　中品㡧像儀則品第五　下品㡧像儀則品第六　第四㡧像儀則品第

〔一〕「二十卷，南作十二卷，北藏十卷」，南、北藏仍標二十卷，分别合爲十二册、十册，故稱十二卷、十卷。

七　第一成就最上法品第八　第二成就最上法品第九　第三成就最上法品第十　第四淨行觀想護摩成就法品第十一　數珠儀則品第十二：一、金剛子，二、印捺囉子，三、菩提子，四、槵子。西枝、北枝、東枝者皆好，唯南枝者決不可用。　護摩品第十三　曼拏羅成就法大輪一字明王畫像儀則品第十四　一切法行義品第十五　法義品第十六　隨業因果品第十七　陰陽善惡徵應品第十八　略説大輪一字品第十九　略説一字大輪王畫像成就第二十　一字根本心真言儀則品第二十一　妙吉祥心麼字唵字成就法儀則品第二十二　妙吉祥〔一〕六字心真言品第二十三　修行〔二〕地位時節儀則品第二十四　執魅者儀則品第二十五　如來藏大法寶法界相無數功德祥瑞品第二十六　生無量功德果報品第二十七　説印儀則品第二十八

經文未盡。

○大方廣菩薩藏經中文殊師利根本一字陀羅尼法三紙欠　南必北能　唐迦濕彌羅國沙門寶思惟譯〔三〕

〔一〕「祥」，乾隆本缺。

〔二〕「修行」，原無，康熙本、乾隆本同，據北藏補。

〔三〕「唐迦濕蜜羅國沙門寶思惟譯」，南藏作「唐天后代天竺三藏寶思惟譯」，北藏作「唐天竺三藏寶思惟譯」。

即流通護身真言也。

曼殊室利菩薩呪藏中一字呪王經 四紙半　南必北能　唐大薦福寺沙門釋義浄譯

與上經同。

◎佛説大陀羅尼末法中一字心呪經 十七紙　南羔北念　出文殊根本儀軌經。　唐迦溼蜜羅國沙門寶思惟譯

具畫像法、護摩法等。

金剛頂經曼殊室利菩薩五字心陀羅尼品 十紙欠〔一〕　出大部　南行北念　唐南天竺沙門金剛智譯

呪曰：阿囉跛者娜。具有壇法、持法。

文殊師利寶藏陀羅尼經 一卷　亦名文殊師利菩薩八字三昧法。　南景北羊　唐南印度沙門菩提流志譯

佛在浄居天，光照文殊頂，文殊復以光照金剛密迹主頂。金剛請問：法滅之後，云何文殊廣利衆生？佛言：當於東北方大振那國五頂山遊行居住。有祕密心呪，并畫像、壇、印等法。先説十八大陀羅尼，次説八字祕密心陀羅尼曰：唵阿末囉吽卻唽囉。次説畫像法、壇法、印法。

〔一〕「欠」，康熙本、乾隆本正文無，總目有。

聖閻曼德迦威怒王立成大神驗念誦法六紙餘　南竟北藁　唐北天竺沙門大廣智不空譯

佛於淨居天宮，命文殊師利菩薩説威怒王勝根本真言。

大方廣曼殊室利童真菩薩華嚴本教讚閻曼德迦忿怒王真言阿毗遮嚕迦儀軌品第三十一六足本尊品第二。　南一卷，北與前二合卷　南學北藁　唐北天竺沙門大廣智不空譯

説忿怒王真言，成就有情、治罰難調伏者法。閻曼德迦忿怒王品第三十二，答寂靜慧菩薩問，復説諸調伏法。

文殊師利菩薩根本大教王經金翅鳥王品十紙　南取北止　唐北天竺沙門大廣智不空譯

佛在淨居天宮，金翅鳥王對文殊説真言密行。

文殊問經字母品二紙　南不北清　唐北天竺沙門大廣智不空譯

佛告文殊，諸法入於字母及陀羅尼字義。

佛説最上意陀羅尼經五紙欠〔一〕　南命北則　宋北印土沙門施護譯

佛在救鴿城，爲阿難陀及一切大衆説往昔傳教，比丘遇神人説呪。神人即妙吉祥菩薩。

〔一〕「五紙欠」，康熙本、乾隆本正文作「四紙半」，總目作「五紙欠」。

○**佛説聖最勝陀羅尼經**三紙半　南履北臨　宋北印土沙門施護譯

苾蒭往支那，路中見大人，知是文殊，爲説神呪。疑與上經同本。

不空羂索神變真言經三十卷　南良知過北必改得　唐南印度沙門菩提流志等譯

母陀羅尼真言序品第一：佛在補陀洛山，大衆雲集。觀世音菩薩啓白佛已，説不空羂索心王母陀羅尼真言。　祕密心真言品第二　祕密成就真言品第三　祕密印三昧耶品第四　法界密印莊嚴品第五　羂索成就品第六　護摩增益品第七　祕密灌頂品第八　三昧耶像品第九　護摩安隱品第十　清浄無垢蓮華王品第十一　廣大解脱曼拏羅品第十二　最勝明王真言品第十三　奮怒王品第十四　悉地王真言品第十五　廣博摩尼香王品第十六　金剛摩尼藥品第十七　如意摩尼瓶品第十八　如來加持品第十九　溥徧心印真言出世間品第二十　溥徧心印真言世間品第二十一　不思議觀陀羅尼真言品第二十二　陀羅尼真言辯解脱品第二十三　最上神變解脱壇品第二十四　光燄真言品第二十五　出世解脱壇像〔一〕品第二十六　一切菩薩敬禮解脱三昧耶真言品第二十七　出世解脱壇印品第二十八　出世相應解脱品第二十九　根本蓮華頂陀羅尼真言品第三十　十地真言品

〔一〕「像」，底本作「儀」，據北藏改。

第三十一　世間成就品第三十二　蓮華頂阿伽陀藥品第三十三　護摩成就品第三十四　根本蓮華壇品第三十五　根本蓮華頂像品第三十六　神變密印品第三十七　神變真言品第三十八　多羅菩薩護持品第三十九　大衆護持品第四十　普徧解脱陀羅尼真言品第四十一　溥徧解脱心曼拏羅品第四十二　溥徧輪轉輪王阿伽陀藥品第四十三　溥徧輪轉輪王神通香品第四十四　如意阿伽陀藥品第四十五　無垢光神通解脱壇〔一〕三昧耶像品第四十六　大奮怒王品第四十七　一切種族壇印品第四十八　大奮怒王字輪壇真言三昧耶品第四十九　大奮怒王真言護持品第五十　執金剛祕密主問疑品第五十一　廣大明王央俱捨真言品第五十二　廣大明王摩尼曼拏羅品第五十三　廣大明王三三昧耶品第五十四　廣大明王阿伽陀藥品第五十五　廣大明王央俱捨羂索曼拏羅品第五十六　廣大明王圖像品第五十七　大可畏明王品第五十八　然頂香王成就品第五十九　點藥成就品第六十　護摩祕密成就品第六十一　斫蒭眼藥成就品第六十二　神變阿伽陀藥品第六十三　召請諸天密護品第六十四　大可畏明王像品第六十五　大可畏明王壇品第六十六　清淨蓮華明王品第六十七　灌頂真言成就品第六十八　灌頂曼拏羅品第六十九　不空摩尼供養

〔一〕「壇」，原無，據北藏補。

真言品第七十　祈雨法品第七十一　清浄蓮華明王成就法品第七十二　功德成就品第七十三　供養承事品第七十四　明王曼拏羅像品第七十五　畝捺羅印品第七十六　密儀真言品第七十七　囑累品第七十八

○**佛説不空羂索呪經**一卷　南才北過　隋北天竺沙門闍那崛多等譯

不空羂索神呪心經一卷　南才北過　唐大慈恩寺沙門釋玄奘譯

呪内間諸華言。

○**不空羂索呪心經**一卷　南才北過　唐南印度沙門菩提流志譯

○**聖觀自在菩薩不空王祕密心陀羅尼經**〔一〕九紙半　南淵北斯　宋北印土沙門施護譯

四經皆即前經之第一品。

佛説大乘莊嚴寶王經四卷　竭　宋中印土沙門天息災譯

佛在舍衞國，有無量菩薩及八部男女集會。從大地獄出大光明，徧照園中，現大莊嚴。除蓋障菩薩請問因緣，佛爲説聖觀自在菩薩歷劫救苦之事，及説所住種種三昧之名，又説身諸毛孔希有功德，普賢菩薩行十二年不得邊際。次求六字大明陀羅尼，并見波羅奈城法

〔一〕經名開頭，康熙本、乾隆本正文有「佛説」二字，總目無。南藏、北藏正文有「佛説」，目録無。

師。最後佛告阿難，具説伽藍中所造惡業，所招惡報。

此亦生净土之捷徑。

佛説大方廣曼殊室利經觀自在菩薩受記品第一〔一〕一卷　南取北〔缺〕〔二〕　唐北天竺沙門大廣智不空譯

受記品第一〔三〕：世尊復徧觀察净居天宫，讚歎觀自在菩薩，授成佛記。觀自在菩薩頂禮佛足，讚如來已，還就本座，入普光明多羅三昧，從右目瞳放光，流出妙女，普告衆生，誓度苦海。徧遊世界，還至佛所，禮觀自在，持青蓮華瞻仰而住。觀自在菩薩乃説偈説呪。

曼荼羅品第二　畫像品。　第二〔四〕畫像品。　發遣聖者陀羅尼。　一髻羅刹陀羅尼。能令用功少，成就疾，亦是多羅菩薩使者。

〔一〕「受記品第一」，原作「儀軌經」，藏經中無此經名，據康熙本、乾隆本和南藏改。

〔二〕「〔缺〕」，原作「止」，北藏無此經，故改。

〔三〕「受記品第一」，康熙本、乾隆本皆在經名中，此處缺略，依南藏。底本把經名改爲「儀軌經」，將此五字移至提要之首，與第二品併列。

〔四〕「二」字，原作「三」，據康熙本、乾隆本和南藏改。下一部經中將「畫像品、第二畫像品」合稱「畫像品第三」。

佛説大方廣曼殊室利經觀自在多羅菩薩儀軌經〔一〕十一紙　南川北止

即前經重出。

葉衣觀自在菩薩經七紙餘　南不北清　唐北天竺沙門大廣智不空譯

佛住極樂世界，金剛手菩薩啓請觀世音菩薩説葉衣觀自在菩薩陀羅尼。

阿唎多羅陀羅尼阿嚕力經一卷　南川北流　唐北天竺沙門大廣智不空譯

佛在給孤獨園，觀自在菩薩説真言曰：唵　阿嚕力迦半音呼之。　娑嚩二合，引。　訶引。

此是一切蓮華部心。次説種種曼荼羅法、畫像法、護摩法，持者生極樂國。

金剛恐怖集會方廣軌儀觀自在菩薩三世最勝心明王經一卷　南川北止　唐北天竺沙門大廣智不空譯

序品第一：佛在寶峰大山宮殿，觀自在菩薩説心真言及頭、頂、眼等，共十五真言。

成就事品第二　成就如意寶品第三　療一切病品第四　一切有情敬念品第五　義利成就品第六　成就軌儀品第七　普通成就品第八　成就心真言品第九

十一面觀自在菩薩心密言念誦儀軌經上中下合卷　南馨北止　唐北天竺沙門大廣智不空譯

佛住補陀洛山，觀自在菩薩與無量持明仙園繞，禮佛而坐，説自根本密言，次説澡浴、

〔一〕經名據北藏著録，南藏作「佛説大方廣曼殊室利經」，有夾注「又名觀自在多羅菩薩儀軌經」。

焚香、獻華、飲食等一切密言，又説修行儀軌。通蓮華部一切念誦法。

千手千眼觀世音菩薩廣大圓滿無礙大悲心陀羅尼經一卷　南必北能　唐西天竺沙門伽梵達摩譯

佛在補陀洛迦山，觀世音菩薩於大會中密放神通光明。總持王菩薩請問於佛，佛云：是觀世音菩薩爲欲安樂衆生，故密放光。觀世音菩薩即啓白於佛，然後説呪，次爲大梵天王説呪形貌相狀及修行法。佛又爲阿難説種種求願治病方法，及略説四十手功德。日光菩薩、月光菩薩亦各説一呪，護持行人。

此即流通本大悲呪也。四明尊者依經設立行法，自宋至今，如説修者，效驗非一，所貴深信篤行，自修自證，儻涉世諦流布，則名盛而實衰矣，可不慎哉！

千手千眼觀世音菩薩姥陀羅尼身經一卷　南必北能　唐南印度沙門菩提流志譯

千眼千臂觀世音菩薩陀羅尼神呪經上下合卷　有波崙序　南必北能　唐大總持寺沙門釋智通譯

呪共十四，印共二十五，與大悲呪不同。

與上經同。

觀自在菩薩怛嚩多唎隨心陀羅尼經一卷　南必北能　唐大總持寺沙門釋智通譯

佛住極樂世界，觀世音菩薩説此陀羅尼，及説四十八印法、療一切病壇法。

如意輪陀羅尼經一卷　此經出大蓮華金剛三昧耶加持祕密無障礙經。　南必北能　唐南印度沙門菩提流志譯

序品第一　破業障品第二　誦念法品第三　印法品第四：共三十印。　壇法品第五

佩藥品第六　含藥品第七　眼藥品第八　護摩品第九　囑累品第十

〇**觀世音菩薩祕密藏神呪經**八紙欠　南必北能　唐于闐國沙門實叉難陀譯

觀世音菩薩如意摩尼陀羅尼經六紙欠　南必北能　唐迦濕彌羅國沙門寶思惟譯〔一〕

二經並與上同，而稍略。

⊙**觀自在菩薩如意心陀羅尼呪經**三紙　南必北能　唐大薦福寺沙門釋義浄譯

亦即前經第一品也。此呪即流通十小呪中第一首。

佛説〔二〕**觀自在菩薩母陀羅尼經**二紙餘　南興北深　宋中印土沙門法賢譯

佛在廣嚴城，普賢菩薩説此呪。

佛説一切如來名號陀羅尼經二紙　南興北深　宋中印土沙門法賢譯

〔一〕「唐迦濕蜜羅國沙門寶思惟譯」，南藏作「唐天竺三藏法師寶思惟奉詔譯」，北藏作「唐北天竺三藏法師寶思惟奉詔譯」。

〔二〕「佛説」，康熙本、乾隆本正文無，總目有。南藏有「佛説」，北藏無。

佛初成道，觀自在菩薩説呪，并説受持者當得成佛。

觀自在菩薩説普賢陀羅尼經三紙半　南淵北斯　唐北天竺沙門大廣智不空譯

佛在靈鷲山，觀世音菩薩説一根本呪、一結界呪、一奉請呪。

○清淨觀世音菩薩普賢陀羅尼經五紙餘　行　唐大總持寺沙門釋智通譯

與上經同，而有畫像、入壇受持法。

請觀世音菩薩消伏毒害陀羅尼〔一〕經　一卷　南莫北能　東晉天竺居士竺難提譯

佛在菴羅樹園，月蓋長者請佛救療毗舍離國惡病，佛爲説西方一佛、二菩薩名，即得見佛、菩薩。菩薩大悲，爲説神呪。

智者大師有請觀音經疏，并立行法。慈雲懺主依此行法，得除惡病，兼獲音聲辯才。

廣大蓮華莊嚴曼拏羅滅一切罪陀羅尼經八紙半　南命北盡　宋北印土沙門施護譯

佛在鹿野苑中，梵壽國王偶至一寺，寺僧用佛頂華鬘迎之。王受戴頭上，忽然頭痛，醫不能療。其妹勸令見佛，佛説其故，且先説妹等夙緣。次有大意菩薩請問用常住物果報，佛言：決墮阿毗地獄。又問救濟之方，佛乃三請觀自在菩薩説呪，并請説畫像、念誦及曼

〔一〕「尼」下，南藏、北藏有「呪」字。

拏羅儀軌。

佛説一髻尊陀羅尼經十二紙欠　南思北斯　唐北天竺沙門大廣智不空譯

佛在鷲峰，觀自在菩薩從頂化出羅刹王，説呪降伏諸惡鬼神，并説壇法。

佛説祕密三昧大教王經四卷　南息北淵　宋北印土沙門施護譯

一切如來大乘現證三昧金剛儀軌會：世尊在三十三天，與一百六十萬俱胝那庾多大菩薩衆，及金剛明妃、金剛執侍天王、天女等俱。金剛手菩薩説祕密心明及曼拏羅頌等。金剛破惡大儀軌會：亦金剛手菩薩説。轉字輪曼拏羅會：妙吉祥菩薩、諸欲自在菩薩、歡喜王菩薩、虚空藏菩薩、大光菩薩、寶幢菩薩、極喜根菩薩、聖觀自在菩薩、金剛輪菩薩、金剛法菩薩、金剛無言菩薩、金剛巧業菩薩、金剛護菩薩、降諸魔菩薩、一切如來金剛拳菩薩，各説大明及曼拏羅儀軌，金剛手菩薩又説大明及曼拏羅儀軌。於是一切如來以偈問金剛手，金剛手次第答十三問，又告梵、釋諸天，令其各説心明儀軌。

最上大乘金剛大教寶王經上下合卷　南履北臨　宋中印土沙門法天譯

佛在廣嚴城，口放光明，印捺羅部帝天子請法。佛先爲説往緣，次勅金剛手菩薩授以祕法，兼説弟子八事及二諦等。

妙臂菩薩所問經四卷，今作二卷〔一〕　南盡北則　宋中印土沙門法天譯

得勝師助伴速獲悉地分第一：妙臂菩薩以持誦真言者得成就不成就義問金剛手菩薩，金剛手答言：修真言行求成就者，當須離諸煩惱，起於深信，發菩提心，重佛、法、僧，信重於我，歸命大金剛族，遠離十不善業，常離愚迷邪見。當須入彼三昧耶大曼拏羅，承彼聖力加護，仍須發勇猛心，發菩提心，唯信於佛，不信外道、天魔等。先須求依戒德清淨福德最勝阿闍黎，譬如種田，須依好地。若有宿業，須取勝地，作塔安像，供養、讚歎、懺悔、持誦。又須具助伴，如車二輪。選求勝處分第二　分別數珠持心離障分第三：菩提子、金剛子、蓮華子、木槵子及硨磲諸寶等爲珠，凡持誦時，真言印契，收攝其心。貪、瞋、癡等若盛，應作不浄、慈悲、緣起等觀。一切善法，皆悉迴向無上菩提，如衆流皆歸於海。又不應爲小妨大，又應遠離八法，又不得喫供養殘食及鬼神殘食。說〔二〕金剛杵頻那夜迦分第四：先分別跋折羅法，次明作障頻那夜迦有其四部，唯大明真言能退之。又持誦、供養、護摩等時，若不依法，及闕儀則，或復行人心有疑惑，或復談說世俗間事，彼作障者即得其便。

〔一〕「四卷，今作二卷」，語出南藏目録，南、北藏皆標四卷，合爲二册，故稱二卷。
〔二〕「說」，原無，康熙本、乾隆本同，據北藏補。

次說護身之法，令不得便。　分別悉地相分第五：不應於真言曼拏羅加減傳授，亦不得以此法彼法而相迴換，當具二法，悉地乃成：一者行人具足戒德，正勤精進，不貪嫉，不悋惜。二者真言文句滿足，聲相分明。復次，持誦不得大急，亦勿遲緩，使聲和暢，勿高勿默；又不得心緣異境，及與人雜語，令誦間斷。　知近悉地分第六：欲起首悉地，先須具持八戒，四日或三日或一晝夜，仍須斷食，方求悉地。　說成就分第七　召請鉢天說事分第八　說諸遮難分第九　說勝道分第十：即八正道。　分別諸部分第十一　說八法分第十二：成就共有八法，上三、中三、下二，不應求下品也。

此密宗要典。

蘇婆呼童子經三卷　南羊北賢　唐中印度沙門輸波迦羅初譯〔一〕

與上經同，而較詳，但文稍不及，亦宜參看。

蘇悉地羯羅經三卷，北作四卷　南羊北克　唐中印度沙門輸波迦羅譯〔二〕

〔一〕「輸波迦羅」，原作「輸迦波羅」，康熙本、乾隆本同，據南藏、北藏改。

〔二〕「輸波迦羅」，原作「輸迦波羅」，康熙本、乾隆本作「譯人同上」。北藏、南藏作「輸迦波羅」，而高麗藏等作「輸波迦羅」，據改。

請問品第一：忿怒軍茶利菩薩請問執金剛。　真言相分〔一〕第二：執金剛明此經五種莊嚴：一、大精進，二、明王，三、能除障，四、能成就諸勇猛事，五、能成就一切真言。若有持誦餘真言法不成就者，當令兼持此經根本真言。　分別阿闍梨相品第三　分別持誦真言相品第四　分別同伴相品第五　揀擇處所品第六　分別戒法品第七：具明種種不應爲事，亦有浄水、浄土、洗浴、漱口等一切真言。　供養華品第八　塗香藥品第九　分別燒香品第十　然燈法品第十一　獻食品第十二各藏内元落卻三品。　分別成就品第十六　奉請品第十七　供養品第十八　光顯品第十九　本尊灌頂品第二十　祈請品第二十一　受真言品第二十二　滿足真言品第二十三　增力品第二十四　護摩品第二十五　備物品第二十六　成諸相品第二十七　取物品第二十八　浄物品第二十九　物量品第三十　灌頂壇品第三十一　光物品第三十二　分別悉地時分品第三十三　圓備成就品第三十四　奉請成就品第三十五　補闕少法品第三十六　被偷成就物卻徵法品第三十七　成就具支法品第三十八此亦密宗要典。

金剛頂瑜伽念珠經一紙餘　於十方廣頌中略出。　南川北澄　唐北天竺沙門大廣智不空譯

〔一〕「分」，高麗藏作「品」，南藏、北藏等皆作「分」。

佛勅金剛手菩薩，説念珠功德勝利。

佛説金剛手菩薩降伏一切部多大教王經三卷　南履北淵　宋中印土沙門法天譯

純説降伏成就法。

金剛恐怖集會方廣軌儀觀自在菩薩三世最勝心明王大威力烏樞瑟摩明王經三卷　南川北止　唐北天竺沙門阿質達霰譯

摩醯首羅大部多主請問，金剛手菩薩爲説烏樞瑟摩祕密曼荼羅法，能成一切種種事業。

金剛手光明灌頂經最勝立印聖無動尊大威怒王念誦儀軌法品〔一〕十二紙　南優北鍾　唐北天竺沙門大廣智不空共徧智譯

金剛手菩薩説聖者無動心，及立印、結界、護摩等法。

聖迦抳忿怒金剛童子菩薩成就儀軌經三卷，北作二卷〔二〕　出蘇悉地經大明王教中第六品。　南取北言　唐北天竺沙門大廣智不空譯

〔一〕經名據南藏著録，北藏無「法品」二字。

〔二〕「三卷，北作二卷」，北藏分三卷，上卷爲一册，中、下卷合爲一册，故稱二卷。

金剛手菩薩已説蘇悉地諸真言軌則律儀教法，又爲未來國王正法治國、生清淨信、尊敬三寶者，又爲外道不信因果、毁謗三寶者，説息災、增益、愛敬、降伏等法，令知佛法有大威德，神通自在，知諸菩薩具一切智，是故説此無比大威德聖迦抳忿怒之法。

大乘方廣曼殊室利菩薩華嚴本教讚閻曼德迦忿怒王真言大威德儀軌品第三十　三紙　南竟北藁　唐北天竺沙門大廣智不空譯

金剛手菩薩讚説忿怒王真言。

佛説妙吉祥瑜伽大教金剛陪囉嚩輪觀想成就儀軌經一卷　南夙北言　宋中印土沙門法賢譯

曼拏羅分第一　一切成就法分第二　觀想分第三　畫像儀軌分第四　護摩法分第五　觀想成就分第六

金剛薩埵説頻那夜迦天成就儀軌經四卷　南薄北思　宋中印土沙門法賢譯

純説種種成就法。

穢迹金剛説神通大滿陀羅尼法術靈要門經三紙餘　南馨北清　唐北天竺沙門無能勝譯

佛臨涅槃，化現力士降螺髻大梵，説呪。

穢迹金剛法禁百變法門經四紙　南馨北清　唐北天竺沙門阿質達霰譯

即續前經，明諸符印。

佛説金剛香菩薩大明成就儀軌經三卷　南薄北思　宋北印土沙門施護譯

佛在覩史多天，金剛手菩薩請説。

佛説虚空藏菩薩能滿諸願最勝心陀羅尼求聞持法四紙　出金剛頂經成就一切義品。　行　唐中印土沙門輸波迦羅譯〔一〕

佛從諸波羅密平等三摩地起説呪，并壇法、印法。

聖多羅菩薩一百八名陀羅尼經六紙餘　南忠北則　宋中印土沙門法天譯

多羅菩薩説一呪，自在天王説一呪。

香王菩薩陀羅尼〔二〕**經**二紙　行　唐大薦福寺沙門釋義浄譯

一呪，二行法，誦者大獲果報。

增慧陀羅尼經一紙欠　南履北臨　宋北印土沙門施護譯

大慧菩薩住須彌山頂，童子相菩薩請説此呪。

佛説大摩里支菩薩經七卷，南作五卷，北作四卷〔三〕　南臨北盡　宋中印土沙門天息災譯

〔一〕「輸波迦羅」，原作「輸迦波羅」，據南藏、北藏改。

〔二〕「陀羅尼」，康熙本、乾隆本同，總目、南藏、北藏於此下有「咒」字。

〔三〕「七卷，南作五卷，北作四卷」，南、北藏仍標七卷，分别合爲五册、四册，故稱五卷、四卷。

佛在給孤獨園，先爲苾芻説菩薩名及呪，次説種種護摩儀軌。

○佛説摩利支天陀羅尼呪經二紙欠　南改北盡　附梁録

佛説末利支提婆華鬘經一卷　南言北盡　唐北天竺沙門大廣智不空譯

佛在祇園，因舍利子問，故說。

佛説摩利支天經三紙餘　南思北盡　唐北天竺沙門大廣智不空譯

三經並從前經出。

佛説最上祕密那拏天經上中下仝卷　南温北澄　宋中印土沙門法賢譯

最上成就儀軌分第一：佛在毗沙門宮，放光加被那拏天，令説心明。　成就儀軌分第二　最上成就儀軌分第三　最上曼拏羅儀軌成就法分第四　最上成就畫像儀軌分第五　最上成就供養大明分第六　最上成就印相大明分第七　最上成就敬愛護摩法分第八　大明曼拏羅成就儀軌分第九

佛説寶藏神大明曼拏羅儀軌經上下合卷　南命北止〔一〕　宋中印土沙門法天譯

佛在楞伽國中説。

〔一〕「止」，原作「比」，康熙本、乾隆本同，據北藏改。

速疾立驗摩醯首羅天説阿尾奢法四紙　南學北杜　唐北天竺沙門大廣智不空譯

那羅延天請摩醯首羅天説迦樓羅使者成辦世間事法。

大藥叉女歡喜母并愛子成就法九紙半　南學北杜　唐北天竺沙門大廣智不空譯

佛在竹林，大藥叉女名歡喜者，説自心陀羅尼及愛子陀羅尼成就法，饒益有情。

訶利帝母真言法三紙欠　南無北隸　唐北天竺沙門大廣智不空譯

藥叉女向佛説真言，保胎求男女等法。

佛説護諸童子陀羅尼呪經三紙半　行　元魏北天竺沙門菩提留支譯

大梵天王説鬼神名及説呪，以護童子，佛亦爲説一呪。

囉嚩拏説救療小兒疾病經八紙餘　南夙北臨　宋中印土沙門法賢譯

説十二曜母鬼執魅小兒之相，及説祭祀呪法。

千轉大明陀羅尼經三紙　南臨北命　宋北印土沙門施護譯

帝釋在佛前説呪。

佛説毗沙門天王經七紙　南臨北盡　宋中印土沙門法天譯

佛在給孤獨園，毗沙門天王於初夜分來説神呪，衛護行人，佛囑比丘受持。

阿吒婆拘鬼神大將上佛陀羅尼經四紙餘　行　附梁録

與幻師呪縁起同，而説呪人及呪皆不同。

寶賢陀羅尼經一紙半　南興北深　宋中印土沙門法賢譯

佛在祇園，寶賢大夜叉王獻呪，安樂貧苦衆生。

幻師颰陀神呪經一紙餘　亦云玄師颰陀所説神呪經。行　東晉西域沙門竺曇無蘭譯

因救毒蛇咬、鬼神嬈、賊所劫比丘，故説。

佛説大愛陀羅尼經一紙欠　南夙北臨　宋中印土沙門法賢譯

佛在祇園，大愛海神對佛説呪，解脱大海危難。

佛説陀羅尼集經十二卷，今作十三卷〔一〕　有玄楷序。　南得能北忘罔　唐中天竺沙門阿地瞿多譯

大神力陀羅尼經釋迦佛頂三昧陀羅尼品：一卷。　一切佛部：一卷，内有阿彌陀佛大思惟經十紙欠，應流通。　大輪金剛陀羅尼，誦三七遍，即當入一切壇，不成盜法；金剛杵功能法相品。　般若波羅蜜多部〔二〕：一卷。　觀世音部：三卷半，十一面觀世音神呪、

〔一〕「十二卷，今作十三卷」，此指南藏而言，南藏標十二卷，分作十三册，北藏則標十三卷，作十三册。

〔二〕「般若波羅蜜多部」，經文中無此部名，有般若波羅蜜多大心經及相應儀軌。

千轉觀世音菩薩心印呪、觀世音毗俱知菩薩三昧法印呪品、馬頭觀世音菩薩法印呪品。

諸大菩薩法會印呪品：半卷。　金剛部：三卷。　諸天部：二卷，摩利支天經、功德天法、諸天等獻佛助成三昧法印呪品。　諸佛大陀羅尼都會道場印呪品：一卷。

○**佛説十一面觀世音神呪經**九經欠　南改北能　宇文周優波國沙門耶舍崛多等譯

此經名金剛大道場神呪，有十萬偈成部，略出十一面觀世音一品。

出集經〔一〕第四卷。

十一面神呪心經八紙　南改北能　唐大慈恩寺沙門釋玄奘譯

與上經同。

千轉陀羅尼觀世音菩薩呪經二紙　南改北能　唐大總持寺沙門釋智通譯

出集經第五卷。

六字神呪經二〔二〕紙半　出集經第六卷内，與文殊根本經中呪同。　南改北能　唐南印度沙門菩提流志譯

大聖大歡喜雙身毗那耶迦法二紙半　南學北杜　唐北天竺沙門大廣智不空譯

〔一〕「集經」，即佛説陀羅尼集經。下兩條同。

〔二〕「二」，康熙本、乾隆本正文作「一」，目録作「二」。

出陀羅尼集經〔一〕第十一諸天下卷。

佛説大普賢陀羅尼經一紙半　行　開元附梁録

根本呪一，治病呪六。

佛説消除一切災障寶髻陀羅尼經三紙半　南夙北臨　宋中印土沙門法賢譯

佛告阿難，帝釋與脩羅戰敗求救，説呪與之。

大寒林聖難拏陀羅尼經四紙餘　南力北忠　宋中印土沙門法天譯

羅睺羅於寒林中，多被擾惱，佛爲説呪。

佛説檀持羅麻油述經一紙餘　行　東晉西域沙門竺曇無蘭譯

羅云夜被鬼神嬈，佛爲説呪護之。似與上經同。

佛説摩尼羅亶經二紙半　行　東晉西域沙門竺曇無蘭譯

灌頂神呪經第八卷別出。

佛説穰麌梨童女經三紙餘　南流北興　唐北天竺沙門大廣智不空譯

佛在祇園，爲苾蒭説香醉山童女所宣陀羅尼，能治世間一切諸毒。

佛説安宅神呪經三紙半　行　出後漢録

〔一〕「經」，原無，據上文補。

佛在祇園，爲離車長者子説。

佛説息除賊難陀羅尼經一紙欠　南興北深　宋中印土沙門法賢譯

佛在摩伽陀國，阿難怖賊，佛爲説結界呪。

佛説辟除賊害呪經半紙餘　行　附東晉録

佛説呪時氣病經半紙　行　東晉西域沙門竺曇無蘭譯

佛説呪齒經七行　行　東晉西域沙門竺曇無蘭譯

佛説呪目經四行　行　東晉西域沙門竺曇無蘭譯

佛説呪小兒經五行　行　東晉西域沙門竺曇無蘭譯

五經並如題可知。

佛説除一切疾病陀羅尼經一紙欠　南淵北斯　唐北天竺沙門大廣智不空譯

佛在給孤獨園，向阿難説。

佛説辟除諸惡陀羅尼經一紙餘　南夙北臨　宋中印土沙門法賢譯

能除毒蟲等難。

呪三首經一紙欠　南改北能　唐中印度沙門地婆訶羅譯

大輪金剛陀羅尼一　日光菩薩呪二　摩利支天呪三

梵本大悲神呪二紙餘　南竟北〔缺〕〔一〕　不出譯人名

前後無文。

呪五首經一紙餘　南改北能　唐大慈恩寺沙門釋玄奘譯

能滅衆罪千轉陀羅尼呪一　六字呪二　七俱胝佛呪三　一切如來隨心呪四　觀自在菩薩隨心呪五

種種雜呪經七紙　南改北莫　隋北天竺沙門闍那崛多譯

妙法蓮華經内呪六首　旋塔滅罪陀羅尼　禮拜滅罪命終諸佛來迎呪　供養三寶呪　觀世音懺悔呪　金剛呪蛇呪　坐禪安隱呪　呪腫呪　金剛呪治惡鬼病　千轉陀羅尼　第一滅罪清淨呪、第二呪、第三呪、第四呪　七俱胝佛神呪　隨一切如來意神呪　六字陀羅尼呪　歸依三寶呪

最勝佛頂陀羅尼二紙餘　南竭北忠　宋中印土沙門法天譯

但有呪八十八句，前後無文。

〔一〕「南竟北〔缺〕」，原無，此經祇收入洪武南藏和永樂南藏，千字文編號分别爲「曲」和「竟」，北藏及其他大藏經皆未收録。底本未標千字文編號，據永樂南藏補。北藏另有番大悲神咒一部，附在千手千眼觀世音菩薩廣大圓滿無礙大悲心陀羅尼經之後，與此經文字略有差異。

大金剛妙高山樓閣陀羅尼七紙半　南命北盡　宋北印土沙門施護譯

純呪無文。

金剛摧碎陀羅尼二紙　南思北斯　宋中印土沙門慈賢譯

佛說無量壽大智陀羅尼八行　南興北深　宋中印土沙門法賢譯

佛說宿命智陀羅尼四行半　南興北深　宋中印土沙門法賢譯

佛說妙吉祥菩薩陀羅尼二紙餘　南興北深　宋中印土沙門法賢譯

佛說慈氏菩薩陀羅尼五行　南興北深　宋中印土沙門法賢譯

佛說虛空藏菩薩陀羅尼七行　南興北深　宋中印土沙門法賢譯

六經皆純呪無文，唯妙吉祥陀羅尼前有偈讚。

拔一切業障根本得生淨土神呪九〔一〕行　出小無量壽經。　貞　劉宋中天竺沙門求那跋陀羅重譯

與流通本句讀稍別。

陀羅尼門諸部要目四紙欠　南竟北隸　唐北天竺沙門大廣智不空譯

明瑜伽本經有五部，及四曼拏羅、四印、四眼、一百二十護摩等事要目。

〔一〕「九」，康熙本、乾隆本正文作「十」，總目作「九」。

閱藏知津卷第十五

北天目沙門釋智旭　彙輯

大乘經藏　方等部第二之十四已下儀軌

金剛頂〔一〕**一切如來真實攝大乘現證大教王經**三卷　南優北亦　唐北天竺沙門大廣智不空譯

深妙祕密金剛界大三昧耶修習瑜伽儀第一　金剛界大曼拏羅毗盧遮那一切如來族祕密心地印真言羯摩部第二〔二〕　三昧耶部第三　供養部第四

即佛説一切如來真實攝大乘現證三昧大教王經第一分修習儀軌也。

金剛頂瑜伽中略出念誦經四卷　南景北念　唐南天竺沙門金剛智譯

從卧起時印、呪，乃至觀五佛出生一切金剛、菩薩，及入壇灌頂等法。

〔一〕「頂」下，原有「經」字，據南藏正文和北藏目録、正文删。

〔二〕「羅」、「摩」，北藏作「囉」、「磨」。

金剛頂瑜伽金剛薩埵五祕密修行念誦儀軌一卷　南竟北藁　唐北天竺沙門大廣智不空譯

演頓證如來内功德祕要。

金剛頂瑜伽金剛薩埵儀軌十紙餘〔一〕　南學北杜

即上譯重出〔二〕。

金剛頂瑜伽經十八會指歸八紙餘　南無北隸　唐北天竺沙門大廣智不空譯

説十八會修行教法大意。

金剛頂瑜伽三十七尊禮三紙半　南竟北隸　唐北天竺沙門大廣智不空譯

説禮佛、菩薩名號及懺悔發願文。

一切祕密最上名義大教王儀軌上下仝〔三〕卷　此於瑜伽大部中略出。　南竟北杜　宋北印土沙門施護譯

解釋一切祕密最上名義。

妙吉祥平等瑜伽祕密觀身成佛儀軌一卷　南優北鍾　宋中印土沙門慈賢譯

〔一〕「十紙餘」，康熙本作「即上重出」。乾隆本將此条移至本卷末。

〔二〕「即上譯重出」，康熙本、乾隆本無。

〔三〕「仝」，總目作「合」。

依經具明課誦法事。

妙吉祥平等觀門大教王經略出護摩儀七紙　南優北隸　宋中印土沙門慈賢譯

一、訕底，此言息災。當作圓鑪；二、補瑟置，此言增益，或言富貴。鑪如半月，或作八角；三、嚩舍，此言敬愛。鑪作四角；四、阿尾左囉，此言降伏。鑪作三角。鑪中燒一切物而作供養，各有呪、印，名爲護摩，或翻火祭。

金剛王菩薩祕密念誦儀軌十一紙欠　南無北藁　唐北天竺沙門大廣智不空譯

說毗盧遮那如來三密修行大印等法。

金剛頂經瑜伽修習毗盧遮那三摩地法一卷　南無北鍾　唐南天竺沙門金剛智譯

說禮佛、五悔、修供、觀心等法。

不空羂索毗盧遮那佛大灌頂光真言一紙半　南思北斯　唐北天竺沙門大廣智不空譯

說灌頂光真言求成就法，能滅重罪，能生極樂。即流通小祝延呪。

大毗盧遮那成佛神變加持經略示七支念誦隨行法三紙欠　南學北杜　唐北天竺沙門大廣智不空譯

於彼經第七卷中略出，有七呪印。

大日經略攝念誦隨行法三紙餘　亦名五支略〔一〕念誦要行法。　南學北杜　唐北天竺沙門大廣智不空譯

有五呪印。

一字佛頂輪王念誦儀軌七紙半　南優北鍾　唐北天竺沙門大廣智不空譯

與一字奇特佛頂經後所附儀軌同。

瑜伽翳迦訖沙囉〔二〕烏瑟尼沙斫訖囉真言安怛陀那儀則一字頂輪王瑜伽經五紙半　南竟北既　唐北天竺沙門大廣智不空譯

槩不出呪、印，皆指本部及餘部。

金剛頂瑜伽護摩儀軌一卷　南無北隸　唐師子國沙門釋智藏譯

總説五類護摩儀軌不同：一、息災，二、增益，三、降伏，四、鉤召，五、敬愛。

一字金輪王佛頂要略念誦法三紙半　通諸佛頂。　南學北杜　唐北天竺沙門大廣智不空譯

内一字輪王根本呪，與一字佛頂輪王念誦儀軌中根本呪同。

佛頂尊勝陀羅尼念誦儀軌八紙　南無北藁　唐北天竺沙門大廣智不空譯

〔一〕「略」下，原有「攝」字，康熙本、乾隆本同，據北藏删。

〔二〕「囉」，原作「羅」，據總目和南藏、北藏改。

明結壇等法及四成就法。

阿閦如來念誦供養法十一紙餘　南無北藁　唐北天竺沙門大廣智不空譯

初有偈，總攝行法，後一一別出。

金剛壽命陀羅尼念誦法二紙餘　南學北杜　唐南天竺沙門金剛智共不空譯

報身佛從第四禪下須彌頂，一切如來請轉法輪，入忿怒三摩地，流出降三世金剛菩薩，苦治大自在天已，次入慈愍大悲三昧耶，説金剛壽命陀羅尼，令摩醯首羅復還得蘇，證得八地，并説持誦之法。

佛説持明藏瑜伽大教尊那菩薩大明成就儀軌經四卷，今作二卷〔一〕　南夙北思　龍樹菩薩於持明藏略出。宋中印土沙門法賢譯

大明成就分第一　觀智成就分第二　造幀像分第三　作曼拏羅法分第四　護摩法分第五　持誦法分第六　即持准提呪法也。

佛説觀想佛母般若波羅蜜多菩薩經二紙欠　南盡北則　宋中印土沙門天息災譯

有呪，有觀門。

〔一〕「四卷，今作二卷」，南、北藏仍標四卷，分別合爲二册，故稱二卷。

聖八千頌般若波羅蜜多一百八名真實圓義陀羅尼經二紙餘　南思北斯　宋中印土沙門施護等譯

說般若一百八名及陀羅尼。

仁王護國般若波羅蜜多經道場念誦儀軌〔一〕一卷　有慧靈序。　南優北鍾　唐北天竺沙門大廣智不空譯

第一、明五菩薩現威德分爲五方。　第二、建立曼荼羅軌儀　第三、入道場軌儀分爲十科。　第四、釋陀羅尼文字觀行法　第五、明陀羅尼觀想布字輪

成就妙法蓮華經王瑜伽觀智儀軌一卷　南學北杜　唐北天竺沙門大廣智不空譯

先有歸命二十八品頌，次明欲成就此法者須具四緣：一、親真善知識，二、聽聞正法經王，三、如理作瑜伽觀，四、隨法行修於奢摩他、毗鉢舍那。

金剛頂蓮華部心念誦儀軌一卷　南無北鍾　唐北天竺沙門大廣智不空譯

先歸命禮普賢，乃至觀身如普賢等。

大樂金剛薩埵修行成就儀軌十二紙　出吉祥勝初教王瑜伽經。　南竟北杜　唐北天竺沙門大廣智不空譯

爲令菩薩不受勤苦，安樂相應，以妙方便，速疾成就，故説。

〔一〕「儀軌」，南藏、北藏作「軌儀」。

金剛頂瑜伽降三世成就極深密〔一〕**門**三紙　南學北杜　唐北天竺沙門大廣智不空同徧智譯

摧三世有毒，令即證菩提。

佛説大乘觀想曼拏羅浄諸惡趣經二卷，北作一卷〔二〕　南薄北止　宋中印土沙門法賢譯

理觀事儀，皆悉明備。

蘇悉地羯羅供養法三卷，今作二卷〔三〕　南學北鍾　唐中印度沙門善無畏譯

説護身、灑身、塗地、除萎華、三摩耶灌頂、結髮、獻水，乃至五浄等，各有真言、手印三部或通或别之不同。

不空羂索心呪王經三卷，北作二卷〔四〕　南才北過　唐迦濕蜜羅國沙門寶思惟譯〔五〕

成就尊者説不空神呪功德分第一　成就受持供養神呪法分第二　成就親見聖觀自在

〔一〕「密」，原作「法」，康熙本、乾隆本同，據總目和南藏、北藏改。

〔二〕「二卷，北作一卷」，北藏上、下二卷合爲一册，故稱一卷。

〔三〕「三卷，今作二卷」，語出南藏目録，南藏、北藏皆標三卷，各爲二册，故稱二卷。

〔四〕「三卷，北作二卷」，北藏上、中卷合爲一册，下卷爲一册，共二册，故稱二卷。　經名，趙城金藏等稱不空羂索陀羅尼王呪經。

〔五〕「唐迦濕蜜羅國沙門寶思惟譯」，南藏作「唐天后代天竺三藏寶思惟譯」，北藏作「唐天竺三藏寶思惟譯」。

菩薩法分第三　成就畫像幀法分第四　成就使者能辦事法分第五　成就驅策僮僕使者分第六　成就吉祥瓶法分第七　成就策使羅刹童子分第八　成就使死屍取伏藏分第九　成就入婇女室分第十　成就眼藥分第十一　成就除鬼著病法分第十二　成就入壇法分第十三：有地壇、國壇、民壇三種不同。　成就調伏諸龍得自在分第十四　成就見不空羂索王法分第十五　成就見如來法分第十六

不空羂索陀羅尼經二卷　有波崙序。　南才北過　唐北天竺婆羅門李無諂譯

一十六品，與上經同，末後心印品第十七，沙門慧日翻，續附，總有二十二印法。

瑜伽蓮華部念誦法六紙欠　南優北鍾　唐北天竺沙門大廣智不空譯

亦觀自在觀〔一〕門。

佛說一切佛攝相應大教王經聖觀自在菩薩念誦儀軌經八紙餘　南夙北止　宋中印土沙門法賢譯

導生極樂。

金剛頂瑜伽千手千眼觀自在菩薩修行儀軌經一〔二〕卷　南無北英　唐北天竺沙門大廣智不空譯

〔一〕「觀」，原無，據康熙本補。

〔二〕「一」，原作「二」，據康熙本、乾隆本和南藏、北藏改。

中唯白衣、大白、多羅及根本四呪，前五六句與流通大悲呪略同。

大悲心陀羅尼修行念誦略儀七紙欠　南優北隸　唐北天竺沙門大廣智不空譯

不出大悲章句，但云真言如文。

觀自在菩薩如意輪瑜伽念誦法九紙半　南學北杜　唐北天竺沙門大廣智不空譯

先有偈及種種印、呪，次誦如意輪根本、心、隨心三呪。

觀自在如意輪菩薩瑜伽法要十紙　出大部。　南行北念　唐南天竺沙門金剛智譯

與上瑜伽念誦法同。

觀自在菩薩如意輪念誦儀軌七紙半　南竟北杜　唐北天竺沙門大廣智不空譯

最後如意輪根本、心、心中心三呪、印，與上二種同。

佛説如意輪蓮華心如來修行觀門儀九紙欠　南學北鍾　宋中印土沙門慈賢譯

亦只根本、心、心中心三呪同上，後更有數珠身及解界等五真言。

金剛頂經瑜伽觀自在王如來修行法一卷　南優北鍾　唐南天竺沙門金剛智譯

初禮西方本尊，乃至末後常念本尊，無有間斷。

金剛頂經觀自在王如來修行法五紙　南優北鍾　唐北天竺沙門大廣智不空譯

與上同。

聖觀自在菩薩心真言瑜伽觀行儀軌五紙　出大毗盧遮那成道經。　南竟北藁　唐北天竺沙門大廣智不空譯

先觀成本尊聖觀自在菩薩身，修諸呪印，次觀行布字法，令己身與本尊身，如彼鏡像，不一不異，次思惟四字義等。此中所明事理，其文義最精顯可玩。

觀自在多羅瑜伽念誦法九紙餘　南竟北藁　唐北天竺沙門大廣智不空譯

此依觀自在多羅菩薩儀軌經所立行法，明印等法，皆七言偈。

普賢金剛薩埵瑜伽念誦儀一卷　南無北隸　唐北天竺沙門大廣智不空譯

明修普賢三昧，成普賢身。

金剛頂瑜伽他化自在天理趣會普賢修行念誦儀軌〔一〕十一紙　南學北杜　唐北天竺沙門大廣智不空譯

禮四佛，修慈、悲、喜、捨等，顯普賢身智。

金剛頂勝初瑜伽普賢菩薩念誦法經七紙餘　南無北藁　唐北天竺沙門大廣智不空譯

亦先歸命禮普賢，乃至觀身如普賢等。

〔一〕「軌」，原無，據南藏、北藏和總目補。

金剛頂經瑜伽文殊師利菩薩法一品二紙　亦名五字呪法。　南無北隸　唐北天竺沙門大廣智不空譯

說五字呪功德及壇法、畫像法。

金剛頂超勝三界經說文殊五字真言勝相二紙　南優北隸　唐北天竺沙門大廣智不空譯

「阿囉跛左曩」，有梵字，有釋義。

大聖曼殊室利童子五字瑜伽法三紙餘　南學北杜　唐北天竺沙門大廣智不空譯

一字真言有二，三字真言有一，五字真言有五，六字真言有六。加持灌頂瓶真言、菩提莊嚴成就真言、大聖曼殊室利菩薩讚歎，並有梵字，前後無文。

五字陀羅尼頌七紙餘　南學北杜　唐北天竺沙門大廣智不空譯

略出修行五字真言祕密法。

金剛頂瑜伽經文殊師利菩薩儀軌供養法九紙　南優北鍾　不出譯人名〔一〕

先明種種法，最後持五字陀羅尼。

佛說妙吉祥最勝根本大教經三卷　南薄北取　宋中印土沙門法賢譯

說持誦餤鬘德迦明王真言儀軌，共有十分。

〔一〕「不出譯人名」，此據南藏著録，北藏作「唐北天竺三藏沙門大廣智不空奉詔譯」。

無能勝大明陀羅尼經七紙半　南學北英　宋中印土沙門法天譯

此明能破邪法，能壞魔軍，救護饒益有情，息災消毒。

無能勝大明心陀羅尼經一紙半　南學北英　宋中印土沙門法天譯

成就一切吉祥事業，消除衆罪，壽命延長，遠離衆病。

大虚空藏菩薩念誦法四紙　南竟北槀　唐北天竺沙門大廣智不空譯

令薄福少德乏少資具者，修此教法，滅罪生福，成大悲智，世出世間財寶皆悉獲得，利益一切有情。

大威怒烏芻澀摩儀軌十一紙　南學北杜　唐北天竺沙門大廣智不空譯

與經部大威力烏樞瑟摩名同。

甘露軍荼利菩薩供養念誦成就儀軌一卷　南竟北槀　唐北天竺沙門大廣智不空譯

明印、呪、觀門，文極精顯。

不動使者陀羅尼祕密法一卷　南無北鍾　唐南天竺沙門金剛菩提譯

明使者即遮那化身，能滿種種願，及證無上菩提。

佛説聖寶藏神儀軌經上下仝卷　南命北止　宋中印土沙門法天譯

明求者得大富，饒益有情，及成就牟尼一切事。

曼殊室利呪藏中校量數珠功德經二紙欠　南才北知　唐大薦福寺沙門釋義浄譯

展轉校量，推極於菩提子，并説外道置死子於樹下，得重生事。

佛説校量數珠功德經一紙半　出天息災新譯文殊根本儀軌經中。　南才北知　唐迦濕蜜羅國沙門寶思惟譯〔一〕

與上經同。

文殊所説最勝名義經上下合卷　南優北羣　宋西夏沙門金總持等譯

此與經部内佛説最勝妙吉祥根本智最上祕密一切名義三摩地分相同，而最初歸命文殊及金剛手，似即觀彼經以成行法，故仍從彙目，入儀軌中。

聖妙吉祥真實名經一卷　南思北澄　元土藩沙門釋智慧譯

前有文殊菩薩發菩提心願文，中明五智勇識真實名句，後有文殊一百八名讚，又文殊讚、哀請攝受偈、發願偈、六波羅蜜偈、迴向文、呪。

聖救度佛母二十一種禮讚經三紙　南履北言　元翰林學士安藏譯

有二十一像，每像有七言頌四句，後有結偈真言。

〔一〕「唐迦濕蜜羅國沙門寶思惟譯」南藏作「唐迦濕蜜羅國三藏寶思惟於福先寺譯」，北藏無「於福先寺」四字。

佛說一切如來頂輪王一百八名讚經一紙　南履北言　宋北印土沙門施護譯

純偈讚，無呪語，而是密宗。

讚揚聖德多羅菩薩一百八名經四紙欠〔一〕　南盡北則　宋中印土沙門天息災譯

前後皆有偈，持者亦得生極樂。

七佛讚唄伽陀二紙餘　南竭北言　宋中印土沙門法天譯

七佛及彌勒并迴向結讚，皆是梵語。

曼殊室利菩薩吉祥伽陀一紙餘　南竟北杜　宋中印土沙門法賢譯

純梵語。

曼殊室利菩薩吉祥伽陀〔二〕一紙餘　南竟北杜　宋中印土沙門法賢譯

即上重出。

佛說文殊師利一百八名梵讚三紙半　南深北言　宋中印土沙門法天譯

先有偈，次梵讚十九節。

〔一〕「欠」，康熙本、乾隆本正文無，總目有。

〔二〕此經與上一部經，南藏、北藏皆重出，名同文異。

聖金剛手菩薩一百八名梵讚三紙半　南夙北言　宋中印土沙門法賢譯

共二十會，純是梵語。

佛説聖觀自在菩薩梵讚二紙欠　南臨北言　宋中印土沙門法天譯

共八讚，皆梵語。

聖多羅菩薩梵讚六紙欠　南履北言　宋北印土沙門施護譯

犍椎梵讚七紙半　南深北言　宋中印土沙門法天譯

八大靈塔梵讚一紙半　西天戒日王製。　南夙北言　宋中印土沙門法賢譯

三身梵讚一紙餘　南夙北言　宋中印土沙門法賢譯

此讚皆純梵語，無華言。

受菩提心戒儀三紙　普賢瑜伽金剛阿闍梨集。　南竟北隸　唐北天竺沙門大廣智不空譯

先歸命，次供養，次懺悔，次三歸，次受菩提心戒，共五法。有偈頌、長行，兩番明之。偈頌中五法各有呪，長行後列五佛名。

此以大菩提心受普賢金剛職，爲一切秉密教者受持之本，學者皆應簡閲。

瑜伽集要燄口施食起教阿難陀緣由〔一〕四紙欠　南淵北漆

瑜伽集要燄口施食儀〔二〕二十四紙　南淵北漆

二種同卷，總不出撰集及譯人名〔三〕，恐是此土人所集，非西土本也。

〔一〕此經與下一部經通常合爲一部，南、北藏目録皆未單立條目。經名「施食」下，原有「儀」字，據南藏、北藏删。

〔二〕「儀」，原作「儀軌」，據總目、南藏正文、北藏目録和正文删「軌」字，南藏目録作「儀文」。

〔三〕此句依南藏而言，北藏作「唐三藏沙門不空奉詔譯」。

閲藏知津卷第十六

北天目沙門釋智旭　彙輯

大乘經藏　般若部第三之一

述曰：般若爲諸佛母，三世諸佛皆從般若得生，故曰：從初得道，乃至泥洹，於其中間，常説般若。當知一切佛法，無非般若所流出，無非般若所統攝也。然初成頓演，則稱華嚴；漸誘鈍根，則名阿含；對半明滿，則屬方等；開權顯實，則讓法華；扶律談常，則推涅槃。故唯顯示二空，破情立法，或共不共，以般若題名者，乃別成第四部云。

大般若波羅蜜多經六百卷　有唐太宗三藏聖教序，唐高宗三藏聖教記，沙門玄則大般若經初會序。十六分各有一序。　天字至柰字　唐玉華寺沙門釋玄奘譯

初分　緣起品第一：佛住鷲峰山頂，與千二百苾蒭、五百苾蒭尼、無量鄔波索迦、鄔波斯迦、無量無數菩薩衆俱。世尊於師子座上，自敷尼師壇，結加趺坐，入等持王妙三摩地。

從定而起，觀察十方，從兩足乃至眉間毫相，一切毛孔，各出六十百千俱胝那庾多光，各照大千世界，乃至十方殑伽沙等諸佛世界，遇斯光者必得無上菩提。又演常光，出廣長舌，流雜色光，現寶蓮華，華有化佛，皆演般若，聞者必得無上菩提。復入師子遊戲等持，令大千界乃至十方佛剎，六種震動，惡道離苦，生人天中，同來佛會。佛以神力現本色身，令此大千有情皆悉覩見。諸天散華，變成華臺，量等大千，此土莊嚴猶如極樂。又從面門放光，照十方土，令此彼有情互得相見。東方寶性佛所普光菩薩，南方無憂德佛所離憂見菩薩，西方寶燄佛所行慧菩薩，北方勝帝佛所勝授菩薩，東北方定象勝德佛所離塵勇猛菩薩，東南方蓮華勝德佛所蓮華手菩薩，西南方日輪徧照勝德佛所日光明菩薩，西北方一寶蓋勝佛所寶勝菩薩，下方蓮華德佛所蓮華勝菩薩，上方喜德佛所喜授菩薩，及一切世界上首菩薩，各奉佛命，以千莖金色蓮華寄上。佛受此華，還散各方，徧諸佛土，諸華臺中各有化佛，說大般若，聞者必得無上菩提。爾時此界如衆蓮華世界普華如來淨土。學觀品第二：佛告舍利子言：菩薩欲於一切法，等覺一切相，當學般若波羅蜜多，謂以無住而爲方便，安住般若，所住、能住不可得故。以無捨、無護、無取、無勤、無思、無著而爲方便，圓滿六波羅密施者、受者及所施物不可得，犯無犯相不可得，動不動相不可得，身心勤怠不可得，有味無味不可得，諸法性相不可得故。復以無所得而爲方便，應圓滿三十七品、三解脱門、四靜慮、四無量、四無色定、八解脱、八勝處、九次第定、十徧處、九想、十隨念、十想、十一智、三三摩地、三無漏根、不淨處觀、徧滿處觀、一切智智、奢摩他、毗鉢舍那、四攝事、四勝住、三明、五眼、六神通、六波羅蜜多、七聖財、八大士覺、九有情居智、陀羅尼門、三摩地門、十地、十行、十忍、二十增上意樂、如來十力、四無所畏、四無礙解、十八不共法、三十二相、八十隨好、無忘失法、恒住捨性、一切智、道相智、一切相智、一切相微妙智、大慈、大悲、大喜、大捨，及餘無量無邊佛法，如是一切不可得故。舍利子問：云何修行般若波羅蜜多，能如實知如是六度，由方便善巧故，各互能滿六度？佛言：以無所得而爲方便，能滿六度。又菩薩欲得一切不可思議功德，皆應學般若波羅蜜多，知一切法皆但有名，不生執著。若五蘊，若十二處，若十八界，若觸，若受，若六界，若四緣及所生法，若十二支，若六度，若二十空，若三十七品，若三解脱門，若四聖諦，若四靜慮、四無量、四無色定，若八解脱、八勝處、九次第定、十徧處，若陀羅尼門、三摩地門，若極喜等十地，若正觀等十地，若五眼、六通、十力、四無所畏、四無礙解、大慈悲喜捨、十八不共法，若三十二相、八十隨好，若無忘失法、恒住捨性，若一切智、道相智、一切相智、一切智智，若永拔習氣，若四果、獨覺，若一切菩薩行，若諸佛無上菩提，以要言之，世出世法，有漏無漏，有爲無爲，十六知見，皆但有名，實不可得。菩薩於名、所名，俱無所得，以不觀見，無執著故。如是智慧勝於聲聞智慧，不可比喻，以能成勝事故。聲聞智慧如螢，菩薩智慧如日。從初發心乃至菩提，常與二乘作真福田，已報諸施主恩。相應品第三：謂與一切蘊、處、界，乃至無上菩提、空相應故，與般若波羅蜜多相應，亦不見若相應若不相應等。又於一切諸法，不著有，不著非有，不著常無常，不著樂苦，不著我無我，不著寂静不寂静，不著空不空、無相有相、無願有願。又不爲一切法故修行般若，不見有所修般若。如是善能安立有情於涅槃界，魔不得便，煩惱伏滅，諸佛菩薩皆共護念，設有罪業，轉現輕受。如是菩薩不見空，與諸法相應，不見諸法與空相應，是爲第一與空相應，畢竟不起慳貪、犯戒、忿恚、懈怠、散亂、惡慧障礙之心，六度任運現前，無間無斷。

轉生品第四：舍利子問：安住般若菩薩從何處没，來生此間？從此處没，當生何處？佛爲廣分别答。無量大苾蒭衆以新净衣獻佛，發無上心，佛爲授菩提記。又有無量有情願生十方净土，佛亦授記。讚勝德品第五：舍利子、大目連、大飲光、善現等同讚菩薩般若，佛印成之。現舌相品第六：佛復現廣長舌，放光照十方土。十方菩薩雲集供養，諸天亦來供養。佛令諸供養具合成臺蓋，偏覆佛土。百千俱胝那庾多衆悟無生忍，授記作佛。教誡教授品第七：佛命善現爲菩薩説般若相應法。善現告舍利子：諸佛弟子所説教法，皆承佛威神力，非以自慧辯才力也。因即問佛：何法名爲菩薩？何法名爲般若？佛言：菩薩但有名，般若亦但有名，如是二名亦但有名。如是假名不生不滅，不在內、外、中間，不可得故。譬如我、人等十六知見，乃至色等，但是假名，不可得故。菩薩於一切法，名假、法假及教授假，應正修學。復次，不應觀色等若常若無常，若樂若苦，若我若無我，若淨若不淨，若空若不空，若有相若無相，若有願若無願，若寂靜若不寂靜，若遠離若不遠離，若有爲若無爲，若有漏若無漏，若生若滅，若善若非善，若有罪若無罪，若有煩惱若無煩惱，若世間若出世間，若雜染若清淨，若屬生死若屬涅槃，若在内若在外若在兩間，若可得若不可得。菩薩於一切法住無分別，能修六度，能住二十空及真如等，能修三十七品，能住四聖諦，能修十二門禪，乃至三脱、十地及三智等，不見菩薩及菩薩名，不見般若及般若名，唯正勤求一切智智。何以故？於一切法善達實相，了知其中無染淨故。復次，於名假施設、法假施設如實覺已，不著色等，乃至不著方便善巧，以一切法皆無所有，能著、所著、著處、著時不可得故。次問善現：即色等是菩薩不？異色等是菩薩不？色等中有菩薩不？菩薩中有色等不？離色等有菩薩不？善現一一答云：不也。又問：汝觀何義，言即色等非菩薩，乃至非離色等有菩薩耶？善現一一答言：若菩提，若薩埵，若色等，尚畢竟不可得，性非有故，況有菩薩！此既非有，如何可言即色等是菩薩云云。佛讚印之。又問：即色等真如是菩薩不？乃至離色等真如有菩薩不？善現一一答言：不也。又問：汝觀何義，言即色等真如非菩薩，乃至非離色等真如有菩薩耶？善現一一答言：若色等尚畢竟不可得，性非有故，況有色等真如！此真如既非有，如何可言即色等真如是菩薩云云。佛讚印之。又問：即色等增語，色等常無常等增語，是菩薩不？善現一一答言：不也。又問：汝觀何義，言即色等增語非菩薩，乃至即色等若可得若不可得增語非菩薩耶？善現一一答言：若色等，若色等常無常，乃至可得不可得等，尚畢竟不可得，性非有故，況有色等乃至可得不可得等增語！此增語既非有，如何可言即色等增語，乃至即色等若可得若不可得增語是菩薩。佛讚印之。次明諸法不見諸法，諸法不見法界，法界不見諸法，法界不見法界，乃至非離有爲施設無爲，非離無爲施設有爲，於一切法都無所見，其心不驚、不恐、不怖，於一切法心不沈没，亦不憂悔。勸學品第八：善現白佛言：菩薩欲滿六度，欲徧知一切法，欲永斷一切惡法，欲修習一切善法，欲得一切佛法，欲滿一切有情心願，欲滿殊勝善根，當學般若。舍利子問菩薩頂墮，答言：無方便善巧，住三解脱而起想著，是爲順道法愛，如宿食生，能爲過患。若於二十空門不見不得，若作是觀，名入菩薩正性離生。又於一切法及一切名，皆應知不應著，是心非心，本性浄故，與一切法非相應非不相應，無變異，無分别。舍利子問：如心無變異、無分别，色等一切法亦無變異、無分别耶？善現一一答言：如是。舍利子讚言：欲學聲聞地、獨覺地、菩薩地、如來地者，皆當於般若聽習、讀誦、受持，如理思惟，令其究竟。何以故？般若廣説開示三乘法故。菩薩若學般若，則爲徧學三乘，亦於三乘法皆得善巧。　無住品第九：善現白佛：我於諸法不得不見若集若散。諸法名義既無所有，故色等名皆無所住，亦非不住，云何令我以般若相應法教誡教授諸菩薩？必當有悔。諸法因緣和合，施設假名，於蘊、處、界，乃至佛、菩薩、聲聞僧等，皆不可説。又一切若有名若無名，皆無處可説。若菩薩聞時，心不沈没、憂悔，不驚、不恐、不怖，當知已住不退地，以無所住方便而住。又修行般若菩薩，不應住色，不應住受、想、行、識等。何以故？色，色性空；受、想、行、識，受、想、行、識性空。是色非色空，是色空非色，色不離空，空不離色，色即是空，空即是色，受、想、行、識，乃至一切陀羅尼門、一切三摩地門亦如是，故不應住。若菩薩無方便善巧，我、我所執所纏擾故，心住色等，於色等作加行故，不能攝受修行圓滿般若波羅蜜多，不能成辦一切智相，是故色等一切法皆不應攝受。既不應攝受。便非色等一切法。所以者何？本性空故。其所攝受修行圓滿般若波羅蜜多，亦不應攝受。既不應攝受，便非般若波羅蜜多，本性空故。菩薩應以本性空觀一切法，作此觀時，於一切法心無行處，是名無所攝受三摩地。此三摩地微妙殊勝，廣大無量，能集無邊無礙作用，其所成辦一切相智，亦不應攝受。既不應攝受，便非一切相智，以内空故，乃至無性自性空故。是一切相智非取相修得，諸取相者皆是煩惱。勝軍梵志由勝解力，於一切法不取不捨，實相法中無取捨故。菩薩於一切法無所取著，能從此岸到彼岸故。若於諸法少有取著，則於彼岸非爲能到。雖無所取，而以本願，不於中間而般涅槃。雖圓滿一切佛法，亦不見一切佛法，以一切法非法非非法故。於一切法雖無所取，而能成辦一切事業。般若行相品第十：善現白佛：菩薩修行般若，審諦觀察，若法無所有不可得，是爲般若。於無所有不可得中，何所徵責？舍利子問：何法爲無所有不可得耶？善現言：謂般若等六度無所有不可得，由内空故，乃至無性自性空故。又蘊、處、界、觸、受等，乃至菩薩法、如來法若常若無常，乃至若内若外若兩間，一一皆爾。菩薩審諦觀察一切法皆無所有不可得時，心不沈没、憂悔，不驚、恐、怖，當知能於般若常不捨離，以如實知一切法，離一切法自性故。舍利子問：何者是般若自性，乃至一切法自性？善現答言：無性是般若自性，乃至無性是一切法自性。又般若離般若相，乃至一切法離一切法相，自性亦離自性，相亦離相，自性亦離相，相亦離自性，自性相亦離相自性，相自性亦離自性相。舍利子言：菩薩於此中學，則能成辦一切相智。善現言：如是，如是，知一切法無生無成辦故。舍利子言：何因緣故，一切法無生無成辦？善現言：色等空故，色等生成辦不可得。菩薩作如是學，便近一切相智，得身、語、意清淨，得相清淨，不墮胎生，不生惡趣，乃至菩提，常不離佛。善現白佛：若菩薩無方便善巧，若行色，若行色相，非行般若，若行色常無常等，若行色常無常相等，非行般若。廣説一切法亦如是。乃至若作是念：我行般若，我是菩薩，彼行般若，彼是菩薩，皆是有所得行相，非行般若。又語舍利子：若於色住想勝解，便於色作加行，由加行故，不能解脱生老病死及當來苦。乃至於獨覺、菩薩、如來及於彼法，亦如是，是名無方便善巧。若有方便善巧，不行色，不行色相，不行色常無常等，不行色常無常相等，乃至一切法亦如是，於一切法不取有，不取非有，不取亦有亦非有，不取非有非非有，於不取亦不取，由一切法自性不可得，以無性爲自性故。於般若波羅蜜多不取行，不取不行，不取亦行亦不行，不取非行非不行，於不取亦不取，由般若自性不可得，以無性爲自性故。是名於一切法無所取著三摩地，恒住不捨，速證無上菩提。更有健行三摩地等，略舉一百五十七名。復有無量無數三摩地門、陀羅尼門，若善修學，亦令速證菩提。菩薩雖住諸三摩地，而不見不著，亦不念我已入、今入、當入，唯我能入，非餘所能，如是尋思分別皆不現行，以無所有中分別想解無由起故。佛讃印之，兼勸菩薩應如是學。舍利子問：此爲正學般若，乃至正學一切相智耶？佛言：如是。又問：以無所得爲方便，爲何等法不可得耶？佛言：我不可得，畢竟净故。有情、命者等，乃至如來不可得，畢竟净故。諸法不出不生，不没不盡，無染無净，無得無爲，是名畢竟净義。如是學時，於一切法都無所學。若於無所有法不能了達，説名無明。由無明及愛勢力，分别執著斷常二邊，不知不見諸法無所有性，墮於愚夫異生數中，不能出離三界，不能成辦三乘，不能信受一切法空，不能住於三十七品、六度等法。是故欲學般若，欲成辦一切智、道相智、一切相智，當以無所得爲方便，如應而學。　譬喻品第十一：善現與如來問答，明一切法不異幻，幻不異一切法，一切法即幻，幻即一切法。若無方便善巧，不爲善友之所攝受，聞説甚深般若，其心有驚、恐、怖。若以應一切智智心，觀一切法常無常相等不可得，是有方便善巧，其心不驚、恐、怖。次明善友之相。雖説一切法不可得，而勸依此法勤修善根，不令迴向二乘，唯令證得一切智智。若離應一切智智心，於修一切法有所得，有所恃，以有所得爲方便故，聞説甚深般若，有驚、恐、怖。次明惡友之相。若教厭離般若等相應法，若不爲説魔事魔過，是名惡友，應速遠離。　菩薩品第十二：善現白佛：菩薩是何句義？佛言：菩提不生，薩埵非有，故無句義是菩薩句義。如空中鳥跡句義，幻事等句義，真如等句義，又如幻士色相等句義，如來色相等句義。當知一切句義無所有不可得，菩薩句義亦如是。菩薩於一切法皆無所有，無礙無著，應學應知。次爲善現分別解釋善法、非善法、有記法、無記法、世間法、出世間法、有漏法、無漏法、有爲法、無爲法、共法、不共法，菩薩於如是自相空法，不應執著，應以無二而爲方便，覺一切法，以一切法無動相故。　摩訶薩品第十三：佛答善現：發金剛喻心，發殊勝廣大心，發不可傾動心，發利益安樂心，愛法、樂法、欣法、喜法，以無所得而爲方便，亦不自恃而生憍舉，故於大有情衆定爲上首。又以無所得而爲方便，安住二十空、四静慮等，故於大有情衆定爲上首。舍利子、善現、滿慈子亦各廣説摩訶薩義。大乘鎧品第十四：佛答善現：菩薩擐大乘鎧，謂六度、十二禪、三十七品、二十空、五眼、六通、十力、無畏、無礙、大慈悲喜捨、十八不共法、三智、佛〔一〕身相諸功德等，擐如是鎧，放光徧照，令諸世界六三變動，息三途苦。爲讃三寶，令生天人，覲佛稟法，猶如幻師，雖有所爲而無一實，諸法性空，皆如幻故。善現白佛：不擐功德鎧，是爲擐大乘鎧，以一切法自相空故。佛言：如是。當知一切智智無造無作，一切有情亦無造無作，菩薩爲是事故擐大乘鎧，由諸作者不可得故。我非造非不造，非作非不作，我畢竟不可得故。廣説乃至一切法皆爾。善現白佛：如我解佛所説義，一切諸法性無所有，性遠離，性寂静，性空，性無相，性無願，性無生，性無滅，性無染，性無浄故，皆無縛無解。滿慈子問：何等色、受、想、行、識無縛無解？善現答言：如幻、如夢、如像、如響、如光影、如空華、如陽燄、如尋香城、如變化事色等無縛無解，以性無所有乃至性無浄故。又過去、未來、現在色等，善不善無記、有染無染、有罪無罪、有漏無漏、雜染清浄、世出世間色等，皆無縛無解，以性無所有乃至性無浄故。廣説一切法亦如是。菩薩於是無縛無解法門，以無所得而爲方便，應如實知，應勤

〔一〕「佛」，原無，康熙本、乾隆本同，據北藏補。

修學，應住無縛無解一切相智，應成熟無縛無解有情，應嚴淨無縛無解佛土，應親近供養無縛無解諸佛，應聽受無縛無解法門。　辯大乘品第十五：善現白佛：云何知菩薩大乘相？云何知發趣大乘？如是大乘從何處出？至何處住？如是大乘爲何所住？誰乘大乘而出？佛言：六度是大乘相，發應一切智智心，大悲爲上首，以無所得而爲方便，修行施等。持此善根，與一切有情，迴向無上菩提。又大乘相者，謂二十空、一百五十七三摩地、三十七品、空、無相、無願三三摩地、十一智、三無漏根、有尋等三三摩地、十隨念、四靜慮、四無量、四無色定、八解脱、八勝處、九次第定、十徧處、佛十力、四無所畏、四無礙解、大慈悲喜捨、五眼、六通、三智、十八不共法、四十三〔一〕字陀羅尼門。多有細釋。從一地趣一地，是爲發趣大乘。初地修治十種勝業，二地思惟修習八法，三地應住五法，四地應住十法，五地遠離十法，六地圓滿六法，應遠六法，七地離二十法，滿二十法，八地應滿四法，九地應滿四法，十地滿十二法。各有徵釋。如是大乘，從三界中出，至一切智智中住。然無二故，無出無至，非已出已至，非當出當至，非今出今至，無相之法無動轉故。如是大乘都無所住，諸法住處不可得故，然此大乘住無所住。如一切法非住非不住，大乘亦爾。若所乘

〔一〕「三」，底本和乾隆本作「二」，康熙本作「三」。此非藏經原文，據北藏清點，應爲四十三字，據改。

乘，若能乘者，由此爲此，所出所至，及出至時，如是一切皆無所有，都不可得，以一切法畢竟浄故，非已可得，非當可得，非現可得。如是菩薩修行般若，雖觀一切法皆無所有不可得，畢竟浄故，無乘大乘而出至者，然以無所得爲方便，乘於大乘，出三界生死，至一切智智，利益安樂一切有情，窮未來際常無斷盡。讚大乘品第十六：善現略讚，如來廣讚。菩薩安住如是大乘相中，超勝一切世間。菩薩住此三世平等相中，精勤修學一切智智，無取著故，速得圓滿。隨順品第十七：滿慈子問：如來令善現宣般若，而今何故乃説大乘？佛言：一切善法無不攝入般若，若大乘，若般若，其性無二，無二分故。無所得品第十八：善現白佛：三際菩薩不可得。色等無邊故，菩薩亦無邊。即色等菩薩無所有不可得，離色等菩薩無所有不可得。我於一切法，以一切種一切時求菩薩，都無所見，竟不可得，云何令我以般若教誡教授諸菩薩？世尊，菩薩但有假名。如説我等畢竟不生，諸法亦爾，都無自性。世尊，色等諸法若畢竟不生，則不名色等。我豈能以畢竟不生般若，教誡教授畢竟不生諸菩薩？世尊，離畢竟不生，亦無菩薩能行無上菩提。若菩薩聞作是説，其心不驚、恐、怖，不沈没、憂悔，當知能行般若。舍利子問善現：何緣故作是説？善現廣答釋之。觀行品第十九：善現白佛：菩薩修行般若，觀諸法時，於色等不受不取，不執不著，亦不施設爲色等。又修行般若時，不見色等，以色等性空，無生滅故。又色等不生，則非色等，色等與不生，無二無二分，以不生法非一非二，非多非異故。色等不滅亦爾。又色等不二，則非色等。又色等皆入不二無妄法數。舍利子問：何謂菩薩？何謂般若？何謂觀諸法？善現答言：爲有情類求大菩提，亦有菩提，故名菩薩。能如實知一切法相而不執著，故復名摩訶薩。所謂如實知色相等而不執著，有勝妙慧，於一切煩惱見趣，一切六趣四生，一切蘊、處、界等，而得遠離。有勝妙慧，於色等實性而得遠到，故名般若波羅蜜多。觀色等非常非無常，非樂非苦，非我非無我，非浄非不浄，非空非不空，非有相非無相，非有願非無願，非寂静非不寂静，非遠離非不遠離，是謂觀諸法。舍利子問：何緣故説色等不生，則非色等？善現答言：色等，色等性空，此性空中，無生無色等，故説色等不生，則非色等。問答色等不滅亦爾。又問：何緣故説色等不二，則非色等？答：若色等，若不二，如是一切，皆非相應非不相應，非有色非無色，非有見非無見，非有對非無對，咸同一相，所謂無相，故説色等不二，則非色等。又問：何緣故説色等入不二無妄法數？答：色等不異無生滅，無生滅不異色等，色等即是無生滅，無生滅即是色等，故説色等入不二無妄法數。

無生品第二十：善現白佛：菩薩修行般若，觀諸法時，見我等無生，畢竟浄故。見色等無生，乃至見如來法無生，畢竟浄故。舍利子問：若如是者，六趣受生，應無差别。又若一切法定無生者，何緣爲預流果修斷三結道？乃至何緣諸佛爲有情故轉妙法輪？善現答言：非於無生法中，見有六趣受生差别，乃至非於無生法中，見有諸佛證無上菩提，轉妙法輪，度無量衆。又但隨世間言説施設，有得有現觀，非勝義中有得有現觀，乃至六趣差别，亦隨世間言説施設故有，非勝義也。色等是不生法，我不欲令生，以自性空故。又色等是已生法，我不欲令生，以自性空故。生與不生，俱非相應非不相應，乃至非有對非無對，咸同一相，所謂無相。故我不欲令生生，亦不欲令不生生，乃至於不生法起不生言。此不生言亦不生，以色等皆本性空故。諸佛弟子能隨問答，以一切法無所依故，色等本性空，依内依外依兩中間不可得故。浄道品第二十一：善現謂舍利子：菩薩修行六度，應浄色等，乃至應浄一切相智，應浄菩提道。具明六度各有二種：一者世間，二出世間。以有所得爲方便，著三輪而行施等，名爲世間。三輪清浄，以大悲爲上首，所修施等，普施有情，於諸有情都無所得，雖與一切有情同共迴向無上菩提，而於其中不見少相，由都無所執而行施等，名出世間波羅蜜多。又二十空、真如等、四諦、六度、四静慮等、八解脱等、四念住等，乃至一切相智，名菩提道。如是功德皆由般若勢力所致。如是般若能與一切善法爲母，一切三乘善法從此生故。如是般若普能攝受一切善法，一切三乘善法依此住故。若菩薩聞説般若，心無疑惑，亦不迷悶，當知住如是住，不離大悲作意，以有情等非有故，作意亦非有，有情等無實故，無自性故，空故，遠離故，寂静故，無覺知故，作意亦無實，乃至無覺知。佛讚印之。大千六種轉變，如來微笑明益。天帝品第二十二：諸天來會，帝釋問言：何者是菩薩般若？云何應住？云何應學？善現答言：以應一切智智心，用無所得爲方便，思惟藴、處、界、觸、受、六大、十二因緣，皆無常、苦、無我、不浄、空、無相、無願、寂静、遠離、如病、如癰、如箭、如瘡、熱惱、逼切、敗壞、衰朽、變動、速滅、可畏、可厭、有災、有横、有疫、有癘、性不安隱、不可保信、無生無滅、無染無浄、無作無爲，是爲般若。復次，以應一切智智心，用無所得爲方便，觀察二十空、真如等，無我、我所、無相、無願、寂静、遠離、無生無滅、無染無浄、無作無爲，是爲般若。復次，以應一切智智心，用無所得爲方便，行六度、十二禪，乃至修一切相智，是爲般若。復次，作如是觀，唯有諸法互相緣藉，滋潤增長，徧滿充溢，無我、我所，雖觀諸法，而於諸法都無所見。佛讚印之。善現又答：色等，色等性空；菩薩，菩薩性空。若色等性空，若菩薩性空，如是一切皆無二無二分。菩薩於般若，應如是住，不應住色等，不應住此是色等，不應住色等若常若無常，乃至若有願若無願，以有所得爲方便故。又不應住預流等，是無爲相，是福田。不應住初地等殊勝事，不應住我當圓滿六度、十二禪，乃至我當成辦三十二相、八十隨好等。又不應住願我當得浄佛土中，無一切法名聲，以有所得爲方便故。一切如來得菩提時，覺一切法都無所有，名字音聲皆不可得。舍利子作是念：若菩薩於一切法不應住者，云何應住般若。善現謂曰：諸如來心爲何所住？舍利子言：諸佛之心都無所住，以色等不可得故，如來之心於一切法都無所住，亦非不住。善現謂言：菩薩雖住般若，而同如來，於一切法都無所住，亦非不住，以色等無二相故，以無所得爲方便，應如是學。

閱藏知津卷第十七

北天目沙門釋智旭　彙輯

大乘經藏　般若部第二之二

諸天子品第二十三：有諸天子竊作是念：諸藥叉等言辭呪句，雖復隱密，而尚可知。尊者於此般若，雖以種種言辭顯示，而我等輩竟不能解。善現告言：我曾於此不説一字，汝亦不聞，當何所解？何以故？甚深般若，文字言説皆遠離故，由此於中説者、聽者及能解者皆不可得。如來所證無上菩提，其相甚深，亦復如是，如化、如夢、如響、如幻。時諸天子復作是念：尊者雖復方便顯説，欲令易解，而其意趣甚深轉甚深，微細更微細。善現告言：色等非甚深，非微細，色等深細性不可得故。諸天子復作是念：尊者所説法中，不施設色等，色性等不可説故；亦不施設文字語言，文字語言性等不可説故。善現告言：如是，如是。應住無説、無聽、無解甚深般若，常勤修學，不應捨離。乃至我今欲爲如幻、如化、如夢有情，説如幻、化、夢法。設更有法勝涅槃者，我亦説爲如幻、化、夢所見。所以者何？幻、化、夢事，與一切法，乃至涅槃，皆悉無二無二分故。

受教品第二十四：舍利子等同聲問善現曰：所説般若如是甚深，誰能信受？善現答言：菩薩住不退地，能深信受，已見聖諦及漏盡羅漢亦能信受，已於多佛植衆善本，諸善知識所攝受者，亦能信受。如是人等，終不以空不空分別色等，亦不以色等分別空不空。有相無相、有願無願、生不生、滅不滅、寂静不寂静、遠離不遠離，以對色等，廣説亦如是。舍利子問：豈不於此般若甚深教中，廣説三乘法等？善現答言：誠如所説，如是深教諸有所説，以無所得而爲方便，謂於我、有情等、色等、處等，乃至有爲界、無爲界，以無所得而爲方便。又問：何因緣故？答言：由内空故，由外空乃至無性自性空故。

散花品第二十五：諸天化花散供，佛力合成花臺，覆大千界。善現念言：非草木水陸所生，從心化出。天帝釋言：亦不從心實能化出，但變現耳。善現言：是花不生，則非花也。帝釋問：爲但是花不生，爲餘法亦爾？善現答：色亦不生，則非色，乃至無上乘亦不生，則非無上乘，以不生法離諸戲論，不可施設爲色等故。

學般若品第二十六：帝釋心念：尊者智慧甚深，不壞假名而説法性。佛便印言：色等但假名，如是假名不離法性。善現不壞如是色等假名，而説色等法性，以色等法性無壞無不壞故，善現所説亦無壞無不壞。善現語帝釋言：菩薩知一切法但假名已，應學般若。如是學時，不於色等學，不見色等可於中學故。帝釋問言：何緣不見色等？善現答言：色等，色等性空故，菩薩不見色等，不見色等故，不於色等學。何以故？不可色等空見色等空，不可色等空於色等空學故。若菩薩不於空學，是菩薩爲於空學，無二分故。不於色等空學，爲於色等空學，無二分故。若於色等空學無二分故，是能於布施等學，是能於內空等學，是能於真如等學，乃至是能於三乘學。何以故？無二分故。若能於布施等學無二分故，是能學無量無數無邊不可思議清淨佛法。何以故？無二分故。若能學無量清淨佛法，是不爲色等增減故學，以色等無二分故。若不爲色等增減故學，是不爲色等攝受壞滅故學，以色等無二分故。舍利子問：不爲色等攝受壞滅故學耶？善現答言：如是，如是。舍利子問：何緣不爲色等攝受壞滅故學？善現答言：不見有色等是可攝受，及所壞滅，亦不見有能攝受色等及壞滅者，以色等若能若所，內外俱空，不可得故。若菩薩於色等，乃至於無上乘，不見是可攝受及可壞滅，亦不見有能攝受及壞滅者，而學般若，是菩薩能成辦一切智智。是不見色等若生若滅、若取若捨、若染若淨、若集若散、若增若減，以色性等空無所有，不可得故。是菩薩於一切法不見若生若滅等而學般若，則能成辦一切智智，以無所學無所成辦爲方便故。

求般若品第二十七：帝釋問舍利子：菩薩所行般若，當於何求？舍利子言：當於善現所說中求。帝釋問善現言：舍利子所說，是誰神力？誰爲依處？善現報言：是如來神力，如來爲依處。帝釋言：一切法無依處，如何可言如來爲依處？善現答言：如是，如是。如來非所依處，亦無所依，但隨順世俗施設説爲依處。非離無依處，如來可得；非離無依處真如，如來可得；非離無依處法性，如來可得。非離無依處，如來真如可得；非離無依處真如，如來法性可得。非離無依處真如，如來真如可得；非離無依處法性，如來法性可得。又非無依處中，如來可得；非如來中，無依處可得。非無依處真如中，如來可得；非如來中，無依處真如可得。非無依處法性中，如來可得；非如來中，無依處法性可得。非無依處中，如來真如可得；非如來真如中，無依處可得。非無依處中，如來法性可得；非如來法性中，無依處可得。非無依處真如中，如來真如可得；非如來真如中，無依處真如可得。非無依處法性中，如來法性可得；非如來法性中，無依處法性可得。廣歷色等一切法，各作二十一句亦如是。憍尸迦，如來於色等非相應非不相應，於色等真如非相應非不相應，於色等法性非相應非不相應。如來真如於色等非相應非不相應，於色等真如非相應非不相應。如來法性於色等非相應非不相應，於色等法性非相應非不相應。又如來於離色等非相應非不相應，例作七句。彼舍利子所説，色等法性非相應非不相應。如來之神力，如來爲依處，以無依處爲依處故。是於一切法非離非即，非相應非不相應。善現復告帝釋：菩薩所行般若，不應於色等求，不應離色等求。所以者何？若色等，若離色等，若菩薩，若般若，若求，如是一切皆非相應非不相應，非有色非無色，非有見非無見，非有對非無對，咸同一相，所謂無相。何以故？菩薩所行般若非色等，非離色等，如是一切皆無所有，性不可得。是故不應於色等求，不應離色等求。色等真如廣説亦如是，色等法性廣説亦如是。歎衆德品第二十八：帝釋白善現言：菩薩所行般若，是大波羅蜜多，是無量波羅蜜多，是無邊波羅蜜多，三乘皆於此中學而得果。善現印之，廣明色等大故，般若亦大，以色等前、中、後際皆不可得，故説爲大。色等無量故，般若亦無量。譬如虚空量不可得，色等亦如是，量不可得。色等無邊故，般若亦無邊，以色等若中若邊皆不可得故。又一切智智所緣無邊故，般若亦無邊。法界無邊故，所緣亦無邊；所緣無邊故，法界亦無邊。真如無邊故，所緣亦無邊；所緣無邊故，真如亦無邊。法界所緣、真如所緣無邊故，般若亦無邊。又有情無邊故，般若亦無邊，以諸有情本性浄故，彼從本來無所有故。攝受品第二十九：天仙三返唱善：若有菩薩於此般若，能如説行，不遠離者，我等於彼敬事如佛。如是甚深教中，無色等法可得，而有施設三乘之教。佛讚印之，廣明非即布施等如來可得，非離布施等如來可得。若菩薩以無所得爲方便，於一切法能勤修學，便得不離一切佛法，如我於然燈佛時，便得受記。天仙讚言：如是般若甚爲希有，令諸菩薩速能攝取一切智智，謂於色等不取不捨爲方便故。世尊照知四衆、諸天，同爲明證。顧命帝釋：若有不離一切智智心，以無所得爲方便，於此般若受持讀誦，精勤修習，如理思惟，爲他演説，廣令流布，魔不得便。以善住色等空、無相、無願，不可以空而得空便，不可無相得無相便，不可無願得無願便，以色等自性皆空，能惱、所惱及惱害事不可得故。又人及非人無能惱害，由是人以無所得爲方便，於一切有情善修慈、悲、喜、捨心故。又不横爲諸險惡緣所害，亦不横死，以修行布施，於諸有情正安養故。又不怖畏驚恐毛豎，以善修内空等故。於是諸天發願恭敬擁護。以由是菩薩，令諸有情斷四惡趣，離一切苦，由是菩薩便有十善、四禪等一切善法，由是菩薩便有人天三乘胜果。佛讚印之，較量供养一初發心功德，展轉乃至供養十方二乘聖衆所不能及。帝釋復歎受持般若功能，復歎攝受般若則爲攝受一切善法。佛印述之，并示現法後法功德勝利。若有魔外惡慢，暫聞般若聲故，衆惡漸滅，功德漸生。如莫耆妙藥，能消蛇毒，及般若能滅貪等惡法，增彼對治，乃至能滅般涅槃取，增彼對治。如是能滅一切魔所住法，及能生長一切善事，以無所得爲方便故。是菩薩自離十惡，教他離十惡，讚説離十惡法，歡喜讚歎離十惡者。自行施等，教他行施等，讚説施等法，歡喜讚歎行施等者。是菩薩行六度時所行施等，以無所得爲方便，與一切有情，同共迴向無上菩提。常作是念：我不應隨慳貪、破戒等勢力，若隨彼力，則施、戒等不得圓滿，終不能成一切智智。帝釋歎言：如是般若甚爲希有，調伏菩薩，令不高心，而能迴向一切智智。謂世間施等，無方便善巧，遂起高心，不能迴向一切智智，我、我所執，擾亂心故。若出世間施等，善修般若故，不得三輪，能如實調伏高心，亦能如實迴向一切智智。佛告帝釋：念誦般若，不爲刀仗所傷，以自除貪等刀仗，亦能除他貪等刀仗故；毒不能害，水不能溺，火不能燒，邪不能傷，以是般若是大神呪、大明呪、無上呪、無等等呪、一切呪王。是人精勤修學如是呪王，不爲自害，不爲害他，不爲俱害。所以者何？了自他俱，皆不可得。所謂不得色等，乃至不得無上乘。是人學此般若大呪王時，於我及法雖無所得，而證無上菩提，觀諸有情心行差別，隨宜爲轉無上法輪，令如説行，皆獲饒益。三世菩薩皆爾。此大呪王，諸天守護，不令有留難者。　校量功德品第三十：帝釋問：書經福聚，供設利羅福聚，何者爲多？佛言：我於般若修學，得一切智智，及相好身。不以獲相好身説名如來，但以一切智智説名如來。一切智智及相好身，并設利羅，皆以般若爲根本故，是故書經福多，以一切善法皆從般若而出生故。又十方有情發心定趣無上菩提，而由遠離甚深般若方便善巧，多分退墮二乘地中。若欲住不退轉地，速證無上菩提，應於般若數數聽聞，受持讀誦，精勤修習，如理思惟，好請問師，樂爲他説，書寫供養。又於餘攝入般若諸勝善法，亦應聽聞，乃至樂爲他説。所謂五度、二十空，乃至三智等。又隨順般若蘊、處、界等無量法門，亦應聽受思惟，不應非毀，令於菩提而作留難。以諸如來昔皆修學如是等無量法門，證得無上菩提。

如是等法是三乘真實法印，是一切聖凡利益安樂所依處故。帝釋問持經福，佛展轉較答。以此般若在贍部洲人中住，則三寶皆住不滅，則世間常有十善、六度等一切善法，則世間常有人天三乘等一切勝果。於是欲色諸天同白帝釋，勸令受持讀誦，精勤修學，如理思惟，供養恭敬，尊重讚歎如是般若，能令惡法損減，善法增益，普攝一切三乘法故。佛告帝釋：依因般若大呪王故，一切勝因勝果出現世間。復次，依因般若，故有菩薩，依因菩薩，故一切勝因勝果顯現。譬如依因滿月輪故，一切藥物、星辰、山海皆得增明。若如來未出世時，唯菩薩具方便善巧，爲諸有情無倒宣説世出世法。當知菩薩能出生五乘，而菩薩所有方便善巧，皆從是般若生長。若於此般若聽受，乃至流布，成就現在、未來功德勝利。爾時外道爲求佛過，來詣佛所。帝釋念誦般若，外道退還。惡魔化作四兵，來詣佛所。帝釋念誦般若，惡魔退還。諸天化供，願此般若人中久住。慶喜問佛：何緣不廣稱讚施等，但廣稱讚般若？佛言：由此般若與彼一切善法爲尊爲導，若不迴向一切智智而修施等，不名真修施等，故我但讚般若。慶喜又問：云何迴向一切智智？佛言：以無二爲方便，無生爲方便，無所得爲方便，修習施等，是名迴向一切智智。慶喜又問：以何無二、無生、無所得爲方便？佛言：以色等無二、無生、無所得爲方便，迴向一切智智，修習施等。慶喜又問：云何以色等無二、無生、無所得爲方便，迴向一切智智，修習施等？佛言：色等，色等性空。

以色等性空，與布施等無二無二分故，由此故説以色等無二、無生、無所得爲方便，修習施等。慶喜當知，由此般若故，能迴向一切智智。復由迴向一切智智，能令修習施等得至究竟，故此般若於彼施等爲尊爲導。譬如大地，以種散中，衆緣和合，則得生長。應知大地與種生長，爲所依止，爲能建立。如是般若及所迴向一切智智，與施等一切善法爲所依止，爲能建立，故此般若與彼施等爲尊爲導。帝釋更廣説般若功德。佛更廣説般若功德。若此般若隨所在處，周帀除去諸不浄物，掃拭塗治，香水散灑，敷設寶座而安置之，燒香散華，莊嚴供養，便有威德天龍來觀禮讀，歡喜護念。是人身心安樂，寢得善夢，不貪四事。因問帝釋：佛設利羅及此般若，汝取何者？帝釋白佛：寧取般若。舍利子言：般若無色無見，無對一相，所謂無相，汝云何取？帝釋言：若於般若能如是知，是爲真取般若，亦真修行般若，以不隨二行，無二相故。前五度亦不隨二行，無二相故。佛讚印之。帝釋又更廣讚：乃至若無般若，施等不能到彼岸故。譬如無價大寶神珠，又若欲得常見一切如來法身、色身、智慧身等，當於般若供養，乃至流布。若修般若，應以法性，於諸如來修隨佛念。法性有二：如實知我智、有情智等無量門智，皆名有爲法性；一切法無生無滅等無性自性，皆名無爲法性。佛言：三世三乘，皆因般若得果。如是般若祕密藏中，廣説三乘相應法故。然此所説，以無所得爲方便故，無性無相爲方便故，無生無滅爲方便故，無染無浄爲方便故，無造無作爲方便故，無入無出爲方便故，無增無減爲方便故，無取無捨爲方便故，如是所説，由世俗故，非勝義故。如是般若，非般若非非般若，乃至非境非智，不與三乘法，不捨異生法。帝釋白佛：如是般若是大波羅蜜多，是無上波羅蜜多，是無等等波羅蜜多。雖知一切有情心行境界差別，而不得我等，不得色等，乃至不得三藐三佛陀法，以能得、所得及二依處，性相皆空，不可得故。佛言：菩薩以無所得爲方便，具行六度。由甚深般若爲尊爲導，修習施等，無所執著，速得圓滿。又於色等一切法，以無所得爲方便，修習般若。由此因緣，無所執著，令所修習，速得圓滿。如贍部洲諸樹，枝、莖、花、葉、菓實，雖有種種形色不同，影無差別。如是施等雖各有異，而由般若攝受，迴向一切智智，以無所得爲方便故，亦無差別。次較量書寫供養功德，不若書寫施他功德。次明佛成道已，還依此法而住，供養恭敬，尊重讚歎，況欲求無上菩提者，而不至心歸依甚深般若？次更展轉較量福多，乃至教化十方一切世界有情，皆學四禪、四等、四定、五通，不如書寫般若，施他流布。以此祕密藏中廣説施等一切無漏之法，三乘種性修學此法，各速獲果證故。又教化一切有情皆修四禪，乃至五通，不免三惡，不如教一有情住預流果；教化一切有情令住四果，不如教一有情安住獨覺菩提；教化一切有情皆住獨覺，不如教一有情趣無上覺，則令世間佛眼不斷。由有菩薩，便有三乘三寶。由此般若祕密藏中所説法故，便有世出世間善果善因施設可得。若於般若如理思惟，所獲福聚，勝於教化一切有情住五神通。如理思惟者，謂以非二非不二行覺，於此般若及六度、二十空等，如理思惟。又若於此般若，以無量門廣爲他説，宣示開演，顯了解釋，分別義趣，令其易解，勝自受持、讀誦、如理思惟功德。所言般若義趣者，非二非不二，非有相非無相，乃至非實際非非實際。如是義趣有無量門，若能廣教他令易解者，勝自受持功德無量倍數。次明有所得而爲方便，但名施等，不名波羅蜜多；無所得爲方便，能滿六種波羅蜜多。佛讚印之。帝釋白言：諸善男子、善女人等，應以種種巧妙文義，宣説開示如是般若。若説相似般若，乃至相似布施，初心聞者心便迷謬，失於中道，是故應以無所得慧，及以種種巧妙文義，爲發無上菩提心者宣説六度。若説有所得六度，名説相似六度。若説色等若常若無常、若樂若苦、若我若無我、若淨若不淨，復説行般若者，應求色等若常若無常等，若人如是求色等若常若無常等，皆是説有所得相似般若。廣説静慮乃至布施亦爾。又凡以有相爲方便，有所得爲方便，及時分想，教他修學六度，乃至隨喜迴向，皆是説相似法。若説無所得六度，是名宣説真正六度。作如是言：汝應修般若，不應觀色等若常若無常。何以故？色等，色等自性空。是色等自性即非自性，若非自性，即是般若。於此般若，色等不可得，彼常無常亦不可得。所以者何？此中尚無色等可得，何況有彼常與無常？汝若能修如是般若，是修般若波羅蜜多。若樂若苦、若我若無我、若淨若不淨，亦如是説，是爲宣説真正般若。

廣說靜慮乃至布施亦爾。又言：汝修學時，勿觀諸法有少可住、可超、可入、可得、可證、可受持等，所獲功德及可隨喜迴向菩提。何以故？於此般若，乃至布施波羅蜜多，畢竟無有少法可住、可超入等，以一切法自性皆空，都無所有。若無所有，即是般若，乃至布施波羅蜜多。於此般若等，畢竟無少法有入有出、有生有滅、有斷有常、有一有異、有來有去而可得者。作此等說，是說真正般若，乃至布施波羅蜜多。次又廣較福德，乃至若十方一切有情，皆於無上菩提得不退轉，有人於此般若，以無量門巧妙文義，爲他廣說，令其易解，復作是言：來，善男子，汝當於此甚深般若聽受通利，如理思惟，隨此般若所說法門，應正信解，則能修學，則能證得一切智法，則修般若增益圓滿，便證無上菩提。是人所獲功德，甚多於前。復次，乃至若教十方一切有情，皆於無上菩提不退，復以般若說令易解，有人於中勸一速證無上菩提，令說三乘救度一切，復以般若說令易解，功多於前。何以故？速趣大菩提菩薩，要甚假藉所說法故，於無上覺求速趣故，觀生死苦，運大悲心，極痛切故。於是帝釋歎述，善現讚印。

隨喜迴向品第三十一：彌勒菩薩白上座善現言：菩薩於一切有情所有功德，隨喜俱行諸福業事，以此福業事，與一切有情同共迴向無上菩提，以無所得爲方便故，於彼異生二乘諸福業事，爲最、爲勝、爲尊、爲高、爲妙、爲微妙、爲上、爲無上、無等、無等等。以諸異生但爲令己自在安樂，二乘爲自調伏寂靜涅槃，菩薩普爲一切有情故。善現白言：是菩薩普緣十方佛及聖衆諸事，起隨喜迴向心，爲有如是所緣事，如彼菩薩所取相不？彌勒答言：實無如是所緣事，如彼菩薩所取相。善現言：如是所起隨喜迴向，將非想顛倒、心顛倒、見顛倒？彌勒答言：若菩薩久修行六度，曾供養諸佛，宿植善根，久發大願，爲諸善友所攝受，善學諸法自相空義，能於所緣事及一切法，皆不取相，而能發起隨喜迴向無上菩提。如是隨喜迴向，以非二非不二爲方便，非相非無相爲方便，非有所得非無所得爲方便，非染非浄爲方便，非生非滅爲方便，故於所緣事，乃至無上菩提，能不取相，非顛倒攝。若不久修六度等所起隨喜迴向，以取相故，猶顛倒攝。復次，不應爲新學菩薩宣説般若，乃至一切法自相空義，以雖有少分信敬愛樂，而聞已尋皆忘失，驚疑恐懼，生毁謗故。若不退轉菩薩，或曾供養諸佛等者，應爲廣説般若，乃至一切法自相空義，以能受持，終不廢忘等故。善現言：此所用心，盡滅離變，此所緣事及諸善根，亦皆盡滅離變。何等是所用心？復以何等爲所緣事及諸善根，而説隨喜迴向無上菩提？是心於心，理不應有隨喜迴向，以無二心俱時起故，心亦不可隨喜迴向心自性故。若菩薩修行般若，能如實知色等皆無所有，以隨喜俱行福業事，迴向無上菩提，是名無顛倒隨喜迴向菩提。帝釋問言：新學菩薩聞如是法，將無驚疑恐怖〔一〕？云何

〔一〕「恐怖」，原作「怖畏」，康熙本、乾隆本同，據北藏改。

以所修善根迴向？云何攝受隨喜俱行諸福事業迴向？善現承彌勒加被，答言：新學菩薩修般若，以無所得爲方便，無相爲方便，攝受般若，乃至修無上菩提亦爾。由此因緣，多信解般若，乃至多信解無上菩提，由此因緣，常爲善友之所攝受，以無量門巧妙文義，爲其辨説六度相應之法，令其乃至得入菩薩正性離生，常不遠離般若等法。復次，新學菩薩隨所修習施等，隨所安住内空等，皆應以無所得爲方便，無相爲方便，與一切有情同共迴向無上菩提。復次，新學菩薩應普於十方佛及弟子功德、人天善根，一切合集，稱量現前，發起無等等隨喜心，復以隨喜福業，與一切有情同共迴向無上菩提。彌勒問善現言：云何不墮想顛倒、心顛倒、見顛倒？善現答言：於所念佛及弟子衆所有功德，不起佛、弟子衆功德之想，於人、天等所種善根，不起善根人、天等想，於所發起隨喜迴向之心，亦復不起隨喜迴向心想，是菩薩無想顛倒、心顛倒、見顛倒。若取其相，是有顛倒。復次，正知此心盡滅離變，非能隨喜，正知彼法，其性亦然，非所隨喜。又正了達能迴向心，法性亦爾，非能迴向，及正了達所迴向法，其性亦爾，非所迴向。若能依是所説隨喜迴向，是正非邪。彌勒又問：云何不取相而能隨喜迴向？善現答言：菩薩所學般若中，有如是善巧方便，雖不取相，而所作成，非離般若有能發起隨喜迴向。彌勒言：勿作是説。以般若中，佛、弟子衆功德善根，皆無所有、不可得故，所作隨喜發心迴向，亦無所有、不可得故。應作是觀：過去佛、弟子衆功德善根，性皆已滅，所作隨喜發心迴向，性皆寂滅，若取相分別，佛所不許，妄想分別，雜毒藥故。大德應説：云何隨喜迴向？善現答言：應作是念：如諸佛以無上智，徧知諸功德善根，有如是類、如是體、如是相、如是法，而可隨喜，我亦如是隨喜。又如諸佛以無上智，徧知應以如是福業迴向菩提，我亦如是迴向，則不謗佛，隨佛所教，隨法而説，不雜衆毒。復次，如色等不墮三界，非三世攝，隨喜迴向亦應如是，以彼諸法自性空故。又如實知色等自性不生，則無所有，不可以彼無所有法，隨喜迴向無所有故。若以有相爲方便，或有所得爲方便，發生隨喜迴向，佛不稱讚，不能圓滿六度等法。於是佛讚印之，諸天亦皆讚印。佛告善現：菩薩欲於三世佛及三乘功德、人天福業，發起無倒隨喜迴向心者，應作是念：如解脱，色等亦如是，乃至一切有情亦如是，一切法性亦如是，一切隨喜迴向亦如是。如諸法性無縛無解、無染無淨、無起無盡、無生無滅、無取無捨，我於如是功德善根，現前隨喜迴向菩提。如是隨喜非能隨喜，無所隨喜故；如是迴向非能迴向，無所迴向故；如是所起隨喜迴向，非轉非息，無生滅故。是隨喜迴向爲最、爲勝，乃至爲無等等，疾證無上菩提，功德無比。

閱藏知津卷第十八

北天目沙門釋智旭　彙輯

大乘經藏　般若部第二之三

讚般若品第三十二：舍利子向佛廣讚般若，佛以一切善法皆由般若出現答之。帝釋與舍利子問答，廣顯五度如盲，般若如導。佛又廣答舍利子：菩薩不爲引發色等一切法故，應引發般若，以一切法無作無止、無生無滅、無成無壞、無得無捨、無自性故。舍利子問：如是引發般若，與何法合？佛言：不與一切法合，如是般若於一切法無所得故。帝釋問：豈亦不合一切智智？佛言：亦不合，由此於彼不可得故。如是合得而無合得，於一切法亦如是合得而無合得。善現白佛：若菩薩起如是想：般若與一切法合，般若與一切法不合。是俱棄捨般若，遠離般若。佛言：復有棄捨遠離般若，謂菩薩起如是想：般若無所有，非真實，不堅固，不自在。是俱棄捨遠離般若。善現問：若菩薩信般若，爲不信何法？佛言：信般若，則不信色等一切法，以行般若時，觀一切法不可得故。善現白佛：菩薩般若，名大波羅蜜多。佛言：緣何意説？善現白佛：菩薩般若，於色等一切法，不作大，不作小，不作集，不作散，不作有量，不作無量，不作廣，不作狹，不作有力，不作無力。緣此意説，名大波羅蜜多。復次，新學菩薩依般若等六度，起如是想：如是般若，於色等一切法，不作大，不作小等。由起此想，非行般若。若依六度，起如是想：如是般若，於一切法作大作小等。若不依六度，起如是想：如是般若，於一切法不作大，不作小等。若不依六度，起如是想：如是般若，於一切法作大作小等。如是一切皆非行般若，皆非般若等流果故。是名大有所得，非能證無上菩提故。所以者何？有情無生故，無滅故，無自性故，無所有故，空故，無相故，無願故，遠離故，寂静故，不可得故，不可思議故，無覺知故，勢力不成就故，當知般若亦無生，乃至勢力亦不成就。色等一切法，一一廣説亦如是，故名大波羅蜜多。

謗般若品第三十三：舍利子問：於此般若能信解者，從何處來生？發菩提幾時？供幾所如來？修六度久如？佛言：從十方如來法會來生，發菩提經無數劫，供無數如來，常修六度經無數劫。善現白佛：甚深般若爲有能聞能見者不？佛言：實無能聞及能見者，亦非所聞及非所見。何以故？色等一切法無聞無見，諸法鈍故。善現復問：菩薩積行久如，便能修學甚深般若？佛言：有菩薩從初發心，即能修學六度，有方便善巧故，不謗諸法，於一切法不增不減，常不遠離六度相應之行，亦常不離諸佛、菩薩。有菩薩雖曾見多佛，亦多修習六度，而有所得爲方便故，不能修學甚深般若及静慮等，聞說如是甚深般若，便從座去，不敬般若，亦不敬佛。既捨般若，亦捨諸佛，乃至造作增長能感匱正法業，墮三惡道，各無數劫。諸愚癡人謗毁般若，由四因緣：一者爲諸邪魔所扇惑故；二者於甚深法不信解故；三者不勤精進，堅著五蘊，諸惡知識所攝受故；四者多懷瞋恚，樂行惡法，喜自高舉，輕毁他故。

難信解品第三十四：善現白佛：不勤精進，未種善根，具不善根，爲惡知識所攝受者，於佛所說甚深般若，實難信解。佛言：如是，如是。善現復問：如是般若，云何甚深難信難解？佛言：色等非縛非解，以色等無所有性，爲色等自性故。色等前、後、中際廣說亦爾。又色等清浄即果清浄，果清浄即色等清浄，是色等清浄與果清浄無二無二分，無別無斷故。色等清浄與般若清浄，廣說亦如是。色等清浄與一切智智清浄，廣說亦如是。我清浄，有情清浄，命者清浄，乃至見者清浄，一一對色等清浄，廣說亦如是。復次，我清浄故，色等清浄，色等清浄故，一切智智清浄。何以故？若我清浄，若色等清浄，若一切智智清浄，無二無二分，無別無斷故。有情清浄乃至見者清浄，一一廣說亦如是。復次，貪清浄即色等清浄，色等清浄即貪清浄。何以故？是貪清浄與色等清浄，無二無二分，無別無斷故。瞋清浄，癡清浄，廣說亦如是。復次，貪清浄故，色等清浄，色等清浄故，一切智智清淨，乃至無二無二分，無别無斷故。瞋、癡廣説亦如是。復次，色清淨故，受清淨，受清淨故，色清淨，無二無二分，無别無斷故。受清淨故，想清淨，乃至一切菩薩行清淨故，諸佛無上菩提清淨。展轉廣説亦如是。復次，般若波羅蜜多清淨故，色清淨，色清淨故，一切智智清淨，無二無二分，無别無斷故。廣説乃至無上菩提亦如是。静慮波羅蜜多清淨，乃至布施清淨，一一廣説亦如是。復次，内空清淨故，色等清淨，色等清淨故，一切智智清淨，無二無二分，無别無斷故。外空清淨，乃至無性自性空清淨，一一廣説亦如是。真如清淨，乃至不思議界清淨，一一廣説亦如是。苦聖諦清淨，乃至道聖諦清淨，一一廣説亦如是。四静慮清淨，乃至十徧處清淨，一一廣説亦如是。四念住清淨，乃至八聖道支清淨，一一廣説亦如是。空、無相、無願三解脱門清淨，一一廣説亦如是。菩薩十地清淨，五眼清淨，六神通清淨，佛十力清淨，乃至十八佛不共法清淨，無忘失法清淨，恒住捨性清淨，一切智清淨，道相智清淨，一切相智清淨，一切陀羅尼門清淨，一切三摩地門清淨，預流果清淨，一來果清淨，不還果清淨，阿羅漢果清淨，獨覺菩提清淨，一切菩薩摩訶薩行清淨，諸佛無上正等菩提清淨，一一廣説亦如是。復次，一切智智清淨故，色等清淨，色等清淨故，般若波羅蜜多清淨，無二無二分，無别無斷故。以對静慮，乃至布施波羅蜜多，對内空等，乃至諸佛無上菩提，一一廣説亦如是。復次，有爲清淨故，無爲清淨，無爲清淨故，有爲清淨，無二無二分，無別無斷故。過去、未來、現在，互對亦爾。　此品共一百零三卷，具明一切諸法互攝互融。

讚清淨品第三十五：舍利子白佛言：如是清淨，最爲甚深。佛言：如是，畢竟淨故。廣説色等一一畢竟淨故。復言：極爲明了，不轉不續，本無雜染，本性光潔，無得無觀，無生無顯。一一廣説亦如是。又如是清淨，不生欲界，不生色界，不生無色界，三界自性不可得故。又如是清淨，本性無知，以一切法本性鈍故。又色等性無知，即是清淨，畢竟淨故，自相空故。又般若於一切智智無益無損，畢竟淨故，法界常住故。清淨般若於一切法無所執受，畢竟淨故，法界不動故。又我清淨故，色等一切法清淨，畢竟淨故。我無所有故，色等一切法無所有，是畢竟淨。又我無邊故，色等無邊，以畢竟空、無際空故，是畢竟淨。菩薩修行般若，不住此岸、彼岸、中流，即畢竟淨，以三世法性平等故，成道相智。

著不著相品第三十六：善現白佛：菩薩若無善巧方便，於此般若起般若想，以有所得爲方便故，棄捨遠離甚深般若。佛言：如是。彼等著名著相，是故於此棄捨遠離。謂於此般若，取名取相，耽著般若。或恃此般若而生憍慢，不能證得實相般若。若有善巧方便，以無所得爲方便，於此般若不取名相，不起耽著，不生憍慢，便能證得實相般若。舍利子問：云何爲著及不著相？善現答言：若無方便善巧，於色等謂空，起空想著，又或於色等謂色等，起色等想著，又從初發心，於六度、二十空等，起行想著，名爲著相。若有方便善巧，於色等不起空不空想，乃至不作是念：我能行施，惠彼受者。此所施物及惠施性等，以無所得爲方便，無一切分别妄想執著，由善通達内空，乃至無性自性空故，是名無執著相。帝釋問：云何著相？善現答言：起六度、二十空等想著，乃至起於佛所種諸善根想著，起和合迴向無上菩提想著，是名修行般若時所有著相。由著想故，不能修行無著般若，迴向無上菩提。何以故？非色等本性可能迴向故。復次，應以如實相意，示現教導勸勵讚喜有情，謂行六度、二十空等，不應分别我能惠捨，乃至我能住内空等。若能如是，於自無損，亦不損他，便能遠離一切想著。佛讚印之，更説微細著相，謂於佛及弟子、有情善法，不應取相而憶念故。諸取相者，皆虚妄故。如是般若，最爲甚深，以一切法本性離故。皆應禮敬，功德多故。然無造無作，無能覺者，以一切法，一性非二。諸法一性，即是無性，諸法無性，即是一性。若如實知諸所有法一性無性，無造無作，則能遠離一切執著。如是般若，難可覺了，無能見聞覺知者，離證相故；不可思議，不可以心知，離心相故；不可以色等知，離色等相故；無所造作，色等不可得故，作者不可得。若不行色等，不行色等若常若無常，乃至若浄若不浄，是行般若。何以故？色性等尚無所有，況有色等若常若無常等。復次，不行色等圓滿及不圓滿，是行般若。何以故？若色等圓滿及不圓滿，俱不名色等，亦不如是行，是行般若。復次，不行色等著不著相，是行般若。如是行般若時，於色等不起著不著想。如是般若甚深法性，若說不說，俱無增減。如彼虛空，亦如幻士，若讚若毀，不增不減。善現白言：菩薩修行般若，甚爲難事，謂若修不修，無增無減，亦無向背，而勤修學如是般若，乃至菩提，曾無退轉。何以故？如修虛空，都無所有。如虛空中，無色等可施設，所修般若亦復如是。是菩薩能擐大功德鎧，我等皆應敬禮。會中有一苾芻心念領解，佛讚印之。帝釋問善現言：菩薩當如何學？善現答言：當如虛空學。帝釋白佛：若人受持般若，我當云何守護？善現謂言：汝見有法可守護不？帝釋言：不也。善現言：若人住如所說甚深般若，即爲守護，一切求便欲害，終不能得。若欲守護，無異欲護虛空。帝釋問言：云何菩薩修行般若，雖知諸法如幻、夢、響、像、陽燄、光影、變化事、尋香城，而不執是幻等，亦不執由幻等，亦不執屬幻等，亦不執依幻等？善現答言：若菩薩不執是色等、由色等、屬色等、依色等，是菩薩雖知諸法如幻等，而不執是幻等，乃至依幻等。

說般若相品第三十七：諸天由佛神力，於十方面各見千佛宣說般若，請說上首皆名善現，問難上首皆名帝釋。佛告善現：彌勒等當來諸佛，亦於此處宣說般若。善現白佛：彌勒得菩提時，以何諸行、相、狀宣說？佛言：當以色等非常非無常、非樂非苦、非我非無我、非淨非不淨、非寂靜非不寂靜、非遠離非不遠離、非縛非解、非有非空、非過去非未來非現在，宣說如是甚深般若。善現復問：彌勒得菩提時，證何等法？復說何法？佛言：證色等畢竟淨法，說色等畢竟淨法。善現復問：如是般若，云何清淨？佛言：色等清淨故，無生無滅，無染無淨故。復次，色等無染汙故〔一〕，不可取故。復次，色等唯假説故。如依虚空，二事響現，色等亦復如是。復次，色等不可説故，無可説事故。復次，色等不可得故，無可得事故。復次，色等不生不滅，不染不淨故，畢竟空故。善現白佛：於六齋日，讀説般若，諸天來聽，獲勝功德。佛言：如是般若，名大寶藏。爾時諸天散華，慶慰唱言：今見第二轉妙法輪。佛告善現：如是法輪，非第一轉，非第二轉，於一切法不爲轉故，不爲還故，出現於世，以無性自性空故。

波羅蜜多品第三十八：善現與佛酬唱廣歎。難聞功德品第三十九：帝釋心念難聞。舍利子向佛分别信解不信解，由於夙因。帝釋自言：敬禮般若，即爲敬禮一切智智。佛言：一切智智皆從般若而得生故，菩薩應學般若。帝釋問佛：菩薩修行般若，云何住色等？云何習色等？佛言：若於色等不住不習，是爲住、習色等，以所住、習色等不可得故。復次，若於色等非住非不住，非習非不習，是爲住、習色等，以觀色等前、後、中際不可得故。舍利子言：般若最爲甚深。佛言：色等真如甚深故。舍利子言：般若難可測量。佛言：色等真如難測量故。舍利子言：般若最爲無量。佛言：色等真如無量故。舍

〔一〕「汙」，底本和乾隆本作「汗」，據康熙本和北藏改。

利子言：云何菩薩行般若？ 佛言：不行色等甚深性，是行般若，以色等甚深性則非色等故。不行色等難測量性，不行色等無量性，一一廣説亦如是。 舍利子言：如是般若，不應在新學前説，忽彼聞此，不能信解，但應在不退轉菩薩前説。 帝釋問：頗有未受記菩薩，聞説不驚、恐、怖者不？ 舍利子言：有，是菩薩不久當受大菩提記。 舍利子向佛説王都前相譬、見海近相譬、樹枝滋潤譬、懷孕身重譬，佛讚印之。 善現歎佛甚奇希有，善能付囑菩薩，攝受菩薩。 佛爲説菩薩四攝。 善現又問：云何修行般若，速得圓滿？ 佛言：不見色等若增若減，又不見是法非法，有漏無漏，有爲無爲，過去、未來、現在，善、不善、無記，欲、色、無色，乃至不見六度、二十空等，是菩薩修行般若，速得圓滿。 以一切法無性相故，無作用故，不可轉故，虛妄誑詐，性不堅實，不自在故，無覺受故，離我、有情，廣説乃至知見者故。 善現白佛：如來所説不可思議。 佛言：如是色等不可思議故。 若菩薩於色等不起不思議想，修行般若，速得圓滿。 若菩薩不思惟分別色等、色等相、色等性，以色等不可思議故，齊此應知已久修六度，久種善根，供養多佛，事多善友。 又色等甚深故，般若極爲甚深。 如是般若是大寶聚，能與有情一切功德寶故。 又色等清淨故，般若是清淨聚，乃至應疾書寫等，以佛神力令彼惡魔不能留難。 佛滅度後，東南方漸當興盛，乃至後五百歲，於東北方當廣流布。

魔事品第四十：佛爲善現具説修諸行時留難魔事。

佛母品第四十一：佛言：

善現，如母得病，子求醫療。佛眼觀視護念甚深般若，亦復如是。般若能示世間諸法實相，如來皆依般若，普能證知有情心行差別，乃至依於般若，證一切法真如，究竟得無上覺，故説般若能生諸佛，是諸佛母。雖能生諸佛，能示世間相，而無所生，亦無所示。不見色等故，名示色等相。由不緣色等而生於識，是爲不見色等故，名示色等相。復次，般若能爲諸佛顯色等世間空，能示諸佛色等世間空相，能示諸佛色等世間不可思議相、遠離相、寂靜相、畢竟空相、無性空相、自性空相、無性自性空相、純空相、純無相、無願相，由是能示諸佛世間實相，名諸佛母。謂令不起此世間想、他世間想，以實無法可起此世他世想故。不思議等品第四十二：善現白佛：甚深般若，爲大事故而現於世，爲不可思議事，爲不可稱量事，爲無數量事，爲無等等事，而現於世。佛言：如是，如是。善現復言：爲但佛性、如來性、自然法性、一切智智性，不可思議、不可稱量、無數量、無等等，爲更有餘法耶？佛言：色等亦不可思議，乃至無等等。復次，色等不可施設，不可思議，乃至無等等性。善現白佛：何因緣故？佛言：色等不可施設、思議、稱量、數量平等不平等性故。善現又問：何因緣故？佛言：色等自性不可思議、不可稱量、無數量、無等等，無自性故。於意云何？色等不可思議，乃至無等等、無自性中，色等可得不？善現言：不也。佛言：如是。由此一切法皆不可思議，乃至無等等。以一切法皆不可思議，乃至無等等故，一切如來所有佛法、如來法、自然法、一切智智法，亦不可思議，乃至無等等，思議滅故，稱量滅故，數量滅故，等等滅故，但有增語，如虛空故。於是四衆得益，菩薩得記。辨事品第四十三：佛答善現：般若能辨六度、二十空等。如王以諸國事付囑大臣，如來亦爾，以三乘法付囑般若。般若不取著色等，出現世間，能成辨事。善現白言：云何般若出現世間，不取著色等？佛言：汝頗見色等可取可著不？頗見有法能取能著不？頗見由是法有取有著不？善現一一答言：不也。佛言：善哉！如是。是故菩薩亦不應取著色等。諸天子白佛：假使大千有情皆成四果、獨覺，不如有人一日於此甚深般若所成就忍，勝彼智斷無量無邊，以諸四果、獨覺所有智斷皆是菩薩忍少分故。佛言：如是。衆喻品第四十四：善現問言：若菩薩信解般若，復能修習，從何處没，來生此間？佛言：從人趣來，亦有從他方佛處來，亦有從覩史多天來。若於先世雖得聞般若等，而不請問甚深義趣，今聞説是般若，其心迷悶，猶豫怯弱，或生異解。若於先世雖曾請問甚深義趣，而不能經一日、二日、三、四、五日，隨順修行，今聞説是般若，設經一日乃至五日，其心堅固，若離所聞，尋便退失。復次，若不以般若等攝他有情，若不隨順修行深般若等，或墮聲聞及獨覺地。如海船破，不取木、器、屍等以爲依附。如度曠野，不攝受資糧、器具。如執坏瓶，如船未具裝治，如老病無人扶。若能攝受般若、方便善巧者，反是。善現白佛：云何不攝受般若，亦不攝受方便善巧，退墮聲聞及獨覺地？佛言：從初發心，住我、我所執，修行施等。所以者何？施等波羅蜜中，無如是分别。何以故？遠離此彼岸，是施等波羅蜜多相故。此人不知此彼岸相故，不能攝受施等一切善法，由是或墮二地，不證無上菩提。又修施等時，執爲我所而生憍慢，由不攝受甚深般若，亦不攝受方便善巧，退墮二地。若從初發心，離我、我所執，修行施等，了知此岸彼岸相故，便能攝受施等一切善法，不墮二地，疾證菩提。真善友品第四十五：佛答善現：初業菩薩應先親近真善知識，謂説修施等時，普施有情，同共迴向無上菩提，不應以色等而取無上菩提。若不取色等，便得無上菩提。勿於色等而生貪愛，以色等非可貪愛，一切法自性空故。善現白佛：菩薩能爲難事，於一切法自性空中希求菩提，欲證菩提。佛言：如是。雖知一切法如幻、夢、響、像、影、燄、化、尋香城，自性皆空，而爲世間得義利故，得利益故，得安樂故，欲救拔故，作歸依故，作舍宅故，作究竟道故，作洲渚故，作光明故，作燄炬故，作導師故，作將帥故，作所趣故，發趣菩提。善現白佛：云何爲世間得義利，乃至作所趣？佛一一詳答。是中作舍宅者，説一切法皆不和合。色等不和合，即色等不相屬，不相屬即無生，無生即無滅，無滅即不和合。作究竟道者，色等究竟，即非色等，如此諸法究竟相，一切法相亦如是。善現白佛：若一切法相如究竟相者，云何菩薩於一切法應現等覺？佛言：如是色等究竟中，無如是分别，謂此是色等。是爲菩薩難事，謂雖觀一切法皆寂滅相，而心不沈没，作是念言：我於是法現等覺已，證得菩提，爲諸有情宣示寂滅微妙之法。作洲渚者，色等前後際斷，即是寂滅微妙如實。作將帥者，開示色等無生無滅，無染無淨。作所趣者，開示色等以虚空爲所趣，開示色等非趣非不趣，以色等性空，空中無趣無不趣故。所以者何？一切法皆以空爲趣，彼於是趣不可超越，以空中趣非趣不可得故。無相爲趣，無願爲趣，無起無作爲趣，乃至尋香城爲趣，無量無邊等爲趣，我、有情等爲趣，常、樂、我、淨爲趣，無常、苦、無我、不淨爲趣，貪事、瞋事、癡事、見所作事、真如等、色等爲趣，一一廣説亦如是。趣智品第四十六：善現白佛：誰於甚深般若能生信解？佛言：久發意，供多佛，善根熟，善友攝，乃能信解。善現復問：生信解者，何性、何相、何狀、何貌？佛言：調伏貪、瞋、癡性爲性，遠離貪、瞋、癡相狀貌爲相狀貌。又調伏貪無貪、瞋無瞋、癡無癡性爲性，遠離貪無貪等相狀貌爲相狀貌。又問：信解般若，當何所趣？佛言：當趣一切智智，能與一切有情爲所歸趣。又問：菩薩能爲難事，擐堅固甲，度脱有情，令證涅槃，而都不見有情施設。佛言：如是。復次，菩薩所擐甲胄，不屬色等，以色等畢竟無所有，非菩薩非甲胄故。善現白佛：是菩薩無容當墮二地。所以者何？菩薩非爲度脱少分有情，非爲求少分智故，普爲救拔一切有情，但爲求得一切智智，而擐甲胄。佛言：如是。善現白佛：般若甚深，無能修者，無所修法，亦無修處，亦無由此而得修習。所以者何？非此甚深義中而有少分實法可得。若修虛空，是修般若。若修一切法，是修般若。若修不實法，若修無所有，若修無攝受，若修除遣，是修般若，所謂修除遣色等。佛印述之。復次，於般若等不生執著，驗知是不退菩薩。諸不退轉菩薩不觀他語及他教勅，以爲真要，非但信他而有所作，不爲貪、瞋、癡、慢、餘雜染心之所牽引，相續隨順趣向臨入一切智智。善現白佛：是菩薩行色等不？佛言：不行色等，是菩薩隨順趣向臨入一切智智，無能作，無能壞，無所從來，無所去處，亦無所住，無方無域，無數無量，無往無來，亦無能證，不可以色等證。何以故？色等即是一切智智。所以者何？若色等真如，若一切智智真如，若一切法真如，皆一真如，無二無別。真如品第四十七：諸天散華禮讚，言一切佛般若經中皆作是説，色等即是一切智智，一切智智即是色等。若色等真如，若一切智智真如，若一切法真如，皆一真如，無二無別，亦無窮盡。佛印述云：我觀此義，心恒趣寂，不樂説法。謂深般若，即佛所證無上菩提，無能證，非所證，無證處，無證時。此法深妙，不二現行，非諸世間所能比度。虛空等甚深故，此法甚深。我等甚深故，色等甚深故，此法甚深。諸天白佛：此深妙法，不爲攝取色等故説，不爲棄捨色等故説。世間有情多行攝取行，起我、我所執，謂色是我，是我所，乃至一切相智是我，是我所。佛印述云：若菩薩爲攝取色等故行，爲棄捨色等故行，不能修六度等，不能證二十空等。一一廣説。善現白佛：此深妙法隨順般若，乃至三智等一切法，於色等都無有礙，以無礙爲相，虚空等平等性故，色等無生無滅故，色等足迹不可得故。諸天白佛：善現隨如來生，佛真弟子。善現謂諸天言：一切法真如平等故，如來真如平等，如來真如平等故，一切法真如平等。同一真如平等，無二無別。善現於此真如能深信解，故説善現隨如來生。説是真如相時，大千震動，天散香華。善現復言：善現不由色等故，隨如來生，不由色等真如故，隨如來生，不離色等故，隨如來生，不離色等真如故，隨如來生。是一切法，都無所有。諸隨生者，若所隨生、由此隨生及隨生處，皆不可得。舍利子白佛：此中色等不可得，色等真如亦不可得。何以故？色等尚不可得，況有色等真如可得。佛印述之。六萬菩薩成阿羅漢。佛言：此諸菩薩雖有菩薩道空、無相、無願解脱門，而遠離般若及方便善巧力故，於實際作證，取聲聞果。舍利子問：何因緣故，有菩薩修三脱門〔一〕，不攝受般若，無方便善巧力，便證實際，取二乘果？有菩薩修三脱門，攝受般若，有方便善巧力，不證實際，趣無上覺？佛言：若遠離一切智智心修三脱門，是不攝受般若，無方便善巧力；若不離一切智智心修三脱門，是攝受般若，有方便善巧力。次説大鳥無翅喻，以喻菩薩依聲執相。若不取相，直

〔一〕「三脱門」，藏經原文作「空、無相、無願解脱門」。

趣無上菩提，以離相心，修行施等，安住二十空等。舍利子言：是菩薩從初發心，乃至究竟，都不見有少法可得，謂若能證、若所證、若證處、若證時、若由此證，都不可得。若色等乃至一切相智，都不可得。有人遠離般若、方便善巧而求菩提，當知彼於所求或得不得，於所修行六度等，於所安住二十空等，皆取相故。若欲證無上菩提，決定不應遠離般若、方便善巧，用無所得爲方便，以無相俱行心，應修六度等，應住二十空等。諸天白佛：無上菩提極難信解，甚難證得。所以者何？菩薩於一切法自相共相，皆應證知，方得無上菩提，而所知法相，都無所有，皆不可得。佛言：我亦現覺一切法相，證得無上菩提，而都不得勝義法相，可説名爲此是能證，此是所證，此是證處，此是證時，及可説爲由此而證，以一切法畢竟浄故，有爲無爲畢竟空故。善現白佛：如我思惟佛所説義，無上菩提極易信解，甚易證得。若能信解無法能證，無法所證，無有證處，無有證時，亦無由此而有所證，則能信解無上菩提。若有證知無法能證等，則能證得無上菩提。以一切法畢竟皆空，若增若減都不可得，不應於中謂難信解及難證得。所以者何？色等，色等自性空。若於如是自性空，深生信解，無倒證知，便得無上菩提。舍利子言：由是因緣，無上菩提極難信解證得。譬如虚空，不作是念：我當信解，速證菩提。菩薩亦應如是，要信解一切法與虚空等，及能證知，乃得無上菩提。若信解一切法皆與虚空等，便於菩提易生信解、易證得者，則不應有恒沙菩薩環大功德鎧而有退屈。善現問言：色等與菩提有退屈不？離色等，有法於菩提有退屈不？色等真如於菩提有退屈不？離色等真如，有法於菩提有退屈不？舍利子一一答言：不也。善現語言：若一切法，諦故住故，都無所有，皆不可得，説何等法可於菩提而有退屈？舍利子言：若爾，何故佛説三種住菩薩乘有情？但應説一。又應無三乘，但有一乘。滿慈子語舍利子：應問許有一菩薩乘不，然後可難應無三乘建立差別。舍利子以問善現，善現語言：一切法真如中，爲有三種住菩薩乘有情差別相不？爲有三乘菩薩異不？爲實有一定無退屈菩薩乘不？爲實有一正等覺乘不？有一、有二、有三相不？爲有一法或一菩薩而可得不？舍利子一一答言：不也。善現語言：若一切法，諦故住故，都無所有，皆不可得，云何作是念言，如是菩薩於無上菩提定有退屈、定無退屈及不決定？乃至如是爲三，如是爲一？若菩薩聞説如是諸法真如不可得相，其心不驚、恐、怖、疑、悔、退、没，疾得無上菩提。佛讚印之。